성공한 톱리더의

성공법칙

"성공한 네트워커 25人의 마음가짐과 행동양식을 통해
보다 강한 신념을 가진다"

김광동 외 24人 지음

판권 본사
독점 계약

성공한 톱리더의 성공법칙

지은이 • 김 광동 외 24人
펴낸이 • 김시중
인쇄일 • 2002년 11월 12일
발행일 • 2002년 11월 15일
펴낸곳 • 도서출판 용안미디어
주소 • (135-081)서울시 강남구 역삼1동 696-25 영성빌딩
전화 • 569-5024(대)
팩스 • 569-5009
등록 • 1994년 2월 25일 제16-1436호
가격 • 10,000원

* ISBN 89-86151(02320)
* 잘못된 책은 바꿔 드립니다.

성공법칙

용안미디어

목 차

머리말

'성공'을 말할 때 항상 떠오르는 낯익은 장면이 있다. 지금도 마찬가지지만 20~30여 년 전, 한국에 산업화의 열풍이 불어 닥칠 무렵, 농촌의 젊은이들은 기차를 타고 서울로 몰려들었다. 부모의 허락 없이 가출하는 이들은 상경하기 전날 밤 몰래 쓴 편지를 부모에게 남긴다. 그리고 그 편지에는 이런 구절이 항상 빠지지 않고 쓰여 있다.
「반드시 성공해서 돌아오겠습니다.」

반백이 넘도록 살다보면 수많은 유형의 사람들을 만나게 된다. 자신의 목표를 향해 차근차근 나아가며 결국 꿈을 이루는 사람, 그럭저럭 평범하게 사는 데 만족하는 사람, 허황된 꿈만 좇다가 인생을 버리는 사람, 처음에는 잘 되다가 결국 망하는 사람, 가난과 고난을 이겨내고 마침내 성공하는 사람 등 너무나 다양하다. 그들의 공통점이 하나 있다면 모두 '성공하고 싶다' 라는 욕망을 갖고 있다는 사실이다. "현대인의 가장 큰 욕망은 성욕과 식욕 같은 기본적인 욕구가 아닌 성공욕이다"라는 어느 학자의 말처럼 성공하고 싶다는 욕망은 그 어떤 강렬한 유혹보다 강하다. 21세기를 살아가는 우리도 30여 년 전 성공하겠다는 일념 하나로 기차에 몸을 싣고 상경했던 젊은이들과 똑같은 욕망을 품고 있는 것이다.

가방 하나 달랑 들고 상경했던 30여 년 전의 젊은이들과 21세기를 살아가는 이들이 똑같은 성공욕을 갖고 있더라도 시대가 변한 만큼 성공을 얻는 방법은 달라야 한다. '부자 아빠 가난한 아빠' 의 저자인 로버트 기요사키는 "현대 자본주의 사회에서 가진 것 없는 평범한 사람들이 큰 성공을 이룰 수 있는 가장 좋은 방법은 네트워커가 되는 것이다"라고 했다. 네트워크마케팅 산업은 성공에 목마른 이들의 '오아시스' 다. 하지만 아무나 성공할 수 있는 것은 아니다. 어떤 이에게는 오아시스가 되지만 어떤 이에게는 신기루가 되고 만다. 네트워크 마케팅에서 성공해 최고 리더가 되고 부자가 되기 위해서는 사업을 어떻게 펼치는가가 중요하다.

이 책은 성공에 관한 책이다. 그 동안 월간 〈다이렉트셀링〉에 연재되었던 최고 리더 네트워커들의 '성공 노하우 특강' 중에서 각 업체의 대표적인 25인의 성공자들을 선정해 다시 엮은 것으로 엄밀히 말하면 네트워커로 성공하는 법을 알려주는 책이다. 네트워커로 성공하려면 여러 가지 덕목이 필요하다. 목표를 설정하고 꿈을 향해 끊임없이 매진해야 한다는 것 정도는 누구나 알고 있고 실천하려고 노력한다. 이 책에는 성공자 25인의 남모를 인생 스토리와 성공을 향한 그들의 열정, 좌절, 도전과 성취 과정이 담겨 있다. 또한 누구나 알고 있는 성공 비결이 아닌 그들 자신의 네트워크 체험에서 우러나온 성공 비법이 실려 있다. 큰 성공을 이루고 최고 직급의 네트워커로 성장하려면 '복제'를 해야 한다. 만약 당신이 최고 리더가 되고 싶다면 이 책에 등장하는 한국의 대표적인 성공 네트워커들의 발자취를 따라가야 한다.

월간 〈다이렉트셀링〉 창간 7주년을 맞아 이 책을 출간하게 된 것을 기쁘게 생각하며 자신의 성공 노하우를 공개해준 최고 리더들에게 감사의 말을 전한다. 최고 리더들의 성공 노하우를 읽는 모든 독자들이 그토록 꿈꾸는 성공을 꼭 이루기를 기원한다.

월간 〈다이렉트셀링〉 발행인

김 시 중

Top Leader 01

김 광 동 | 쎌컴인터넷

1990년 미국에서 네트워크를 접한 후, 미국 H사에서 최고직급을 거쳤다.
국내에서는 통신전문 회사인 쎌컴인터넷(CCI)이 문을 연 1999년 11월,
1번 사업자로 사업을 시작했다.
현재 CCI와 협력업체인 im-korea의 쇼핑몰을 통해 국내는 물론
해외진출을 목표로 하고 있으며 파트너들과 함께 전국강의에 나서고 있다.

"

운명이 내일 무엇을
결정할 것인지에 대해 묻지 말라.
지금 이 순간이야말로 우리 것이다.
자, 이 순간을 맛보지 않겠는가.

"

뤼케르트 「교화적 그리고 명상적」
프리드리히 뤼케르트(1788~1866);
독일의 시인

"깨끗하고 튼튼한 빈 부대를 먼저 준비하라."

네트워크는 네트워크만의 문화와 언어가 따로 있다. 깨끗이 비운 머리와 가슴에 스펀지처럼 흡수할 자세가 먼저 준비되어야 한다. 내가 누군지 사회가 다 안다고 생각하는 사람들은 네트워크 회사가 준비해 놓은 시스템 속에 합류해 적응하기가 힘들므로 성공하기가 매우 어렵다. 미국에서 처음 다단계를 알게 되었던 1990년대 초반, 나는 고등학교, 중학교, 초등학교에 재학 중인 세 자녀를 뒷바라지해야 하는 가정주부였다. 당연히 시간적 제약을 받았기 때문에 돈과 시간을 함께 투자해 성공하는 직업에서는 제외되었다. 자투리 시간을 활용해 경제적 안정을 찾고 싶었지만 그런 직업을 알고 있는 사람은 아무도 없었다.

내가 진정으로 갈망하는 것

직장을 구하려면 "네가 누구냐?"가 아닌 "넌 무엇을 할 수 있는가?"라는 질문 때문에 사회경험이 전혀 없는 내게 네트워크마케팅은 '감사' 그 자체였다. 내 환경과 적성에 꼭 맞는 이 직업을 갖게 해준 것은 어느 하버드대학생의 네트워크마케팅에 관한 졸업논문이었다. 하위라인의 능력을 계발하고 연마하는 작업에 내 하위라인을 동참시키면 1%뿐인 내 능력에 그들의 모든 능력(99%)을 합쳐 100%를 만들 수 있다. 그럼 내 손으로 내가 진정 갈망하는 수십 가지를 내 가정과 이웃이 함께 누릴 수 있다. 이것은 끝없이 퍼내도 마르지 않는 샘이라고 확신하니 모든 것이 꿈만 같았다. 돈을 버는 일은 쉽고도 어렵다. 쉽게 버는 사람은 "쉽다"라고 하고 어렵게 버는 사람은 "어렵다"

라고 한다. 우물을 파기는 커녕 생수 파는 곳도 모르는 사람들은 "목
구멍에 물 한 방울 넘기는 일이 왜 이리 어렵나?"라고 한다. 이런 상
황으로 긴 여정을 가다 보면 가족들까지 목이 마르다. 이론과 자기
주장이 너무 강렬한 수많은 사람들은 현실을 놓치기도 하고 잘못된
사람들 속에 깊이 자리잡고 앉아 타이밍을 놓치기도 한다.

나는 직업을 생각할 때, 언제나 갈망하는 조건이 있었다.
　① 조금 더 나은 교육을 시키기 위해 미국까지 왔는데 부모의 직업
　　이 아이들에게 걸림돌이 되지는 않아야 한다.
　② 10년 후에도 엄마의 일이 아이들에게 자부심이 되어야 한다.

벌써 10년이란 세월이 흘러 성공과 실패를 여러번 경험한 내게 성
장한 아이들은 용기와 자부심을 준다.

사업자적 시각

돈 없고 가난한 것은 남의 탓도 아니오, 세상 탓도 아니다. 내게 돈
버는 법을 정확히, 지속적으로 알려주는 사람이 없었기 때문이다. 우
리 주위에 자신은 손님이고 소비자라고 못박는 사람들이 있다. 이들
은 네트워크마케팅 정보를 피하기 위해 고달프기까지 하다. 눈만 뜨
면 '다단계' 하는 사람들이 끈덕지게 달라붙는다. 이들이 네트워커들
을 "귀찮은 것들, 전화를 끊고 살까? 어쨌든 전화 받지도 말고 만나
지도 말자"라고 외면하고 허송세월하는 동안 세상은 변하고 또 변한
다. 불경기에서 탈출할 묘안도 없고 기회는 자꾸만 멀어져간다. "내
가 정말 돈을 벌 수 있을까? 정당하게 벌 수 있다면, 몸부림을 쳐서라
도 변화되고 싶은가?"라고 심각하게 생각해보자. 하지만 자신의 한

계를 깨뜨리고 나오려는 의지와 오기가 없다면, 아무 소용이 없다. 이 일을 과감히 실행할 수 있다면, 바로 지금부터 기회는 당신 손안에 있다. 죽어도 돈 한번 실컷 벌어보고 죽는 것이 소원이라면, 방법은 있다.

독창적이고 차별화된 네트워커가 되자. 현재의 소비로 사업자적 시각만 갖는다면, 당신의 인생을 180도 바꿀 수 있다고 믿어도 된다. 가족이 새벽부터 직장에 나가 건강까지 버리며 벌어다준 월급이 아까워 콩나물값까지 따진다고 가족의 노후가 보장되는 것은 아니다. 백화점에서 사던 물건을 할인매장에서 싸게 샀다고 내 통장에 돈이 들어오는 것도 아니다. 그렇게 알뜰살뜰 모았다고 자녀들을 대도시의 좋은 대학이나 유학을 보낼 수 있는 것도 아니다. 단지 저렴한 구매를 할 뿐, 앞서가는 선구자들처럼 현명한 구매 수준에는 못 미치는 것이다. 싸게 산다는 것과 싸게 사면서 돈을 벌 수 있다는 것은 굉장히 다른 개념이다. 생일선물이나 조촐한 저녁모임 초대를 준비하더라도 소비와 소득을 연장선상에 두고 가계부를 쓰는 주부라면 그 가정의 미래는 그리워하던 부를 찾게 될 것이다.

아무 생각없이 내뱉는 다른 사람의 평가에 내 인생 항로를 결정짓는 불행한 사태가 내게 오지 않도록 정보를 흘려버리지 말자.

서점에 가면 참고가 될 만한 책들이 얼마나 많으며 전국에 셀 수도 없는 네트워크마케팅 사업장에서 무료정보를 제공하면서 소비자적 시각을 사업자적 시각으로 바꿀 수 있도록 친절하게 도와주고 있지 않은가?

행운은 원하고 준비하는 자에게만 찾아온다

문화적 1세대인 우리는 홍보대사

　수십 년 전 미국에서 시작된 네트워크마케팅은 실패와 성공을 거듭하며 창고마다 가득 쌓인 제품들을 전세계에 판매함으로써 국가경제 발전에 지대한 공헌을 해왔다. 이 판매기법이 국내에서 전면개방된 것은 지난 1995년. 때늦은 감은 있지만 성실하고 열정적인 네트워커들의 정서에 맞도록 보상플랜 등을 개발, 보완되었다. 회사와 네트워커들은 불경기나 취업난과 상관없이 인터넷 쇼핑몰과 홍보자료를 통해 전국 구석구석까지 친절하고 빠르고 정확한 서비스를 제공했다.

　집이나 사업장은 물론 여행 중이라도 소비자가 일정량 이상을 구매하면 자연스레 사업자 대우를 받아 이익금 중 일부를 되돌려 받는다. 이는 건전한 네트워크를 운영하는 회사들의 방식이다.

　다단계라면 아직도 닭살부터 돋아 권유 받은 사실 자체를 불쾌히 여기는 사람들이 많은 만큼 우리의 시장성은 무한하다. 사람의 의식을 바꾼다는 것은 어렵고도 어렵다. 더구나 권유한 사람이 가까운 친구나 친척에게 상처를 받고 자신마저 모처럼 받은 행운 보따리를 놓는 안타까운 경우도 많다. 솔직히 말하면, 나 자신은 남의 의식을 애타게 바꿔주려고 노력할 시간도, 생각도 별로 없다. 내게는 신문·잡지·서적을 통해 변해가는 세상 정보를 알고 있는, 돈 벌고 싶어 하는 사람들이 훨씬 소중하다. 그러나 바뀐 사람만 꼭 만날 수는 없는 노릇. 조금 어렵더라도 현재 우리가 하고 있는 사업 형태나 규모를 내가 사랑하는 이웃에게 적극적으로 알려나가야 한다. 우리는 21세기 유통의 변화를 맞이한 문화적 1세대이기 때문에 선구자적 사명감 없이는 끝없이 반복되는 시련을 극복해 나가기가 어렵다. 중소기업들이 개발해 놓고도 판로가 없어 좌절하는 수준높은 상품들을 인터넷 쇼핑몰을 통해 국내시장뿐만 아니라 세계시장에 내놓아 외화를 벌어들이는 데 일조할 수 있다면, 얼마나 보람있을까? 물론 돈도 벌고. 홍보대사는 아무나 하는 것이 아니다. 부단히 자신의 자세를 가다듬고 지식을 토대로 정직하고 분명한 정보를 깔끔하게 전달할 수 있어야 한다.

성공을 말하기 이전에 나는 무엇을 준비해야 하는가?

내가 지금까지 체험했던 경험과 직함을 모두 버려라. 그것이 나의 목을 짓누르고 발목을 잡아 새로운 일을 막는 거대한 장벽이 된다. 네트워크에 발을 들여놓으면 남이 자기를 어떻게 생각할지 걱정하며 열등감에 사로잡힌다. 이 사업은 내가 누군가의 도움을 받아 시작은 하지만 내가 하위라인에게 도움을 주어야 성공하는 사업이다. 나의 열정, 정성, 시간, 나의 사랑까지도 네트워크를 잘 모르는 사람들에게 끝없이 쏟아부어야 한다. 받는 도움보다는 도움을 주는 방법에 따라 사업 형태가 결정되는데 '왜 그대 앞에만 서면 작아지는가? 그것은 네트워크를 제대로 이해 못 하기 때문이다. 그래서 이 사업은 교육이 가장 중요한 덕목이다. 내가 나를 다독거리고 추스려 한발한발 밟고 다가감으로써 네트워크 길목에 들어서게 된다. 네트워크 문화와 역사가 현실에서 우리를 통해 시작된다면, 나도 동참해 부자가 되는 출발선상에 서게 되는데 내가 나를 이길 수 없다면, 누구를 이길 수 있으며 무엇으로 이겨나갈 수 있는가? 2001년 매출규모로 3조 시장이면 돈버는 사람이 얼마나 더 나올지 초등학생도 알 수 있다. 새 술은 '새 부대에 담으라' 는 말이 우리에게 꼭 맞는 비유이다. 우리는 깨끗하고 튼튼한 빈 부대를 먼저 준비해야 한다. "의사전달 능력은 리더의 필수 요건으로서 네트워커의 재산목록 1호이다"

스폰서가 제시하는 대로 목표를 세우고 꿈도 꾸지만 자꾸만 부딪히는 거절의 고통 때문에 좌절할 수도 있다. 그러나 우리가 결코 오해해서는 안될 것은 ― 이 일을 통해 인생의 방향을 바꾸게 될지도 모를, 불안한 미래를 거절하는 것이지 ― 나를 거절하는 것이 아니라는 사실이다. 우리가 태어나는 환경은 인간의 힘으로 선택할 수 없지만 살아가야 할 우리의 환경은 얼마든지 변화시킬 수 있다는 것은 참으로 감사할 일이다.

머무는 자는 성공할 수 없다

지금 나를 구속하고 있는 열악한 환경, 체면, 자존심, 열등감 그 어떤 것도 나를 이곳에 그대로 머물게 할 충분한 이유가 되지 못 한다. 부정적인 사고의 틀을 깨고 세상을 바라보면, 불경기와 상관없이 기회를 잡을 수 있는 직종이 반드시 있게 마련이다. 네트워크 사업은 바로 21세기를 이끌어갈 훌륭한 직종임이 분명하다. '위기가 곧 기회'라는 말이 있지 않은가. 내 가족들의 행복한 미래를 위해 더 이상 머뭇거리는 것은 시간낭비일 뿐이다. 과감한 전환점이 필요한 시점이다.

꿈을 향한 고통

중학생을 상대로 조사한 장래희망 직업을 보면, 우주비행사, 음악가, 연예인, 군인, 운동선수, 교사 등 많은 답변이 나온다. 하지만 판매업이나 유통업에 종사하겠다는 대답은 거의 없는 듯하다. 대부분의 무경험자는 판매라면 겁부터 낸다. 네트워크에 관한 많은 저서 중에서 "팔아야 산다"라고 하기도 하고 혹자는 "파는 것이 아닌 소개 행위로 자신이 먼저 사용하라"라고도 한다. 모두 일리는 있지만 이 사업에 막상 뛰어들고 보니 나 자신이 가장 중요한 상품이 된다는 사실을 알게 되었다. 똑같은 내용도 전달하는 사람에 따라 진실하고 쓸 만하게 보일 수도 있고 허풍처럼 들릴 수도 있다. 이 사업을 통해 비로소 자신이 살아온 길을 되돌아 볼 수도 있고 살아갈 길을 깨달을 수도 있다. 스키 하나에 몸을 의지하고 시속 40㎞ 이상 질주하는 스릴을 맛볼 수 있는 선수는 얼마나 오랜 세월을 추위와 두려움 속에 가파른 언덕을 오르내리며 많은 연습을 했을까? 다리가 몇 번씩 부러지기도 하고 생명을 건 모험을 했을지도 모른다. 꿈을 향한 정상으로 올라가려면 꿈을 이루어야 할 목적을 분명히 가슴에 새긴 후, 반드시 거쳐야 할 과정이 고통이라는 것을 알아야 한다.

정상에 우뚝 서 스피드를 맛보고 싶다면, 실패한 과거에 집착하지 말고 성공할 미래를 향해 가슴을 열어라.

의사전달 능력은 필수조건

광고 천국, 미국에서는 아이가 태어나 초등학생이 될 때까지 코카콜라 광고를 어떤 형태로든 3천 번 이상 경험한다는 통계가 있다. 더워서 목이 마르면 코카콜라가 생각나도록 모든 사람들 머리에 각인시켜 놓는 것이다. 네트워크 사업에 있어서도 자신의 일을 남에게 알리는 것은 대단히 중요하다. 그러나 자신이 속해 있는 회사나 제품, 보상플랜을 내 주위에 알려줄 매개체가 본인 외에는 거의 없다. 혹시 누가 잘못 이해시켜 놓았다면, 더 어려워진다. 우리 사업에서의 성장은 열정적으로 사업에 동참, 교육을 통해 자신감을 가진 변화된 자신을 알려나가는 과정이다. 트레이닝 코스에서 의사전달 능력에 비중을 두는 것도 이 때문이다. 사업 형태와 규모를 전달할 능력은 사업 성장 속도로 연결될 수 있다. 대부분은 1분 동안이라도 무대 위에 서서 남들 앞에서 말을 해보면 처음에는 혈압이 오르고 식은땀이 난다. 그러나 포기하지 말고 꾸준한 연습을 통해 자신감을 키우고 담력을 키워나가야 한다. 달변가 치고 독서하지 않는 사람은 없지만 독서광이라고 해서 누구나 달변가가 되는 것은 아니다. 부단히 노력하고 연습해 꽁꽁 묶인 자신의 잠재력을 계발해보자.

〈연습 Ⅰ〉

• 1분 동안 자신을 소개하는 문장을 노트에 적어본다. 처음에는 발음에 신경을 써서 천천히 읽다가 속도를 내면서 읽고 외운다.
• 2분 동안 회사에 관해 소개할 분량을 노트에 적고 같은 방법으로 연습한다. 타이머를 켜놓고 본인의 속도를 직접 조절해본다.
• 5분 동안 자신이 사업에 참여하게 된 동기와 비전에 관해 읽고 외운다. 이렇게 짧은 내용은 전화 통화나 테이블 미팅 때도 요긴하게 사용할 수 있다.

〈연습 Ⅱ〉

• 회사 기초 강의 때 기록했거나 컨벤션에서 기록한 내용 등의 자료

를 정리해 본인만의 노트를 만든다.

- 회사소개, 제품, 보상플랜, 근거가 될 동기부여 중에서 자신 있는 부분을 택해 15분 정도 스피치할 분량을 노트에 적는다.
- 타이머를 켜놓고 자신이 정해 놓은 시간에 모든 내용을 전달할 수 있을 때까지 연습하고 외운다.
- 거울을 보면서 열정적인 강사가 된 자신의 모습을 상상하며 50~100번까지 연습해본다.
- 스폰서에게 모니터를 부탁해 데뷔한다. 자신의 그룹원 단 한 명일지라도 1:1,000의 가능성으로 연습한 것을 시행한다.

이런 일은 실례다

어느 기업에도 있는 일이겠지만 특히 네트워크 사업장에는 "과거에 잘 나갔다가 어찌어찌하여 지금은 가진 것이 없노라"라는 사연을 가진 분들이 더러 오시는 것 같다. 그래서 그런지 조금만 자신의 마음에 들지 않으면, 회사 임원이나 직원, 상위 스폰서를 다른 사람 앞에서도 개의치 않고 호통치거나 하고 싶은 말을 끝까지 다 하는 분도 계신다. 자신에게 지속적으로 정보를 제공해야 할 스폰서를 자신의 의견과 차이가 있다고 무시하는 태도는 옳지 않다. 이 사업은 복제사업이므로 — 하라는 복제는 제대로 못 해도 — 상위라인들을 흥보는 일로 세월을 보내던 눈치 없는 스폰서를 그대로 복제하기는 쉽다. 그 스폰서가 바로 나 자신이라는 것을 세월이 한참 흐른 후에야 깨닫게 되므로 처음부터 주의해야 한다. 사업자 개개인이 에티켓을 지킴으로써 밝고 유쾌한 사업장이 되도록 함께 노력한다.

이런 일은 삼가자

- 형제 라인에게 유난히 친절히 하며 명함을 주고 받는다.
- 잘못된 일이나 속상하는 일을 꼭 형제 라인에게 털어놓는다.
- 손님이 오면 초청하지도 않았는데 테이블에 끼어들어 이런저런 얘기를 하며 리듬을 잃게 한다.
- 자신의 안방에서처럼 담배를 피우거나 신문을 읽는다.
- 옷차림이나 머리가 단정하지 못 하다.
- 남이 다 들을 정도로 큰소리로 통화한다.
- 자신의 기분에 따라 사적인 일들을 시시콜콜 얘기한다.
- 자기는 강의도 하지 않으면서 강사들을 평가절하한다.
- 스폰서가 도와주어 리크루팅하다가 실패하면, 잘못을 스폰서에게 돌린다.
- "이런 데 있는 사람들은 다 그래"라는 식으로 무시하며 매일 출근한다.

"꼭 부자가 되어야 할 이유가 확실한 사람만이 성공한다"

지금은 '파트너들과 장기적인 관계를 맺는 일의 새로운 가치'를 인식할 수 있는 사람들이 성공할 확률이 가장 높다. 그러므로 네트워크 사업자들은 확실히 열린 미래를 준비하는 축복받은 사람들이다. 흔히 네트워커를 '사장님'이라 부른다. 그들은 회원번호를 부여받고 생산자와 고객을 연결해 수익을 분배받을 수 있도록 자신의 시스템과 노하우를 지속적으로 알려준다. 그들은 울타리 밖의 사람들을 안내해 '소유할 만한 가치가 있고 유익한 자영업'을 홍보해 나간다. 그래서 우리는 네트워커를 세일즈맨이라고 부르지 않는다.

열린 미래를 준비하는 네트워크 사업자

네트워크를 크게 두 가지로 나눌 수 있다. 하나는 먼 미래를 바라보며 법을 준수하려는 정상적인 사업방법이고 다른 하나는 법보다는 단시간에 돈을 벌고 싶어 뛰어드는 사람들의 욕구를 충족시켜주는 사업방법이다. 많은 사람들이 이 갈림길에서 선택의 기로에 선다. 이때 그의 가치관 형성과 사업 성향은 처음 입문할 당시 누가, 어디로 안내하는가에 달려 있다. 그러나 본인이 조금만 상식적인 안목을 가지고 바라본다면, 똑바로 분별할 수 있으니 모두가 본인이 책임질 문제에 속한다. 미국에 처음 이민가는 사람들에게는 공항에 마중나온 사람이 매우 중요한 길잡이가 된다. 즉, 세탁소, 신발수리점, 햄버거 가게, 주류판매 면허점(liquor store), 수퍼마켓, 부동산 등 대부분 그 안내자의 직업을 따라가게 마련이다. 요즘 미국의 대 테러전쟁으로 인해 전세계 경제가 불황 속으로 빠지고 있으며 각국 서민들의 생활도 점점 힘들어지고 있다. 그러나 지금 네트워크 시장 규모는 최상의 상태를 유지하며 매년 큰 성장률을 보이고 있다.

연도별 매출액은 1999년 1조, 2000년 2조, 2001년 3조, 2002년 4조 이상으로 인터넷 쇼핑몰까지 접목되어 더욱 활기를 띠고 있다. 이제는 '파트너들과 장기적인 관계를 맺는 일의 새로운 가치'를 인식할 수 있는 사람들이 성공할 확률이 가장 높은 때이다. 그러므로 네트워크 사업자들은 확실히 열린 미래를 준비하는 축복받은 사람들이다.

네트워크 사업자는 어떤 자세로 임해야 하는가?

1. 본인이 원해야 한다

이 사업을 처음 시작할 때, 이 사업을 싫어하는 사람을 애원하듯 억지로 리크루트하는 경우를 종종 보게 된다. 하지만 누구든 본인이 원하는 일이 아니면, 의욕을 가질 수 없다. 교육에 억지로 참석하더라도 효과가 없다. 본인이 모른다는 것조차 모른다면, 남에게 권유해본들 아는 게 없으니 성공할 리 없다.

2. 자존심을 버리지 말라

현재든 미래든 이 사업을 한다면, 자신이 경영자인 것은 분명하다. 몇 군데 회사를 동시에 등록해놓고 문어발식 경영을 하는 재벌처럼 다운라인을 과시용으로 데리고 다니는 사람이 있다. 가는 곳마다 '내 덕에 스폰서가 돈을 벌게 되니 당연히 모든 비용을 스폰서가 부담하는 것'으로 생각하는 분이 생각보다 많은 것 같다. 자신이 분명 경영자라면 점심 한 끼라도 솔선수범해 사주는 모습을 파트너 사업자에게 보여주자. 현재의 시장변화를 잘 몰라서인지 한 군데 이상 등록하고도 성공할 수 있다는 논리가 이해되지 않는다. 이 사업은 자신의 이름을 걸고 자존심을 가지고 오랫동안 할 수 있어야 성공할 수 있다고 굳게 믿고 있다.

3. 부지런히 공부하자

세상 소식을 좀 안다는 사람들은 이제 네트워크 비즈니스의 위력을 알고 있다. '남의 집 종살이' 하기 싫은 사람들은 —공부 잘하고 일류대학을 나왔어도 —자유를 찾아 네트워크마케팅에 참여할 시기가 되었다. 도덕적 정당성을 따지고 올바른 사업을 해보려는 골드 칼라

에게 자신이 지금 선택해 진행하고 있는 사업의 비전과 구체적 가능
성을 통한 수익모델을 제시할 수 있어야 한다. 나의 스폰서가 계속
따라다닐 수는 없으니 믿지만 말고 언제 어디서나 리크루팅할 수 있
도록 무장해야 한다.

4. 부자가 되어야 할 이유를 본인이 알아내야 한다

우리가 65세를 기준으로 볼 때

　1% － 부자

　4% － 경제적 문제 해결

　5% － 계속 일할 수 밖에 없고

27% － 타계

63% － 빈곤의 연속

더 충격적인 통계는 65세 이후부터 수명이 다할 때까지 평균 10년
동안 환자로 살아간다는 사실이다. 95%의 가난한 사람들이 몸까지
아플 것이라니 이것만으로도 부자가 될 준비를 필사적으로 해야 하
지 않을까? 본인이 의욕이 있고 건강할 때, 열심히 일해 보험보다 더
확실한 회원을 늘려보자. 네트워크는 자녀에게 물려줄 상속권까지
인정하기 때문에 노후보장 사업임에 틀림없다. 그러나 말같이 그리
만만한 사업은 아니다. 자신이 정말 원하고 자존심을 가지고 한 회사
에서 부지런히 공부해 자신의 라인을 잘 관리하고 자신이 꼭 부자가
되어야 할 이유가 있다고 생각하는 사람만 성공하는 것이 네트워크
사업이다.

이런 회사 경영자가 많았으면 좋겠다

1. 법 없이도 살 만큼 정직한 분 :

법 테두리 내의 준법경영을 당연히 생각하는 경영자. 모래알처럼 작은 불법의 불씨 하나가 회사 말만 믿고 자신의 모든 비용을 투자하면서 전국에 자신의 인맥을 찾아 사업설명회를 펼칠 정도로 열렬한 사업자의 인생을 송두리째 망칠 수도 있다는 사실을 늘 염두에 두는 분.

2. 상식과 양심을 잊지 않는 분 :

원가에 비해 소비자가를 지나치게 높게 책정해 돈바람만 일으키면 된다는 생각은 꿈에도 하지 않는 경영자. 피해보는 소비자가 발생하지 않도록 지극히 평범하고도 상식적인 양심을 가진 분.

3. 회원들과 수평적 관계를 유지하고 인격을 갖춘 분 :

사업자는 자신이 월급을 주는 직원이 아니라 사업 파트너라는 사실을 잊지 않는 경영자. 소비자가 회사의 최대가치를 결정할 파워임을 잘 알고 계신 분.

4. 후세에 길이 남을 사업을 펼치는 분 :

자신이 경영하는 회사를 다음 세대에게 물려주어 훌륭한 창업정신과 업적을 길이 보존하겠다는 분.

기나긴 겨울을 준비하며

네트워크 비전을 너무 일찍 알게 되어 최선을 다해 열심히 하다가 시행착오로 경제적인 손실만 입고 상처를 받아 쓸쓸히 네트워크를 떠난 선배사업자들, 그 분들의 피눈물나는 희생을 딛고 오늘의 현실이 살아 존재한다는 사실을 잊어서는 안될 것이다.

나 자신도 몇 번씩 죽고 싶도록 분하고 억울한 적이 있었다. 가난이 얼마나 어이없이 사람을 무력하게 하며 비굴하게 하는지, 가난에도 수준이 있다는 것도 알게 되었다. 아이들의 성적보다 그룹의 성적이 더 기쁘고 슬플 때도 있었고 열심히 일하겠다며 태산도 떠맡을 듯하던 믿음직한 약속을 헌신짝 버리듯 버리고 돌아서는 젊은이들도 보았다. 팀워크 비즈니스라고 하면서도 각각의 다른 상황들을 홀로 겪고, 배우고, 익히고, 고독을 견디기 어려워 잡는 손을 뿌리치고 떠나던 정들었던 파트너들 때문에 잠못 이루는 밤도 많았다. 그러나 내가 10년이란 세월을 견딜 수 있었던 것은 누가 뭐래도 내가 알고 있는 직업 중 성공한 네트워커보다 더 활기차고 찬란하며 내 능력 이상 발휘해 미래가 보장되는 직업을 본 적도, 들은 적도 없었기 때문이다. 나는 돈 버는 것 이상으로 많은 친구들을 얻었다. 우리는 서로 눈빛만 봐도 네트워크를 사랑한다는 것을 알 수 있고 그 마음 속에 성공을 기도하고 있음을 느낄 수 있다. 내게 바람이 있다면 나의 세 자녀 중, 나와 함께 다단계사업을 잘 할 수 있는 자녀가 있는 것이다. 꽃피는 봄이 온다는 그 꿈 하나로 기나긴 겨울을 이기고 새 출발을 준비하는 리더가 많이 참여하기를 기대한다.

Top Leader 02

김 상 철 | 한국사미트

97년 10월, (주)한국사미트 등록.
98년 4월, 최고직급인 수퍼에이전트(SAG) 승격.
MSL 그룹 대표.
세계 최고의 동기부여 연사가 꿈.

66

이 세상은
생각하는 사람에게는 희극이고
느끼는 사람에게는 비극이다.

99

월폴 「서간집」
H. 월폴(1717~1797);
영국의 작가

"고개 들어 저 빛나는 태양을 보라."

당신은 최고직급을 달성했을 때의 성취감과 희열이 느껴지는가? 그렇다면 현재 위치에서 마땅히 해야 할 단순한 것들을 즉시 실행하라. 여기서 중요한 핵심 포인트는 그 최고직급을 달성한 자신의 모습과 느낌을 계속 보면서 행동해야 한다는 것이다.

돼지들의 소풍 이야기를 아는가? 13마리의 돼지들이 소풍을 갔다. 도착한 후, 엄마돼지가 숫자를 세어보니 12마리이다. 두 번, 세 번 체크해도 12마리이다.

왜일까? 자신은 세지 않았던 것이다.

여러분은 성공해야 한다. '뭔가에 도전하다 실패했을 때, 여러분은 어떻게 하는가?'

그 원인과 해답을 밖에서 찾는가? 안에서 찾는가? 엄마 돼지의 실수를 저지르지 말라. 모든 문제와 그 해답은 자신 안에 있다. 세상과 남들을 탓하고 원망한들 무슨 소용이 있겠는가? 현재의 당신 모습과 삶의 환경은 전적으로 여러분의 책임이다.

20세기, 과학의 최대 발견은 "모든 것은 생각한 대로 이루어진다"라는 것이다.

영혼의 번뜩임, 그 때가 기회이다

1997년 10월 18일, (주)한국사미트와의 만남은 가히 운명적인 것이었다. 하늘이 준 기회였다. 사업설명을 듣는 20분 간, 마음은 평온해졌다. 바로 '이거야!' 깨달았다. 나는 그 자리에서 쾌히 승낙했다.

당시 나는 타 네트워크 비즈니스에서 실패해 초라한 상황에 놓여 있었다. 가정은 부도 직전이고 자기연민과 좌절, 슬픔, 그것이 전부였다. 모든 것이 암흑이었다. 뭔가 헤쳐나갈 대안도 보이지 않았다. 그러나 네트워크 비즈니스에 대한 나의 애정은 그대로 남아 있었다. 단, 3년 내에는 두 번 다시 손대지 않겠다고 다짐했다. 왜냐하면 한국에는 아직 네트워크 비즈니스 토양이 조성되지 않았다고 보았기 때문이다. 다른 회사 사업자들로부터 제의가 들어와도 모두 거절했다.

하지만 사미트는 예외였다. 제의가 아니라 우연한 기회에, 우연한 만남에 의해 운명적인 기회로 다가온 것이다.

'긍정적인 사람은 기회를 붙잡고 부정적인 사람은 기회마저 쫓아버린다' 라는 말은 나중에 깨달은 사실이었다.

바로 꿈과 희망이 나를 지탱해준 유일한 자존심이었다. 또한 성공이 나의 운명임을 굳게 믿었다.

이런 나의 정신 자세가 사미트 비즈니스라는 운명적인 기회를 끌어들인 것이다.

스스로 자문해보라. 냉정하게 임하기 바란다

'나는 꿈과 목표가 있는가? 없는가? 그리고 '나의 정신 자세는 긍정적인가? 부정적인가?'

여러분의 대답은 무엇인가? 여러분의 대답은 '예'이어야 한다. 그러면 기회는 운명처럼 나타날 것이다.

지금 네트워크 비즈니스를 선택했다면, 당신은 일생일대의 기회를 만난 것이다. 당신은 끝까지 기회를 붙잡고 도전해 성공해야 한다.

나는 단 5개월 만에 사미트 최고직급인 SAG(Super Agent; 총괄대리점)를 달성하고 시작 7개월 동안 1억 1천만 원이라는 수입을 올렸다. 그리고 전국 규모의 M.S.L 그룹을 일으켰다.

M.S.L 그룹은 '사랑과 봉사, 기적의 운동'을 삶의 최고 가치로 삼고 있다.

정말 멋지지 않은가?

또한 경제적 풍요와 더불어 나의 정신적 내면적인 발전과 성장은 스스로 생각해도 놀랍다.

사미트 비즈니스와 문화는 정말 위대하다.

"하지만 어떤 네트워크 비즈니스를 택하든 여러분도 성공할 수 있다"

여러분의 가슴 속에 빛나는 저 태양이 보이는가?

신축건물 공사현장에서 일하는 세 명의 벽돌공 이야기가 있다. 한 방문객이 첫 번째 벽돌공에게 다가가 이렇게 물었다.

"지금 뭐하는 거죠?"

첫 번째 벽돌공은 올려다보며 대답했다.

"지금 내가 뭐하는 걸로 보이나? 벽돌을 쌓고 있잖아. 멍청하기는!"

두 번째 벽돌공에게도 같은 질문을 한다.

"지금 뭐하는 거죠?"

벽돌공은 약간 귀찮다는 듯 말했다.

"안 보이나? 벽을 쌓고 있소"

마침내 세 번째 벽돌공은 몸을 뒤로 하고 그를 올려다보며 이렇게 말했다.

"나는 아픈 아이들이 치료받을 병원을 짓고 있소."

자! 느낌이 오는가? 눈을 감고 생각해보라.

당신은 세 벽돌공 중 어디에 속하는가?

지금 당신이 선택한 네트워크 비즈니스에서 무엇이 보이는가? 당신의 행동 하나하나에서 무엇을 보고 있는가?

세 번째 벽돌공처럼 자신만의 태양 즉, 인생의 목적과 목표를 보고 있는가?

네트워크 비즈니스에서도 성공하기 위해서는 벽돌공처럼 벽돌을 하나씩 하나씩 쌓아올린다.

예를 들면, 리스트-업 작성과 전화, 약속과 L.M.C(제3자) 미팅, 세미나 참석 및 동원(초청), 선배들과 패밀리 그룹 미팅 참석 등, 반복되는 단순한 일들을 한다.

성공자로 태어난 당신은 자신의 목적과 목표에 대한 비전을 반드시 보아야 한다.

어떻게(How)보다 왜(Why)가 더 중요하다

'왜?'에 대한 분명한 답을 가져야 한다. 그렇지 않으면 일생의 기회로 선택한 네트워크 비즈니스를 할 필요가 없다.

나는 개인 암시 카드인 작은 수첩에 목적과 목표를 적고 매일 수시로 들여다 본다. 때로 상상의 날개를 펼치면 얼마나 멋진지 아는가? 기쁨과 감사의 눈물이 밀려온다. 성취감으로 가슴이 뛴다.

여러분도 한 번 해보기 바란다.

각 회사마다 여러 단계의 직급이 있다. 먼저 최고직급을 목표로 삼고 최종시한을 정하고 글로 적어라. 아래로부터 위쪽이 아니라 위로부터 아래로 내려가면서 계획을 세워라.

이렇게 자문해보라. '각 단계(직급)를 달성하기 바로 전에는 무엇을 해야 하는가?' 이에 대한 계획을 적어보라. 이 과정을 여러번 반복하면 현재 출발점에 서게 된다.

현재의 위치에서 마땅히 해야 할 단순한 것들을 하라. 즉시 실행하라.

중간직급들은 최고직급을 위한 다리일 뿐, 목적지가 아니다. '어디로 갈지 모른다면, 엉뚱한 곳으로 가게 된다'

수많은 네트워크 사업자들의 실수는 단지 눈앞의 단계와 수입만 보고 뛰고 있다는 것이다.

결과는 뻔하다. 쉽게 포기한다. 오직 목적지만을 보고 그 곳에 이미 도달한 자신의 모습을 보고 뛰어야 한다.

"크게 보고 단순한 것부터 행하라"

이 세상은 그런 당신을 위해 길을 열어줄 것이다.

성공을 거두어 시상식 단상 앞으로 나갈 때, 패밀리들의 환호와 박수 소리가 들리는가? 당신은 최고직급을 상징하는 뱃지가 보이는가? 단상에서 성공 메시지를 연설하는 모습이 보이는가? 또한 패밀리들의 감동의 물결이 느껴지는가?

당신이 받을 수입으로 써야 할 곳과 해야 할 일이 보이고 기쁨이 밀려오는가? 당신이 그 자리에 서도록 도와준 사람들에 대한 감사의 눈물이 찡하게 도는가?

당신은 정말 멋지다고 느끼는가?

그렇다면 누군가 당신을 거절해도 더욱 분발할 것이다. 무슨 일이 있더라도, 누가 뭐래도, 남들이 멸시해도 당신은 성공할 때까지 투쟁

할 것이다.

당신은 승리의 월계관을 쓰기 위해 어떤 대가도 기꺼이 즐겁게 지불할 것이다.

"이 세상은 그런 당신을 위해 길을 열어줄 것이다. 당신 가슴 속의 저 빛나는 태양을 보는 한, 결코 어둠은 없을 것이다.

한국사미트 최초의 이글 슈퍼에이전트에 도전한 나의 꿈은 전세계에서 가장 위대한 동기부여 연사(Master Motivator)가 되는 것이다. "이 새로운 날, 감사와 열정으로 가득 채워라"

무조건 인정하고 칭찬하라. 직급이 빠르고 늦는 것은 중요하지 않다. 두터운 신뢰가 구축되면 떠밀려 성공자가 된다. 감사와 칭찬, 사랑과 봉사, 이 엄청난 노하우를 배워라. 성공은 따놓은 당상이다. 성공은 이미 그대 손 안에 놓여 있다.

여러분은 인생을 새롭게 맞이해야 한다. 과거는 이미 지나갔다.
과거가 어땠든 오늘을 준비하고 내일의 영광을 맞이해야 한다.
자, 지금 신나고 무한한 가능성이 열린 신비한 네트워크 세계가 여러분 눈앞에 펼쳐진다. 그러나 용기와 신념을 가져야만 그 세계를 끝까지 탐험할 수 있다.
엉뚱하게 달걀을 세운 '콜럼버스'를 아는가? 그는 "지구는 둥글다"라는 단 한 가지 신념으로 미지의 신대륙을 발견했다.
신념은 마력과 같다. 비난과 역경 속에서도 신념만 가지면 동지들이 몰려온다. 그들은 거대한 힘이 되어 당신을 성공으로 이끌 것이다.
"나는 네트워크를 통해 나만의 신대륙(꿈과 목표)을 발견하겠다"라는 확고한 신념을 가지고 있는가?

믿음대로 된다는 그 신념은 어떻게 오는가?

"네트워크 문화를 자주 접하고 빨리 체득하라. 그러면 저절로 자신 감이 생길 것이다"

처음에는 어색할 수도 있지만 성공한 모든 사람들이 걸어왔던 길 임을 명심하라.

100% 충실하라.

네트워크의 거대한 강물 건너편에 환상적인 꿈의 세계가 있다. 누 구나 반드시 건너야만 한다.

"그냥 강물에 뛰어들라. 누군가가 구해줄지도 모른다" 이것 저것 따지는 것은 현명한 것이 아니다. 나는 그렇지 않다. 나는 뒤에서 멀 리 차버린다. 사업은 머리가 아닌 감각으로 하는 것이다.

실패자는 따져본다. 살짝 발만 담그고 손으로 물장난이나 한다. 적 당히 하려면 차라리 시작하지 말라. 그냥 온몸으로 뛰어들라. 그래야 성공감각(캐리어)이 생기고 성공의 길이 쉽게 보인다.

〈체크해보자.〉

• 제품을 100% 애용하고 있는가?

• 매일 저녁 내일 스케줄을 작성하는가?

• 사람들을 만나 제품을 전하는 시간이 즐거운가?

• 이 일생의 기회를 함께 나누겠다는 소신이 있는가?

• 세미나, 그룹 미팅, 설명회에 100% 적극적으로 참가하고 있는가?

• 선배와 시스템을 100% 믿고 따르는가?

• 이 회사 제품과 사업성을 믿는가?

• 선배와 패밀리들에게 감사하는가?

• 꿈과 목표에 대해 설레는가?

네트워크와 자신에게 100% 충실하라. 주변의 사소한 것들로 인해 네트워크 업무가 방해받지 않도록 하라. 주변 가지들을 과감히 쳐없애고 네트워크 업무를 최우선에 두어라.

자신을 합리화하고 책임을 회피하면 그 상황에서 도망칠 수는 있다. 그래서 얻는 게 무엇인가?

오히려 신용을 잃고 성공의 길에서 점점 멀어질 뿐이다. 꿈이 없는 불쌍한 해파리 인생이 될 것이다.

꼭 성공하겠다면 앞으로는 핑계 대지 말고 도망치지도 말라. 꿈은 달아나지 않는다. 목표도 도망치지 않는다. 도망치는 것은 당신 자신이다. 애인을 만나는 기다림과 설레임을 네트워크 업무에도 느끼고 있다면 당신은 100% 충실한 것이다.

네트워크는 내 인생의 애인이자 유일한 대안이다. 시간은 생명과 같다. 하루 24시간을 충실히 당신의 비즈니스에 집중하라. 100% 열정을 쏟아라. 꿈이 현실로 바뀔 것이다.

– 감사(感謝)하라 (感: 고맙게 여길 감, 謝 : 사례할 사)

감사란 진정 가슴 속에서 고맙게 여기고 말과 행동으로 보답하는 것이다. 겉치레가 아닌 속과 겉이 같은 것이다. 나도 네트워크에서 감사를 배웠다. 그 전에는 결코 감사할 줄 모르는 못난 인간이었다.

"잘하면 내탓이요, 못 하면 조상탓"이라는 말이 있다. 부끄럽다. 내가 그렇게 했기 때문이다. 모든 결과는 남이 아닌 자신의 책임이다. 옛어른들 말씀이 옳다.

"벼는 익을수록 고개를 숙인다" 내가 아니면 안 된다고 떠벌리지 말라. 선배와 패밀리에 대한 불평, 불만을 삼가하라. 누워침뱉기이다. 자신의 공이 크더라도 자랑하지 말라.

사람을 소중히 여겨라. 2000년 10월 1일자로 한국 최초의 이글 슈퍼 에이전트(E.SAG)가 된 내게 삶의 엄청난 변화가 밀어닥치고 있다. 경제적 풍요, 정신적 성장, 성취감과 희열을 누리고 있다. 삶이 정말 아름답다는 것을 처음 깨닫고 있다. 이 모든 것은 선배, 패밀리들의 땀과 눈물(공) 덕분이다.

명심하라.

"나를 내세우면 낮아지고 나를 낮추면 높아질 것이다" 네트워크는 T-UP에서 시작해 T-UP으로 끝난다. 전략, 전술보다 위대한 힘이다. 감사, 그 하나만으로 성공할 수 있다. 잔꾀를 부리지 말라.

근엄한 네트워크 가문은 부모를 존경하고 자식을 사랑하는 법이다.

언제나 감사하는 마음으로 선배들을 T-UP하고 패밀리들을 인정해주고 칭찬하라. 패밀리들에게 강제로 명령하지 말라. 내가 봉급을 주는 것이 아니다. 그래야만 최고로 따뜻한 패밀리 그룹이 만들어진다. 네트워크는 인간이 주역이다. 사람을 승격 조건, 수입원이 아닌 사람으로 보라. 마음의 연결고리를 두껍게 하라.

이승만 전(前) 대통령은 "뭉치면 살고 흩어지면 죽는다"라고 했다. 뭉쳐라. 신뢰관계를 만들어라. 칭찬하고 감사하라. 열정적으로 행동하는 멋진 뒷모습을 보여주어라. 신뢰관계가 없는 사업자 조직은 환경이 나빠지면 반드시 무너진다. 거대한 둑도 바늘구멍 하나로 무너지기 시작한다. 작은 불만, 불평이 서서히 그룹을 파멸의 소용돌이로 몰아간다.

무조건 인정하고 칭찬하라

- "당신은 리더인가? 추종자인가?"

직급의 노예들은 자기중심적이며 자신의 수입만을 생각한다. 자신의 패밀리들이 어떻게 되든 거의 관심이 없다. 수입이 떨어지면 회사를 탓하고 욕하면서 떠난다. 하지만 직급이나 수입은 자신의 경영마인드만큼 달성된다. 당신은 비즈니스의 경영자가 되어야 한다.

21세기는 엄청난 속도로 모든 게 변하고 있다. 변하지 않으면 도태된다. 기존 가치관, 사고를 버려야 한다. 경찰서 입구에 '생각을 바꾸면 미래가 보인다' 라는 표어가 있다. 일선 경찰서가 나섰다. 생각을 바꾸지 않으면 유치장에 수감될 모양이다.

20세기의 평생직장 개념은 사라지고 정부와 기업은 우리의 삶을 보장해주지 않는다. 지금은 우리 스스로 살아남아야 한다. 변화에 적극 대처해야 한다. 앞으로 '빈익빈 부익부' 현상은 심화될 것이다. 나는 어디에 속할 것인지 깊이 생각해야 한다. 그나마 우리는 행운아이다. 일생의 기회인 네트워크를 택했다. 네트워크는 21세기의 거대한 물결이다. 우리 눈앞에 21세기 삶의 승자가 될 수 있는 길이 있다. 어떻게 걸어갈 것인가?

– 직급의 노예가 아닌 주인이 되어라

네트워크 세계에도 80 대 20이라는 '파레도 법칙' 이 적용된다. 80%의 네트워커가 20%의 성과를 내고 20%의 네트워커가 80%의 결과를 낸다. 당신은 어디에 속하는가? 20% 안에 들려면 먼저 리더의 마인드가 필요하다. 80% 안에 드는 평범한 사람들의 추종자 마인드를 버려야 한다. 직급의 추종자, 노예가 아닌 주인(경영자)이 되어야 한다.

노예들은 직급을 돈으로 보지만 경영자는 경영 마인드의 그릇만큼 수입이 들어온다고 본다. 경영자가 되어야 평생 수입이 보장된다. 당신이 추종자라면 언젠가 그룹이 사라지고 수입이 제로가 될 수도 있다. 네트워크에서 성공한 백만장자들은 모두 경영자 마인드를 보고 생각하고 행동한 사람들이다.

직급의 추종자들은 수입이 떨어지면 회사를 욕하며 떠난다. 하지만 그것은 자신의 마인드 탓이다.

- 100% 순응하라

네트워크업계에서는 소위, '다 안다 병'과 '잘났다 병'이 가장 무섭다. 아마추어와 추종자들이 이 두 가지 병 때문에 실패하거나 고생한다. 성공의 비밀은 '모른다는 것을 모르는 것'에 있다. 업계 리더들은 이것을 알고 리더로부터 겸허히 배운다. 리더만이 리더에게 머리를 숙인다. 추종자는 아는 게 많다고 생각하고 머리를 숙이지 못 한다. 아무 것도 배우지 못 한다. 리더가 되고 싶다면 100% 순응해야 한다. 중요한 핵심은 추종자가 아닌 리더로서 배우는 것이다. 선두에 서서 리드하고 가르쳐야 할 책임이 있기 때문에 배우는 것이다.

그것은 다음의 두 가지 ① 예! 알았습니다 ② 교육 시스템에 100% 참가하는 것이 가장 쉽다. '예! 알았습니다'라고 선배가 알려준 그대로 따라하라. 다른 방법을 만들지 말라. 먼저 모방하고 습득하라. 자기것으로 만들라. 자기 노하우가 되면 쉬워지고 자신감이 생긴다. 저절로 가르치게 된다. 복제가 되면 대그룹이 형성되고 그 규모만큼 수입이 발생한다. 그 다음으로 회사와 그룹의 문화를 체득하면 숲이 보인다. 숲을 알면 경영의 길이 쉽게 보인다. 교육 시스템에 100% 참가해 다운라인을 동원하다 보면 이렇게 된다.

'나도 100번, 너도 100번 참가, 동원하자' 이것이 나의 외침이다. 쉽게 하자. 여기에 첨가하면 언제, 어디서나 항상 듣고 메모하고 정리하라. 나는 이 두 가지로 경영 마인드를 키웠고 결국 한국 최초의 이글 슈퍼 에이전트(E. SAG)가 되었다. 간단하지 않은가?

– '나는 리더로서 무엇을 어떻게 해야 하는가?'

이 대명제를 크게 적어놓고 매일 쳐다보라. 답을 찾아라. 실전에 적용하라. 실전에 쓰지 않으면 아무리 많이 배워도 쓸모없다. 경영자는 정보·지식을 수입으로 바꾼다.

나도 3년 동안 이 대명제를 보고 답을 찾으면서 그룹을 이끌었다. 많은 시행착오와 실패를 경험했다. 실패 속에서 더 많은 교훈을 얻었고 더 강해졌다. 시야가 더 넓어졌다.

내 그룹 구성원들은 타 그룹과 다른 면이 있다. 자기 그룹을 키우거나 문제를 해결할 때, 그 답을 찾으면 즉시 활용하라. 틀려도 좋다. 경험만한 스승도 없다. 현장을 뛰지 않고 실전경험이 없는 사람은 훌륭한 경영자가 될 수 없다. 그 명제를 매일 쳐다보도록 하라. 당신은 그룹 리더로서 그룹 패밀리들을 성공시키고 기쁘게, 풍요롭게 만들어야 한다.

"우리 모두 승리하기 전까지는 아무도 승리하지 못 한다"

로리 베스 존스의 말이다. 가슴이 뜨겁고 울렁이지 않는가? 가슴이 찡 울린다. 나와 여러분 모두가 경영자로서 승리할 수 있도록 서로 도와야 한다.

– 자신의 매력을 키워라

매력은 자석과 같아 사람들을 끌어당긴다. 수입만 많이 받는 것보다 지지와 존경을 한몸에 받는 경영자가 훨씬 낫다. 사람들은 밝고 즐거운 사람을 좋아한다. 열정과 에너지가 넘치는 사람을 부러워한다. 관심과 애정이 있는 사람을 따른다.

'밝게, 즐겁게, 건강하게'를 생활화하라. 밝고 즐거운 사람은 항상 미소를 짓고 웃는다. 목소리는 쾌활하고 명랑하다. 인사할 때도 미소를 머금고 즐거운 목소리로 따뜻하게 악수를 나눈다.

첫인상이 90%를 차지한다. 밝고 즐거운 첫인상을 주어라. 전화할 때도, 강의 테마를 정할 때도 밝고 즐겁게 하라. 사람들은 좋아하고 친구가 되길 원한다. 보통 성공한 리더들은 열정과 에너지가 가득하다.

사람들은 불구경을 좋아한다. 불붙은 사람 주위에는 언제나 사람들이 몰려드는 법이다. 특히 네트워크 세계의 사람들은 열정과 힘이 넘치는 리더와 비즈니스하길 원한다. 물론 나도 그렇다. 비즈니스에서 열정이 없다면 죽은 고목 나무와 같다. 열정은 감염된다. 열정적인 리더 목소리는 힘차다. 걸음은 경쾌하다. 눈빛은 살아있고 빛난다. 악수만 해도 기(氣)를 받는다. 제스처 하나하나에, 얼굴 표정에 자신감이 넘친다. 강의할 때도 모든 청중을 에너지로 사로잡는다. 이런 리더를 따르고 존경하는 것이 일반인들의 심리이다.

뭐니뭐니해도 경영자의 최상·최고의 매력은 관심과 애정이다. 삶의 최대 기쁨은 애정을 갖고 봉사하는 것 아닌가. 기적은 애정이 열려있는 만큼 일어난다. 네트워크는 인간관계 비즈니스이다. 따뜻한 가슴으로 안고 포용하라. 비난하고 욕해도 용서하라. 관심과 애정으로 지켜보고 성공시켜라. 매일 만나고 싶고 뭐든지 가슴을 열고 터놓을 수 있는 리더가 되어라.

“당신이 하면 나도 하고 당신이 그만두면 나도 그만두겠다”라는 말을 들어야 한다. 당신은 당신과의 신의를 소중히 여기는 리더가 멋지고 아름다워 보이지 않는가?

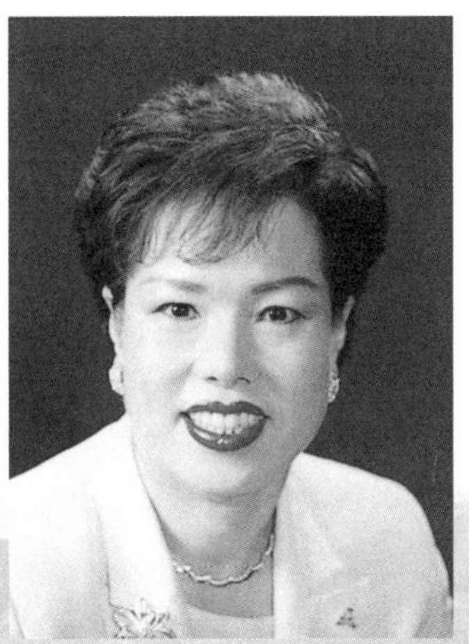

Top Leader 03

김용숙 | 다이너스티 다이너스티

충남 부여 출생.
육군 장교인 이 용진 씨와 결혼, 21년 간 군생활 내조.
1990년 10월, 다이너스티 사업 시작.
2000년 1월, 다이너스티 사업발전위원회 2대 회장 당선(現).
2001년 5월, 건국대학교 경영대학원 네트워크 CEO 과정 2기 졸업.

66

우리는 항상
현재에만 존재하는 것이 아니다.
현실을 피하기 위해 미래를
재촉하거나 현실을 즐기기 위해 과거를
부르며 사는 것이다.

99

파스칼 「팡세」
블레즈 파스칼(1623~1662);
프랑스의 철학자, 수학자

"대기업 회장이 부러운 이유가 무엇입니까?"

모든 사람을 귀하게 여기며 정성을 다해 섬기는 네트워크 사업을 착실히 이해시켜 간다면, 이런 기회를 거부할 사람이 있겠는가? 한 분의 귀인이 진정한 사업자로 변신할 때, 소득의 한계는 무한대로 이어지는데 대기업 회장이 부럽겠는가?

땅과 하늘과 나를 아는 모든 이에게 감사의 메시지를 드리는 바이다.

"이제야 진정한 삶의 의미를 알았기에"

30대의 젊음을 가지고 밤낮 없이 열심히 뛰었지만 내게 돌아오는 것은 실패와 좌절 뿐이었습니다. 마지막 삶의 뒤안길에서 아무런 준비도, 기대도 없이 만난 다이너스티 네트워크 사업이 내 운명을 바꿔놓고 이런 행운을 안겨줄지 어찌 알았겠는가?

현재 다이너스티 인터내셔날 최고직급 다이너스티로서 최고의 영광을 누리며 순수사업자 단체인 사업발전위원회 회장으로서 성공자를 배출하고 정도(正道) 사업을 위해 질적 수준을 높이며 보람된 나날을 보내고 있다.

누군가 내 고향을 묻는다면, "충청도에요"라고 말할 수 있다.

왜냐하면 태어나자마자 당시 초등학교 교장 선생님이시던 아버지를 따라 여기저기 다녔으니까. 당시 아버지 월급으로 11남매가 배불리 먹으면서 학교까지 다니기는 형편이 어려웠던 기억이 난다. 어쩌자고 아버지는 11남매나 만들었는지 배고플 때마다 원망스러웠다.

더 배불리 먹고 안정된 생활을 할 것으로 믿고 육군 장교와 결혼했지만 그 역시 박봉으로는 두 아이를 훌륭히 키울 수 없었다. 군장교의 아내였지만 아이를 키우면서 바로 부업전선에 뛰어들어 꼿꼿이 선생님, 테니스 레슨 프로, 기술학원 원장 등 기회가 주어지는 대로 10년 동안 밤낮 안 가리고 뛰어 돈을 많이 벌었다.

이제는 마음 놓고 편히 살 수 있을 것으로 생각했다. 그러나 남편이 제조업을 시작하면서 우리 가정에는 암운이 드리우기 시작했고 지난 1997년, 한보그룹의 부도와 함께 우리집도 사라호 태풍을 만난 것처럼 허허벌판 하늘 아래 집도 절도 없는 상태가 되었다.

하지만 누가 알아주겠는가? 나는 눈물을 흘리지 않고 다시 일어서야 한다고 굳게 마음 먹고 아이템을 찾아다녔다.

정녕 신은 살아계셨고 나를 버리지 않았다. 옛날에 하던 찜질방을 다시 어렵게 시작하던 중, 한 손님으로부터 A사를 알게 되었다. 좋은 치약을 쓰면서 회원이 되었고 네트워크마케팅을 처음 만나게 되었다.

하지만 생각대로 실제 활동이 이루어지지 않으면서 6개월 정도 관심을 두다가 포기하고 말았다. 어느날 찜질방을 하면서 알게 된 분들로부터 다이너스티 얘기를 듣고 사업설명회에 가본 후, "바로 이거다! 이건 10억짜리 정보다!"라는 생각에 가슴 설레이기 시작했다.

어차피 쓰는 전화, 돈도 벌면서 쓸 수 있는 아이템이고 수당 체계가 두 라인 시스템으로 두 분의 사업자를 잘 선정, 성공시키면 곧 나의

성공이요, 또 10일 후에 지급되는 수당 마케팅은 매우 도전적이며 공격적이었고 월마감 없이 누적 실적을 잡아주는 휴먼터치 사업!

나는 다시 정열을 불태우며 미친 듯 다이너스티 사업을 전개해 나가기 시작했다.

나는 네트워크 사업이 이토록 감동적인 것인지 미처 몰랐다. 그저 "돈 되겠구나"라는 막연한 생각에서 출발했다. 그런데 이게 웬일인가? 불과 3년 만에 매월 두 곳에서(바이너리, 전자주문 시스템) 중견기업 간부 연봉과 맞먹는 수입이 발생하고 있다.

그 뿐만 아니라 수많은 귀인을 만나 그들의 성공을 돕고 그들로부터 수많은 아이디어를 공유해 더욱 질 높은 사업으로 발전시키는, 그야말로 날이 갈수록, 더욱 전율을 느끼는 사업! 그것이 바로 네트워크마케팅 사업이다!

그 중에서도 선불제 통신카드를 주력으로 하는, 내가 가장 사랑하는 나의 다이너스티 사업!

지금부터 내가 다이너스티 사업을 접한 후, 다이너스티 최고직급자로 변신하기까지의 성공 노하우을 말씀드리고자 한다.

먼저 네트워크마케팅 사업에 대한 정확한 이해이다.

첫째, 네트워크 사업은 인간존중 사업이다

아직도 많은 사람들이 네트워크마케팅에 대한 고정관념이 있어 불신의 벽이 높다. 불신의 벽이 높은 만큼, 사업을 시작한 사람이 적기 때문에 기회도 크다. 지금 지구촌에서 일어나고 있는 변화의 물결은 혁명적이다. 수직적 관료주의 사회에서 인간 중심의 수평적 개방사회로 바뀌고 있는 것이다. 즉, 서로 존중하고 도움을 주며 팀워크와 상승효과를 내는 사회로 급진전하고 있는 것이다.

모든 것이 인간존중, 인간중심 즉, 휴먼 네트워크이다. 네트워크마케팅 사업이 21세기 사업이라는 것은 컴퓨터 네트워크와 휴먼 네트워크를 함께 말하기 때문이다.

성공한 사람들은 자신의 노력뿐만 아니라 남의 도움을 크게 받았다는 공통점이 있다. 네트워크 사업은 자신의 노력 1%에 타인의 도움 99%가 합쳐져 이루어진다. 그렇다면 네트워크 사업이야말로 인간과 인간이 함께 하는 '인간관계'의 소중함을 일깨워주는 사업이라 할 수 있다. 그래서 네트워크 사업을 바로 인간존중 사업이라고 하는 것이다.

둘째, 네트워크 사업도 하나의 사업이다

원래 네트워크 사업은 불황 극복 방안 이론으로 태동되었고 불황기에 합법적으로 인정받아 성장한 사업이다. 세계화는 지구촌을 치열한 경쟁구도로 몰고가 기업의 비용 절감 및 수익 극대화를 위해 구조조정이라는 새로운 산업질서 재편을 진행 중이다. 이제 기업은 소비자 중심 즉, 소비자에게 이익이 되는 방향이 아니면 시장에서 존립하기 어려운 시대가 되었다.

그렇다면 소비자에게 현금을 지급하는 기업이 과연 이 지구상에 존재하는가?

매년 100% 이상 성장하는 사업이 있는가?

그것이 바로 네트워크 사업이다. 건국대학 및 기타 대학의 네트워크마케팅학과 개설은 이제 네트워크 사업이 하나의 산업으로 자리매김하고 있음을 말해준다.

셋째, 네트워크 사업은 애국사업이다

미국은 전세계에 네트워크 사업을 수출해 재래식 무기 판매와 함께 국부창출의 일등공신으로 자리매김하고 있다. 특히 다이너스티 인터내셔날은 통신시장 방어라는 첨병 역할을 하는 애국회사임을 자부한다.

우리도 미국과 일본처럼 하루 빨리 해외로 진출해 우리나라의 어려운 중소기업 제품을 수출해야 한다.

넷째, 네트워크 사업은 새로운 돈벌이 사업이다

앨빈 토플러가 지적했듯이 21세기는 부의 창출 과정이 과거의 산업사회와는 달라졌다. 네트워크 사업은 소비자에게 부의 창출 기회를 주는 유일한 산업이다.

다섯째, 네트워크 사업은 인간의 잠재력을 극대화시킨다

서로 존중해주고 격려하며 칭찬하고 지원하는 분위기가 형성되어 21세기 정보화 사회에 필요한 창의력을 최대한 발휘할 수 있다.

여섯째, 네트워크 사업의 가치들

1. 회원(파트너)의 성공을 위해 최선을 다한다.
2. 항상 회원이 첫 번째 수혜자임을 명심한다. 그럼으로써 성장을 가속화시킨다.
3. 한국 최고를 지향하며 관료주의를 용납하지 않는다.
4. 누구의 아이디어든지 항상 최고의 아이디어를 찾아 그것을 활용한다.
5. 성장 기회를 제공하는 전자상거래를 활성화시킨다.
6. 교육, 열정, 신바람, 비형식성, 신뢰의 환경을 조성하고 성과에 대해 칭찬한다.
7. 회원에게 언제나 강력한 에너지, 파트너 사업자에게 활력을 불어 넣을 수 있는 능력인 격려, 어려운 결단력과 끊임없는 추진력을 전

파한다.

"꿀벌처럼 남에게 나눠주어야 성공한다"

나는 너무 깊이 빠져 완전히 성공했다.

빠지려면 확실히 빠져야 한다.

네트워크 비즈니스를 정확히만 이해하면, 정상 교육을 받은 사람은 누구나 쉽게 포기하지 않을 것이다.

다이너스티가 국내 성장률 1위와 성공자를 가장 많이 배출하는 배경에는 철저한 교육이 있다.

네트워크 비즈니스의 정통 조건 중, 첫째가 바로 이 사업에 대한 정확한 이해이다. 아직도 많은 사람들은 네트워크 비즈니스를 모를 뿐만 아니라 자신이 본질을 알지 못 한다는 사실조차 모르고 있다.

네트워크 비즈니스의 본질을 정확히 이해한다면, 그 다음은 마음가짐(mind)의 변화이다.

백만장자 마인드 유지, 다른 사람들이 간과하는 경제적 기회를 신념을 가지고 도전하는 마음가짐 즉, 성공의 원천은 바로 마인드에 있다.

"세상만사 마음먹기에 달렸다"

"이 세상의 모든 현상은 마음가짐에서 출발한다" 이처럼 인간은 마음으로 존재하는 생명체이다.

특히 네트워크 비즈니스는 마음의 에너지를 활용하는 사업이다.

다른 사업자들의 마음을 보살피고 그들의 마음을 기쁘게 해줄 수 있어야 한다. 그래야만 그들과 함께 마음의 결합이 일어나 뜨거운 열정과 정신병자처럼 일할 수 있는 예상밖의 에너지가 분출된다.

인간의 성공을 좌우하는 것은 70%가 마음, 30%가 두뇌라고 한다.

마음을 올바로 뜨겁게 쓰면, 반드시 성공할 수 있다.

지나치게 잔머리를 굴리거나 지식과 정보를 자랑하지 말고 마음의 에너지를 다스려야 한다.

좋은 마음의 에너지 – 양심, 근면, 합심, 성심, 자긍심

나쁜 마음의 에너지 – 흑심, 상심, 자만심, 환심, 방심

마음씨가 좋은 사람은 아무래도 훌륭한 다운라인 사업자를 만날 가능성이 높다. 마음이 어지럽고 황폐하고 간교한 사람은 훌륭한 다운라인 사업자를 만날 가능성이 적다.

감사하는 마음

"감사합니다"라는 말을 자주 쓰는 사람은 반드시 훌륭한 다운라인 사업자를 만나게 된다.

반대로 원망하고 미워하고 시기하는 사람은 다운라인 사업자를 도망치게 만든다.

성공한 사람들의 공통점 중 하나는 "항상 감사하는 마음을 지니는 것"이라고 한다. 특히 어려울 때, 이런 마음으로 행운이 따른다고 한다.

성경에도 평범한 일에 감사하라는 구절이 있다.

감사하는 마음으로 세상을 대하면, 고맙지 않은 일이 없다.

매사 이런 마음가짐이면, 반드시 훌륭한 다운라인 사업자를 만날 수 있다.

대개 사람은 잘 대해주면 고마워하지만 조금만 잘못 대하거나 비판하면 화를 낸다. 그러니 훌륭한 다운라인 사업자를 만나려면 궂은 일에도 감사할 줄 알아야 한다.

 – 업라인이 고맙고, 다운라인이 고맙고, 거절해도 고맙고, 늦어도 고맙고, 빨리 와도 고맙고, 안 와도 고맙고, 안 해도 고맙고, 삐져

도 고맙고, 버텨준 것도 고마워하는 사람은 반드시 훌륭한 사업
자를 만날 것이다.

베푸는 마음

베풀 줄 모르는 사람은 훌륭한 사업자를 만날 수 없다.
세상에는 거미와 같은 인간, 개미와 같은 인간, 꿀벌과 같은 인간
이 있다.

〈거미와 같은 인간〉 함정을 파놓고 기다리다가 타인을 잡아먹는
유형 – 악인
〈개미와 같은 인간〉 남을 도와주지도 베풀지도 않고 스스로 노력
해 번 것을 자신만을 위해 쓰는 인간 – 이기주
의자
〈꿀벌과 같은 인간〉 스스로 노력해 만든 꿀을 자신도 먹고 남에게
도 나눠주는 인간 – 상호이익(WIN-WIN)

네트워크 비즈니스에서 꿀벌과 같은 사람들은 자신의 노력으로 여
러 사람에게 나눠주기 때문에 조직을 신명나게 만든다.
사람이 사람에게 인정을 베푸는 것은 소중한 덕목이다.
네트워크 비즈니스에서 베푸는 마음은 존경심과 영향력이 높아지
면서 성공의 선순환으로 전환된다.
베풀면 당장은 손해 같지만 반드시 더 큰 보람과 혜택이 온다는 것
을 깨닫는 사람은 훌륭한 사업자를 만나 성공한다.

사업자의 자세

네트워크 비즈니스에서 마음가짐의 변화에 이어 실천력의 근원인 사업자의 자세도 꼽을 수 있다. 나는 평소 다이너스티인의 사업 자세로

① 나는 압축성공 공장장이다 – 라는 자세를 요구한다.

불과 2년 내에 다이너스티 최고직급에 도달해 부를 누리고 있기 때문이다. 네트워크 비즈니스는 인간의 삶의 질의 향상에 기여할 뿐만 아니라 21세기 직업관의 변화에 정면으로 도전하는 새로운 사업기회이기 때문이다.

특히 다이너스티에서는 3년 만에 최고성공자 100명 이상을 배출하는 신화를 창조했다.

② 출근 – 스스로 자신의 결정에 따라 구조조정이 없는 평생직장인 다이너스티 사업장을 당당히 출근하는 것은 성공사업자의 기본이다.

③ 교육 – 다이너스티 비즈니스는 교육사업이다.

칸트는 '교육 없는 인간은 인간이 될 수 없는 유일한 존재'라고 했듯이 교육은 다이너스티 최고직급자 배출의 기본 중 기본이다.

혹자는 네트워크 비즈니스를 한 번 빠지면 빠져나오기 힘든 종교와 같다고 한다. 최고직급자가 되고 싶고 최고성공자를 원한다면, 교육에 적극 참가해야 한다.

④ 미팅에 참가한다 – 나는 미팅을 통해 가장 큰 동기부여를 받았다. 초창기 어려운 시기에 다운라인 사업자의 열정적인 사업 자세가 큰 자극이 되어 오늘의 성공으로 연결되었다고 강조하는 바이다. 미

팅은 조직에 활력을 불어넣고 조직 확장에 기본이 된다.

⑤ **업라인(貴人)을 따른다** – 업라인은 다운라인의 성공을 자신의 성공 이상으로 생각한다. 깊이 신뢰하고 따른다면, 성공의 시간이 단축되리라 생각한다.

업라인은 다운라인 사업자의 길을 지나온 경험자이다. 경험자를 따르면 실수를 줄일 수 있다.

⑥ 다운라인(貴人)을 정성으로 섬긴다

다운라인은 최고의 자산이다. 항상 다운라인을 칭찬, 격려, 배려, 지원해야 한다.

로버트 그린리프는 〈리더는 머슴이다〉라는 저서에서 "리더는 이해심으로 최선을 다해 섬기는 자세를 보여야 하며 추종자는 앞에서 끌어주는 유능한 사람에게만 답할 것이다"라고 말했다

– 이것은 포춘지가 선정한 2001년 100대 기업의 경영철학으로 21세기 리더십의 기본 바탕이다.

네트워크 비즈니스에서의 리더는 다운라인의 성장과 성공을 위해 애쓸 때, 진정한 리더로 대접받을 수 있다. "가슴에 담은 목표라도 구체적으로 기록해야 성공한다"

1950년, 예일대학 졸업생 설문조사 결과, 3%만이 목표를 구체적으로 기록하고 있었다. 20년 후, 조사했더니 목표를 기록하고 그것에 따라 행동했던 3%의 사람들은 나머지 97%의 사람들과는 달리, 부의 대부분을 점유하고 있었다. 이 사실은 목표의 문서화야말로 성공의 지름길임을 확인해주는 증서이다.

　그 동안 네트워크 비즈니스의 성공 조건으로 네트워크 사업에 대한 정확한 이해, 마음가짐, 사업자의 자세에 대해 말했다.

　마지막으로 목표의 문서화, 목표를 향한 출발, 리더십의 배양에 대해 말하겠다.

목표의 문서화

　나는 다운라인들에게 목표의 문서화를 요구한다.

목표를 기록하는 이유

1. 목표를 기록하지 않으면 목표 성취율이 낮다.
2. 자신이 원하는 것을 모르는데 무엇을 이루겠는가?
3. 목표는 길안내 지도와 같다.
4. 목표는 자기통제 수단이 된다.
　　ⓐ그룹(3%) - 목표를 구체적으로 기록한 사람
　　ⓑ그룹(10%) - 목표를 정해놓고 생각만 하는 사람
　　ⓒ그룹(60%) - 가까운 목표는 있으나 인생의 목표가 없는 사람
　　ⓓ그룹(27%) - 목표 없이 시간을 헛되이 낭비하는 사람

　20년 후의 조사 결과,

　ⓐ그룹 3%는 상류층 ⓑ그룹 10%는 중산층 ⓒ그룹 60%는 생계유지형 서민층 ⓓ그룹 27%는 남의 도움으로 생계유지층이라는 결과를 확인했다. 특히 이 엄청난 결과의 차이는 학력, 재능, 지능의 차이가 아니었다. 단지 '목표의 문서화 여부' 였을 뿐이다.

　ⓐ, ⓑ의 소득격차는 10~30배였으며 ⓑ와 ⓒ는 2~5배에 불과했다.

　다이너스티 비즈니스는 분명한 목표 설정이 되어 있기 때문에 누

구든지 참여만 하면 성취가 쉽다는 특징이 있다.

　나는 사업자분들에게 직급 도전에 일시까지 구체적으로 기록하도록 요구하고 있다. 그 결과, 성공사업자 배출 규모는 실로 크다.

목표를 향한 출발

　성공의 반대말은 실패가 아닌 주저이다. 출발하지 않고 성공한 사람은 아무도 없다. "시작이 반이다"라는 속담처럼 나는 "시작이 곧 성공이다"라고 생각한다. 즉, 시작이 전부인 것이다.

　30세에 억만장자가 된 폴마이어는 "행동하는 3%가 행동하지 않는 97%를 지배한다"라고 말했다.

　21세기 급변하는 경제환경에서 생존하기 위해서는 행동하는 리더가 되어야만 한다.

① 오늘 바로 출발하자! – 오늘 출발은 성공이다.

② 할 수 있는 것부터 하자!

③ 가지고 있는 것으로 출발하자!

④ 실패하면 또 출발하자! – 실패 없는 성공은 없다.

⑤ 목숨 걸고 출발하자! – 세상에 공짜는 없다.

⑥ 결과는 하느님께 맡기고 출발하자!

리더십 배양

　네트워크 비즈니스에서 리더는 본인의 의사와는 관계 없이 사업성을 이해한 즉시 리더가 되므로 리더십 소양을 갖추는 것은 선택이 아닌 숙명이라고 생각한다.

　네트워크 비즈니스 선택 후, 1년 안에 80% 이상이 사업을 포기하는 이유 중 하나가 바로 리더십 부재이다. 네트워크 비즈니스는 인간과 인간의 만남에서 시작해 끊임없는 이해와 협력이 요청되므로 리더십 배양은 참으로 중요한 성공 요소이다.

산업사회를 지배했던 수직적 관료주의 리더십으로는 네트워크 비즈니스를 성공시킬 수 없다.

네트워크 비즈니스에서는 21세기가 요구하는 수평적 리더십만이 특히 다이너스티 성공의 관건이다.

실제로 세상은 끊임없이 발전하며 리더십 또한 시대에 맞게 변하고 있다.

21세기 지구촌 경제환경은 정글 법칙이 적용되는 치열한 경쟁구도로 리더(CEO:최고경영자)의 첫째 과제는 수익 극대화이다.

수익 극대화를 위한 리더의 역할은 경영의 전부라고 해도 과언이 아니다. 네트워크 비즈니스에서도 수익 극대화를 위한 리더의 역할은 일반기업의 그것과 다르지 않다.

리더는 조직 구성원의 에너지를 모아 시너지 효과를 극대화시키기 위해 구성원의 개성과 창의성을 존중하고 그들의 성장과 성공을 위해 애쓸 때, 진정한 리더로 대접받는다. 지도자 이전에 먼저 섬길 줄 아는 사람, 다운라인 사업자의 말을 열심히 들어주고 차별 없이 받아들이고 감정을 함께 나누는 사람이 조직을 강하게 만들고 성과를 극대화시킨다.

"리더는 서비스맨이다" 라고 주장한다

이는 삼성그룹 에버랜드의 허 태학 사장이 주창한 내용으로 국내 최고 수준의 '서비스 사관학교'로 자리잡았고 하버드, 펜실배니아, 캘리포니아, 워싱턴대학 등에서 교재로 활용 중이며 대만에 수출까지 되어 서비스 경쟁력을 과시했다. 나 역시 이 내용에 공감하며 실천해야 한다고 생각한다.

　이 내용을 요약하면,
　산업의 중심 이동(제조업 →서비스업)
　리더십 변화(관료적 – 수직적 →자발성, 창의성 중시 – 수평적)
　서비스 리더십 – 파트너 서비스를 통해 고객만족을 유도하고 그
파트너가 자발성과 창의성을 발휘해 외부고객에게 감동적인 서비스
를 함으로써 고객만족을 이끌어낼 수 있도록 하는 데 초점을 맞추고
있다.

　리더는 파트너의 관리자가 아닌 활력의 제공자이다.
　리더는 파트너의 통제자가 아닌 희망과 기쁨과 성장 기회의 제공
자가 되어야 한다.
　리더십의 원천은 명령, 지시, 통제(물리적 힘)가 아닌 고객욕구 충
족을 위한 심적, 물적자원의 수평적 제공(협력, 배려, 지원, 칭찬, 격

러) 즉, 서비스 능력으로 판가름 난다.

서비스 리더 – 파트너에 대한 끝없는 사랑과 서비스를 제공해 파트너 스스로 리더로부터 받은 서비스를 고객에게 제공하기를 원해야 한다.

리더는 열정(熱情)적이어야 한다

에머슨은 "열정 없이 위대한 일이 성취된 적은 없다"라고 했다. 내면의 깊은 곳에서 타오르는 열정만 있다면, 성공할 수밖에 없다.

토마스 에디슨은 "죽을 때 자녀들에게 열정을 물려줄 수만 있다면, 이 세상 어느 것과도 바꿀 수 없는 재산을 물려주는 것이다"라고 했다.

모든 리더는 공동우승(win-win)해야 한다

네트워크 비즈니스 자체가 윈-윈(win-win) 전략이므로 자신이 선택한 파트너와는 공동운명체적 성격이 강하며 어떤 경우에도 선을 긋는 일은 피해야 한다.

※**공자의 3부(不) 정신** – 이기려 하지 말라(勝), 원망하지 말라(怨), 노하지 말라(怒)

Top Leader 04

김일호 | 前 뉴웨이스코리아 다이아몬드 앰버서더

99년 5월 오픈 때부터 사업 전개했음.
스폰서링의 중요성과 정확한 정보의 활용 중시.
2002년 10월 퇴사.

> 66

인간은 내일을 기약하며
오늘을 위로한다.
그 '내일'은 그를 무덤으로 인도하는
그 날까지다.

> 99

투르게네프 「산문시」
이반 S. 투르게네프(1818~1883);
러시아의 작가

"네트워크마케팅 사업의 성공은
회사 선택에서 시작된다."

뉴 웨이스 코리아를 선택했던 사업자로서 성공적으로 이끌었던 노하우는 본인의 능력보다는 회사의 잠재력 또는 제품 철학에 있었다고 본다.

제4의 물결의 저자, 리차드 포는 〈제4의 물결―21세기 네트워크 마케팅의 미래〉 '제4의 물결 기업을 찾아라' 편에서 회사 선택 기준에 대해 누구보다도 잘 설명해준다. 참고로 나열해보면:

제 1단계 – 유망한 제품이나 서비스를 선택하라
제 2단계 – 업계에 떠도는 소문을 확인하라
제 3단계 – 업계 전문지를 살펴보라
제 4단계 – 언론의 평가를 확인하라
제 5단계 – 불만사항을 확인하라
제 6단계 – 재무 상태를 확인하라
제 7단계 – 소송 전력을 알아보라
제 8단계 – 목표회사의 성장 단계를 알아보라
제 9단계 – 윤리적인 기업을 찾아라
제 10단계 – 제4물결 기업 확인법

1. 정보화에 앞선 회사인가?
2. 어떤 턴키(turn-key) 시스템을 제공하는가?
3. '하이터치' 요소가 있는가?

4. 장기적인 성장 전략이 있는가?

5. 제4물결형 보상플랜인가?

뉴웨이스를 선택할 당시는 이처럼 철저히 따져보고 선택한 것은 아니지만 이 중 여러가지 점에서 좋은 점수를 받았다고 생각한다.

번역해주고 통역하다 시작한 사업

처음 네트워크마케팅을 접한 것은 학원을 경영하던 1995년 경으로 동생 소개로 수 년 간 미국유학을 다녀온 K씨를 알게 되면서부터다.

그는 A사를 소개하며 세제의 실연(demonstration)과 보상플랜을 설명해주었지만 판매는 도무지 자신이 없어 아내에게 시간이 있으면 교육장에 함께 가볼 것을 권유했다.

그 후 영어강사로 일하던 1996년 6월, 처형 소개로 N사의 사업자가 집으로 찾아왔다. 처음에는 부업으로 사업에 뛰어든 것이 네트워크 마케팅에 입문한 경위이다.

동남아에 인맥이 있어 국제사업이 가능하리라 생각하고 호감을 가졌다. 그 해 10월, 본사 주최 컨벤션에 자료를 구하기 위해 참석했지만 기대만큼 자료를 구할 수 없었다.

그 후 스폰서가 업라인들로부터 후원이 잘 되지 않으니 다른 후원자를 찾아보자고 해 함께 갔다가 실망해 직접 외국스폰서를 찾아 후원을 받았고 그 분과 함께 태국까지 국제사업차 갔었다.

1년 정도 지나면서 보상플랜이 내게 맞지 않음을 알게 되어 1997년 5월, 포기하려 했더니 많은 사람들이 같은 생각을 하고 있었고 외국에서 새로운 P사의 보상플랜이 획기적으로 다르고(매트릭스) 더불어 도우며 사업을 펼칠 회사가 있다는 얘기를 듣고 두 번째 회사를 소개

받았다. 통역자·번역자가 필요하다고 해 그 회사의 계약과 오픈을 위해 통역과 자료 번역을 해주었다. 회사가 바로 서면 사업자로 일할 것이라고 했지만 본사가 지탱해주지 못해 1997년 12월, 두 번째 회사에서 고배를 들었다.

모든 것은 나 자신의 판단으로 결정하자

뉴웨이스를 처음 접한 것은 1998년 1월, 회사 소개 바인더 북을 보니 정말 획기적인 정보가 들어 있었다. 사실, N사의 사업자로 일하면서 사업 전개 방법을 몰라 후원자를 바꾸기도 했다. 그 책은 1994년 판이었는데 초보자도 배워서 할 수 있는 모든 지침이 적혀 있었다.

심지어 성공하기 위해서는 꼭 읽어야 하고 들어야 하는 책과 녹음 테이프도 소개되어 있었다. "초기에는 80%의 노력을 소매 판매에 써야 하고 20%는 교육 및 후원에 쓰다가 점차 바꾸어 20%의 노력을 소매 판매와 80%의 노력을 후원 쪽으로 전환하라"라고 되어 있었다.

심지어 홈 미팅(그 책에는 홈 클리닉이라고 적음) 방법까지 구체적으로 기술되어 있었다. 더욱 놀라운 것은 우리가 사용하는 개인관리 제품 속에 발암 성분이 많이 들어 있다는 사실이었다.

예를 들면, 불소, 알코올, 알파 하이드록시산(AHAs), 알루미늄, 동물성 지방(Tallow), 벤토나이트, 콜라겐, 다이에타놀아민(DEA), 다이옥신, 고분자량 엘라스틴, 플루오로카본, 글리세린, 카올린, 라놀린, 잿물, 미네랄 오일, 와셀린, 프로필랜 글리콜, 소듐 라우릴 썰페이트, 소듐 라우레쓰 썰페이트, 활석 등이다.

그래서 이전 회사의 라벨에서 그런 성분이 들어 있는지 살펴보고는 충격을 받았다. 그 회사는 "좋은 성분만 들어 있고 나쁜 성분은 전혀 없다"라고 했기 때문이다. 나아가 모든 사람에게 입버릇처럼 광고

했기 때문이다.

'아! 외국까지 가서 공부하고 온 놈이 남의 판단력에 의지해 또 한 번 인생의 낙오자가 되었구나. 오호통재라!' 그러나 이제부터는 "다른 사람들의 판단에 절대로 의지하지는 않겠다"라고 다짐했다.

객관적인 사업 자료의 완벽한 준비

곧 뉴웨이스가 한국에 오픈할 것 같다고 해 3월에 바인더 북 번역을 끝냈다. 그러나 번역이 끝나도 소식이 없어 다그쳤더니 언제 들어올지 확인된 바가 없다는 것이었다. 그러던 차에 5월에 필리핀이 정식 오픈된다는 소식을 듣고서는 필리핀에 가서 사업을 시작할 수 있도록 스폰서를 요청했지만 해결되지 않아 직접 미국으로 연락해 현재의 스폰서를 소개받았고 6월부터 필리핀으로 가 5개월 동안 오가며 10월까지 뉴웨이스를 배우면서 거기서 사업을 했다. 그러면서 언젠가 한국이 오픈되어 사업을 진행하자면 도구가 필요하니 영어 인쇄물 자료, 비디오 테이프와 녹음 테이프를 번역해 준비했다.

다른 사람들은 사무실을 열어놓고 언제인지도 모르면서 무작정 사업자를 모집하고 후원하지만 현재 서울그룹의 총 리더인 A씨는 그럴 필요 없이 회사가 정식오픈한 뒤에 시작해도 늦지 않으니 서둘지 말고 자료를 잘 준비하라고 충고했다.

필리핀에서 또 한 가지 놀란 것은 본사가 준비해둔 자료 때문이었다. '뉴웨이스의 차이점 — 개인관리 제품과 건강관리 제품 산업에서 통상 사용되는 몇 가지 유해성분' 에 대한 객관적인 자료가 충분히 구비되어 있었다. 설립자인 탐 마우어 회장과 의사, 교수들이 직접 나와 뉴웨이스 제품의 철학이나 개념에 대해 설명해주고 뒷받침해주는 비디오와 녹음 테이프 여러 개가 준비되어 있었다.

뿐만 아니라 세계적인 암 예방 권위자, 미용제품 및 화장품 전문가들이 직접, 간접으로 뉴웨이스 제품의 안전성과 제품력을 본인들의 저서를 통해 안내해주고 소개해주었다.

예를 들면, 미국의 암 예방협회 회장 및 일리노이대학 교수이며 노벨상에 버금가는 명예의 '대체 노벨상'(1998년) 수상자인 사무엘 엡스틴 교수, 미용제품 및 화장품 전문가인 쥬디 반스, 프로테스테론 호르몬의 대가인 의사 죤 리, 훌다 레거 클라크 박사, 필립 데이 박사 등이다.

이들을 통해 뉴웨이스의 유망한 제품성으로 잘 팔리는 독특한 제품들에 대한 신뢰를 쌓게 해준다. 그래서 제1단계의 유망한 제품, 재구매가 일어나는 제품, 상표만 바꾸면 되는 제품 즉, 21세기 네트워크마케팅에 가장 적절한 제품을 뉴웨이스가 제공해준다.

제8단계인 목표회사의 성장 단계를 알아보면, 1996년 1억 4,400만 달러, 1997년, 3억 달러, 1998년, 5억 달러, 1999년, 10억 달러를 예상했지만 그에는 못 미쳐도 매년 50~100% 급성장하고 있다.

IMF 맞은 국가의 지사에 환율을 낮춰주는 경영주

제9단계는 '윤리적인 기업을 찾아라' 인데 뉴웨이스만큼 윤리적인 기업을 찾기란 쉽지 않다. 멕시코가 IMF를 맞았을 때, 탐 회장은 환율을 낮춰 멕시코 사업자들이 안정되게 사업을 계속 할 수 있도록 해주었다. 때문에 IMF를 극복한 멕시코에서 뉴웨이스 사업이 번창하는 것은 이상할 것이 없다.

또한 러시아에서도 모라토리움(채무 불이행) 사태를 맞아 경제적 어려움을 겪자 환율을 조정해 어려운 가운데 사업을 계속 해나가도록 해주었다. 회사는 손해를 보더라도, 이런 마인드를 가진 경영주를 쉽게 찾아볼 수 있겠는가? 이것은 윤리 이상이다. 제품에서도 가족들 특히 손자들까지 생각해 제품을 만든다.

10단계의 장기적 성장 전력이 있는가? 4년 반 전에 뉴웨이스의 제품은 80여 종이었으나 현재는 280종 정도이고 모두 독특한 신제품들로 구성되어 있다. 뿐만 아니라 기존제품은 항상 품질 향상이 이루어지고 있다. 오늘날의 샴푸는 1년 전의 샴푸와 성분이 다를 수 있다.

한국인들이 가장 관심을 갖는 보상플랜은 바로 제4물결형 보상플랜이다. "제4물결 회사는 MLM을 부업으로 하는 사람이나 상당한 수입을 올리려는 모든 전업 사업자에게 기회를 제공하는 균형적인 보상플랜을 제시한다"뉴웨이스의 제1차 멀티플렉스(유니레벨 방식)의 단기소득 센터에서 기본 매출 6만 원 또는 12만 원 이상의 제품을 구매하고 그룹원들의 12만 원까지의 구매액에 대해 보너스를 지불해 소비자나 부업자도 사업자와 똑같은 조건으로 보너스가 주어지고 제2, 3차 어피너티(단계별 브레이크어웨이 방식) 소득센터에서 12만 원을 초과한 매출에 대해서 직급에 따라 보너스가 주어진다. 제10단계의 제4물결형 기업에서 설명한 대로 뉴웨이스는 하나의 이상적인 회사이다. 모든 이점을 동시에 제공한다.

뉴웨이스는 제품지향적 회사이다. 21세기에 맞는 '노화 방지, 수명 연장' 최첨단 과학제품을 생산, 보급하고 있다. 이런 특징들을 효과적으로 알려주기 위해 파일로 된 바인더 북을 이용해 사업설명회(BOM)를 가진다. 그보다 먼저 자신에 대한 이야기로 분위기를 만들고 상대방의 꿈을 알아내어 그 꿈의 실현 방법으로 뉴웨이스가 최상이며 최고 수단임을 보여준다. 이를 위해 객관적 자료를 보여주는 것은 네트워크마케팅에 대한 따가운 시선을 부드럽게 바꿀 수 있다.

스폰서링의 중요성과 정확한 정보의 활용을 강조하는 그는 다른 회사에서의 실패를 경험삼아 터득한 그만의 사업 노하우로 다이아몬드 앰버서더 자리에 올랐다. 현재 〈다이렉트 셀링〉지 모니터 클럽 회원으로 일하고 있다. "PR이 아닌 근거자료로 제품의 우수성을 납득시킨다"

좋은 제품이라고 아무리 떠벌려도 소비자는 믿지 않는다. 과장되거나 논리성이 결여된 PR보다는 근거자료를 제시, 소비자 스스로 첨단과학적 안전성과 우수성을 심정적으로 인정하고 신뢰할 수 있도록 해야 한다.

네트워크마케팅에서는 어떤 말이든 얼마 지나지 않아 걷잡을 수 없을 정도로 왜곡, 과장되는 것을 본다. 때문에 제품 철학을 소개할 때는 그 근거 자료를 제공해 회사와 제품에 신뢰성을 부여하도록 노력해야 한다.

우선 미용제품에 대해 얘기해보자.

〈The Safe Shopper's Bible(안전한 구매를 위한 바이블)〉에 의하면, '미용제품에 사용되는 884가지의 화학성분이 독성물질로서 미 정부에 보고되었다' 라는 것을 국립 직업안전 건강협회가 밝혀냈다고 한다. 그들은 또 왜 이 해로운 물질들이 개인관리 제품에 허용되었는지도 밝히고 있다.

884가지의 유독성분이 미용제품에 쓰인다

문제의 발단은 1938년에 통과된 '식품, 의약 및 미용제품에 대한 미 연방법안'에서 미용을 '세정, 미용, 매력 증진 또는 외모를 바꾸기 위한 것'으로 정의한 것에서 출발한다. 또한 화장품을 '제조 성분이 아닌 의도 목적 용어'로 정의하고 있다.

믿을 수 없을 정도로 미용에 대한 규제가 없는 곳이 바로 미 식품의약국(FDA)이다. FDA의 월드와이드 홈 페이지에 실린 문서에 의하면 "화장품 제조자는 정부 승인 없이 성분 또는 원자재를 사용할 수 있고 최종제품을 판매할 수 있다"라고 되어 있다.

매사추세츠주 상원의원인 에드워드 M. 케네디는 1997년 9월10일, FDA 개혁안 토론에서 "미용산업은 공공의 건강보다 그들의 이익을 위해 담배산업 각본, 한 페이지를 빌려온 것 같다"라고 했다. 케네디 의원은 "미용은 건강에 위험할 수 있다. 그러나 이 욕심 많은 산업은 미국민이 진리를 아는 것을 의회가 막아주기를 바라고 있다. 얼굴 크림, 헤어 스프레이, 립스틱, 샴푸, 마스카라 또는 파우더를 사용하는 모든 여성은 미용산업에 의한 이 고상하고 무책임한 힘의 정책을 거부할 것을 요구해야 한다. 미 회계검사국(General Accounting Office)은 화장품에 사용되는 125가지 이상이 암 유발 성분으로 의심받고 있다고 보고했다. 미용제품의 다른 성분들은 경련을 포함해 신경계통에 역반응을 일으킬 수 있다. 또한 불임도 일으키는 것으로 의심된다"라고 덧붙였다.

1998년, 피터 필립은 〈검열 받은 프로젝트〉에서 그 해의 상위 25개의 검열에서 삭제된 스토리를 열거했다. 두 번째의 삭제된 스토리는 '개인관리 제품 및 미용제품이 발암성이 될 수 있음'이라는 제목이 붙었다.

사무엘 엡스틴은 〈암 정책〉에서 "발암성 물질에 노출되는 것을 줄이거나 노출되지 않으면 대부분의 암은 예방할 수 있다"라고 하면서 "담배와 술이 발암 물질이다"라고 명시하고 있다.

〈안전한 구매를 위한 바이블〉에서는 제품군마다 발암성 성분과 유해 성분을 밝혀주고 소비자들이 참고해 제품을 구매하도록 상표를 소개해주고 있다. 예를 들어, 치약은 그 안의 사카린, FD&C 청색1호(식품, 약품 및 화장품에서 사용 허가됨)가 발암성이고 불화물은 발암성을 시사한다는 내용이다.

사무엘 엡스틴의 공저인 〈유방암 예방 프로그램〉을 보면, "유방암 예방을 위해서는 건강하고 안전한 미용제품과 개인관리 제품을 구매해야 한다고 되어 있다. 발암성 화학 성분이 들어 있지 않은 미용제품을 사려면 천연제품 수퍼마켓이나 건강식품점 또는 특별한 디스트리뷰터 판매망을 통하면 된다. 이들은 뉴웨이스 인터내셔널, 오브레이 오개닉스, 닥터 호셔카, 에코벨라, 폴 팬더스가 포함된다"라고 나와 있다.

〈암, 낫고말고〉에서는 암의 원인이 기생충인 흡충류와 이소프로필 알코올이라고 했다. 〈모든 질병의 치료〉에서는 모든 질병이 기생충과 오염물질 때문이라고 했다. 기생충은 구제하고 오염물질은 몸밖으로 제거하고 몸속으로 들이지 않아야 한다는 말이다.

불소는 전쟁 독가스이고 불화물은 쥐약에 쓰인다

1990년, 미 국립 독물학 프로그램은 식수의 불소화로 인해 불화물과 골육종이라고 불리는 골암(骨癌) 간에 분명한 관련이 있다고 발표했다. 불화물은 또한 특별한 형태의 구강암과도 관련 있을 것으로 추정된다.

식수원(食水源)에 불화물을 추가하도록 한 것은 강력한 힘을 가진 이익단체들이었다. 설탕산업과 알루미늄산업을 포함하는 이 단체들은 공정 중 발생하는 대량의 불화물을 제거하기 위해 필사적이었다.

이 〈암 정책〉에는 수많은 발암성 물질 또는 발암 가능성 물질이 소개되어 있다. 이 책 27쪽에서 "인간의 육체적 복리는 사람들이 소비하는 칼로리나 비타민 또는 전분, 단백질, 탄수화물 등에 달려 있기보다는 그들이 섭취하는 미네랄에 달려 있다. 오늘날 대부분의 사람들은 식품이 생산되는 고갈된 토양이 적절한 미네랄 균형을 이루게 될 때까지는 치유될 수 없는 어떤 위험한 식이결핍으로 고통받고 있다는 것을 알고 있는가?"라고 지적한다. 암은 비타민 B17로 치료될 수 있다. 비타민 B17은 살구씨와 복숭아씨에 들어 있다(〈암, 낫고말고〉).

수많은 발암성 물질 중, SLS는 샴푸, 치약 등에 들어 있는데 탈모를 일으키고 어린이 시력 발달을 막으며 백내장을 일으킬 수 있고 피부를 거칠게 만든다. 다른 물질의 효과를 테스트하기 위한 피부자극 물질로서 임상연구에서 사용된다. SLES는 SLS의 에톡시화 성분이다.

프로필렌 글리콜은 브레이크 유액, 페인트, 광택제 및 부동액 복합물의 구성 물질이다. 또한 많은 미용크림, 클렌저, 메이크 업 및 어린이용 개인관리 제품 속에 사용된다. 이 성분은 신장 손상 및 간 이상을 일으키고 세포 성장을 저해하며 발진, 피부건조, 접촉성 피부염, 피부표면 손상을 일으킨다.

DEA는 솔벤트, 유화제 및 세척제(습윤제)로 사용되며 제품 속에 질산염과 반응해 발암성 물질인 니트로사민을 형성한다. 최근의 연구결과는 질산염이 들어 있지 않은 포뮬레이션 속에서도 발암 물질로 변한다는 것을 보여준다.

불화물(Fluoride)은 독성의 비분해성 환경오염 물질이고 공식적으로 환경보호국에 의해 오염물질로 분류되어 있다. 비료 생산의 산업 폐기물로 상수도 처리에 주로 사용된다.

하이드로플루오로규산(Hydrofluorodilicic acid)은 납, 수은, 카드

뮴, 비소, 방사선 핵종을 함유하고 있다. 미 국립암협회의 딘 버어크 박사는 "많은 사람들을 암으로 죽게 만드는 불화물은 다른 어떤 화학 물질보다 더 빨리 암을 일으킨다"라고 밝혔다.

알파하이드록시산(AHAs)은 피부 세포를 죽일 뿐만 아니라 피부 보호막까지 벗겨버린다. 장기간 사용하면 피부 손상이 나타난다.

그래서 여러분은 무엇을 하는가? 효과적인 고품질의 안전한 개인 관리 제품을 어디서 구할 수 있을까?

암의 원인과 예방에 관한 전세계적 권위자인 사무엘 엡스틴 박사는 1998년, 'The Right Livelihood Award(일명 대체 노벨상: The Alternative Nobel Prize)'를 수상했다. 암의 원인을 연구하고 홍보하는 데 대부분의 생을 바친 그는 시카고의 일리노이 메디칼센터대학의 직업공중보건학 교수이며 암예방협회 회장이기도 하다.

그는 〈암 정책과 유방암 예방 프로그램〉의 저자로 발암 성분으로 의심되는 것들이 들어 있지 않은 미용제품과 다른 제품들을 사용하도록 주장한다.

그의 연구와 추천에 근거해 암예방협회는 한 회사에게 '안전 증표' 상을 수여했다. 이 회사는 뉴웨이스 인터내셔널로 유해 성분이 없는 개인관리 제품을 자체 생산, 판매하고 있다. 그는 뉴웨이스가 이 분야에서 이룩한 기공(奇功)할 업적에 대해 열정적이다: "뉴웨이스는 발암 성분, 유해 성분과 오염물질이 들어 있지 않은 미용제품과 화장품 개발과 보급에 성공했다. 본인은 뉴웨이스사의 업적에 찬사를 보낸다"라고 말하기도 했다.

입에서 입으로 전달하는 것이 네트워크마케팅의 특성이다. 일반인들은 그 말을 크게 신뢰하지 않는다. 그 신뢰를 쌓아갈 수 있는 한 가지 방법은 근거 있는 논문이나 자료를 실제로 보여주는 것이다. 뉴웨이스와는 실제로 직접적인 관련이 없는 전문가들이 말하는 자료를 통해 뉴웨이스 제품의 안전성, 우수성, 독특성을 직접 또는 간접적으로 보여준다. "네트워크마케팅에서 '예'를 받아내는 방법"

우리는 만나거나 전화상으로 소개하려는 '비전 있는 사업'이 네트워크마케팅임을 처음에는 말하지 않는다. 아니 숨기고 진행한다. 그러나 스승인 알란 피즈 선생에게서 배운 것은 전혀 다르다. 당당히 밝히고 진행한다. 여기 그 방법을 소개한다.

네트워크마케팅 사업은 간단하고 합법적이며 윤리적이고 재미있으며 돈벌이가 되는 사업이다. 이것은 또 하나의 '일확천금 책략'이 아닌 '부자가 되는' 시스템이다. 여기 있는 정보는 우리가 이미 알고 있는 것을 변화시키지 않고 우리의 프리젠테이션에 터보 엔진을 장착하는 결과를 얻게 될 것이다. 네트워크마케팅에서 성공은 게임과 같다. 경기를 많이 할수록, 이기는 횟수가 많아진다. 이기는 횟수가 많을수록, 더욱 성공적으로 경기를 하게 된다.

더 많은 사람들에게 우리 그룹에 가입하도록 요청하면, 우리 그룹에는 더 많은 사람들이 가입할 것이다. 그리고 가입 요청 횟수가 많을수록, 요청 방법을 더 잘 터득하게 될 것이다. 따라서 네트워크마케팅 성공의 법칙은 다음과 같다.

5가지 성공 법칙

법칙 1. 더 많은 사람을 만나자

우리의 말을 들어주기에 충분한, 긴 시간을 내주는 사람이면 누구에게나 말하자. 가망고객 리스트를 훑어보면서 미리 판단하지 말자.

법칙 2. 더 많은 사람을 만나자.

가망고객 명단을 계속 작성해 그들에게 전화하자. 멋지게 차려입은 대단한 인격자일지라도 상당한 횟수의 프리젠테이션 없이는 대단한 네트워커가 될 수 없다. 나로부터 1m 범위에 있는 모든 사람들에게 운을 떼어 말해보자.

법칙 3. 더 많은 사람을 만나자

많은 네트워커들은 사업 중에 비틀거리면서 힘들어하고 자신의 잠재력을 제대로 발휘하지 못 한다. 그것은 가망고객을 확신시키지 못 했기 때문이다. 하지만 그것은 진정한 가망고객을 만나지 못 했기 때문이다. 우리를 기다리고 있는 사람들을 만날 때까지 계속 더 많은 사람들을 만나자.

법칙 4. 평균의 법칙을 이용하자 – 10 : 6 : 3 : 1

우리의 프리젠테이션을 들어준 10명의 가망고객 중에서 6명은 그것에 대해 흥분해 그 사업을 시작하겠다고 말한다. 이들 중 3명은 실제로 시작하고 이 3명 중 1명은 성공적이지만 1명은 무명의 처지가 되고 다른 1명은 계속 제품을 사게 된다. 그러면 사업에 대해 10명에게 말하는 기간은 얼마나 걸리는가? 결과를 두 배로 올리고자 한다면, 내년에 만날 사람을 올해 만나자. 네트워킹에 있어 대성공은 사람들을 확신시키는 것이 아니라 가능한 한, 많은 사람을 빨리 만나도록 훈련되는 것이다. 우리의 평균을 향상시키는 것은 단지 학습과정일 뿐이다.

법칙 5. 평균을 높임

비율을 계속 기록하게 되면, 우리가 깨어 있게 되고 향상시키도록 해준다. 이리하여 그 결과를 가져다주는 활동에 초점을 맞추게 된다.

네트워크마케팅의 금고를 여는 네 개의 열쇠

우리 사업에 대해 말할 때, 가망고객은 쉽게 믿어주는가? 아니다. 그들은 결단을 내릴 수 있도록 우리가 확신시켜주기를 원한다. 우리가 판매를 시작하면, 그들은 보호되거나 방어되기를 원하고 있다.

가망고객은 우리가 말하는 어떤 것에나 이의를 제기할 것이다. 우리가 말한 것의 타당성 문제가 아니라 우리가 그것을 말했기 때문이다. 그들이 말한 것은 그들의 아이디어이고 우리의 아이디어가 아니다.

가망고객이 우리에게 말한 것은 모두 참되다. '열쇠가 되는 네 가지 기술'을 우리가 사용할 때, 우리의 가망고객은 우리가 경청하는 동안 그들이 참으로 원하는 것을 말할 것이다.

무관심한 가망고객은 없다. 다만 프리젠테이션이 지루할 뿐이다. 네트워커인 우리는 그들의 관심을 끌 수 있도록 훈련되어야만 한다.

1. 분위기 조성

우리 자신에 대해 열고 가망고객에 대해 알아내어 그들과 좋은 관계를 유지해야 한다. 우리 자신을 팔아 신뢰를 구축하기만 한다면, 그들은 우리 말을 편견 없이 들어줄 것이다.

2. 관심사를 찾아냄

모든 사람은 이익을 원하거나 고통을 피하기를 원하는 두 가지 중 한 가지에 의해 동기부여된다.

네트워크마케팅에 가입하기 위한 주요 동기부여의 요소는 다음과 같다. 여분의 소득, 재정적 자유, 자영사업, 더 많은 자유시간, 개인

발전, 남을 도움, 새로운 사람을 만남, 은퇴 준비, 유산을 남김(건강, 젊음, 아름다움) 등.

네트워크마케팅에 가입하는 모든 사람들의 주요 동기부여 요소는 우리의 그것과 똑같지는 않다. 그러므로 결코 추정하지 말라. 동기부여 요소 리스트를 명함 뒤편이나 그만한 크기의 카드에 인쇄해 준비하면 좋다.

다섯 가지 확고한 황금 질문들이 여기 있다. 이 질문의 순서를 바꿔서는 안 된다.

1. 당신의 최우선 순위는 무엇입니까?
2. 왜 그것을 선택했습니까?
3. 왜 당신에게 그렇게 중요합니까?
4. 그런 기회를 가지지 못 하는 결과는 무엇입니까?
5. 왜 그렇게 염려가 됩니까?

예를 들면,

"왜 사람들은 네트워크마케팅 사업을 시작하는지 아십니까?"
"아니오"
"제가 보여드리죠" 또는
"예"
"왜 그들이 참여하죠?"
"재정적 자유?, 시간적 자유?..."
"그 밖에 다른 것은?"
"더이상 모르겠는데요"
"보여드리죠."그리고는 주요 동기부여 요소가 적힌 리스트를 내놓는다. 다음, 다섯가지 실속 있는 황금 질문을 던진다.

"당신의 최우선 순위는 무엇입니까?"
"…음, 재정적 자유입니다"
"왜 그것을 선택했죠?"
"왜냐하면…"
"왜 그것이 그렇게 중요합니까?"
"말씀드렸다시피…"
"재정적 자유를 가지지 못해 생기는 결과는 무엇입니까?"
"그것은 아이들을 교육시키기 힘들고…"
"왜 그것이 걱정되죠?"
"우리가 말씀드렸듯이 만약 재정적으로 자유롭지 못 하면…"

우선순위가 없는 가망고객을 만나면,
"최우선 순위가 무엇입니까?"
"실제로 이것들 중 아무 것도 없습니다"
"아무 것도 없다고요?"
"네, 지금 당장은 내게 중요한 것이 아무 것도 없어요"
(자연스럽게)"만약 한 가지가 중요하다면, 어느 것을 고르겠습니까?"
"만약 한 가지가 중요하다면 … 그것은 아마 …일 것입니다"

이제 다섯 가지 황금 질문을 하도록 한다. 그리고 질문 후에는 가망고객이 말할 때까지 완전히 침묵을 지키고 기다린다. 우선순위를 가진 가망고객은 항상 성공할 것이다. 그래서 알곡을 골라내야 한다. 이런 것은 그룹 구성원들 앞에서도 사용할 수 있다.

3. 관심사를 자극함

사업설명: 관심사 발견에서 벗겨진 그들의 소망, 두려움, 꿈에 대한 해결책이 우리의 네트워크마케팅 사업임을 보여주는 곳이다. 사업설명은 단지 문제 해결책 또는 꿈의 현실화 방법일 뿐이다.

팔려고 하지 않아도 팔리는 (예를 들어, 우리가 일상생활에서 사용하는 제품 속에 발암성 또는 유해 성분이 들어 있을 수 있다. 그런 성분들이 들어 있지 않고 비싸면서 효능이 뛰어나고 가격경쟁력이 있는) 제품이라면;

예외없이 모든 사람이 사용해야 하는 제품이라 상표를 바꾸기만 하면 된다면;

자체 생산해 최첨단 과학의 신제품이 계속 선보이고 있고 기존 제품이라도 품질이 꾸준히 향상되고 가격이 그리 비싸지 않다면;

부업 개념으로도 소득을 짭짤히 올릴 수 있다면 즉, 본인이나 가족이 필요한 제품을 사용하고서 제품 효능이 너무 좋아 다른 사람들을 -직접 또는 간접소개로- 회원으로 등록시키고서 그들이 구매한 제품에 대해서도 보너스가 주어져 적잖은 소득이 주어지는 사업이라면;

유능한 사람뿐만 아니라 보통사람들에게도 작은 성공의 자리가 주어지는 사업이라면;

전업으로 사업을 시작했을 때, 상당한 소득을 기대할 수 있다면;

사업자 자격을 유지하기 위한 월매출 부담이 너무 높지 않아서 많은 사람들이 함께 성공할 수 있다면;

매출의 불안정을 이루지 않는 21세기에 맞는 혁신적인 보상플랜으로 장기간에 걸쳐 안정을 줄 수 있는 사업이라면;

한 번 선택으로 평생 할 수 있는 사업이라면; 이상의 모든 것들과 더불어 건강, 아름다움, 젊음을 유지할 수 있다면, 아니 실제로 더 젊어질 수 있다면…

이런 조건들을 두루 갖춘 사업을 보여준다면, 이상의 기술과 함께 훨씬 더 수월하게 "예"라는 대답을 받아낼 수 있지 않을까? 그리고 오래 지속할 수 있지 않을까?

그리고 사업을 설명할 때, 가망고객이 한 말을 사용한다.

예를 들면…

"그래서 이것은 당신이 원하는 집과 자동차를 살 수 있으며 당신 가족과 함께 더 많은 시간을 보낼 수 있을 것이라는 의미군요"아니면

"이것은 당신이 원한다고 말한 편안한 라이프 스타일 속으로 은퇴할 수 있다는 것을 의미하는군요"

4. 결단을 얻어냄

사업적이지만 매일 하는 것처럼 여유가 있어야 한다. 가망고객이 네트워크마케팅 사업에 가입할 시간이 적절하면 그들에게 가입하겠냐고 꼭 물어보아야 한다. 그리고 그들이 가입을 원한다는 것을 명확히, 확신을 가지고 분명히 말하도록 하라. 그리고 본인이 직접 가입서를 작성하고 서명하도록 해 처음부터 복제의 본보기를 보여준다.

알란 피즈 선생에게서 배운 것들로 좀더 구체적인 내용들이 있다. 만약 기회가 주어진다면 강력한 프리젠테이션을 위한 여섯 가지 전략적 기술과 긍정적인 인상을 주기 위한 여섯 가지 기술 등에 대해서도 소개할 수 있을 것이다.

Top Leader 05

김 학 준 | 다이너스티 다이너스티

경북 문경 출생.
1979년~1998년, 병원 근무(원무부장).
1998년 10월, 다이너스티 가입.
가입 1년 7개월 만에 최고직급인 다이너스티 승급.
다이너스티 사당교육센터 운영.
건국대학교 경영대학원 네트워크마케팅 CEO 과정 수료.

66

희망은 영원한 기쁨이며 사람이
소유하고 있는 토지와 같은 것이다.
그것은 해마다 수익이 올라가고
결코 버릴 일이 없는 확실한 재산이다.

99

스티븐슨 「젊은이들을 위하여」
로버트 L. 스티븐슨(1850~1894);
「보물섬」을 지은 영국의 작가

"사장이 아니면 프로가 되라."

평생직업이라면 오로지 자기 사업을 경영하는 '사장'이 되거나 전문적인 분야의 '프로'가 될 수밖에 없다. 그렇다면 남녀노소, 학력에 관계 없이, 자본 없이 할 수 있는 네트워크마케팅은 최선의 직업이라 할 수 있다.

이제 우리 네트워커들은 어떤 목표를 정하고 어떤 방법으로 성공을 향해 나아갈 것인가?

프로의식이 없으면 성공은 오지 않는다

자기 직업에 100% 만족하는 사람은 흔치 않다. 하지만 아무리 연구하고 노력해도 자기 직업에 애정이 없다면, 성공의 기쁨과 행복은 맛보기 어렵다.

자기 직업에 만족하는 사람들은 대인관계는 물론 세상사물이 아름답고 풍요롭게 보일 것이다. 따라서 신바람나는 행복감을 영위할 수도 있다.

어느 누구는 "네트워커는 인생의 가장 마지막 단계의 사람들이 할 직종"이라고도 한다. 사업에 실패했거나 직장을 잃고 먹고 살 길이 막막할 때, 아무 자본도 없이 할 수 있는 마지막 수단이라는 뜻이다.

네트워크 사업을 하기 전, 나는 병원 원무부에서 17년 동안 근무했었다. 환자들과 함께 해야 하는 생활이다 보니 기쁨과 웃음을 마음대로 표현할 수 없었다. 아픈 환자 앞에서 크게 웃을 수도 없었고 어쩌다가 밝게 웃으려면 환자들로부터 신경질적인 질책을 받아야만 했다.

그렇지만 나는 병원을 평생직장으로 알고 직업에 만족하며 열심히 근무하고 있었다. 그러던 어느날 병원노조가 탄생했다. 물론 나는 노조원 자격이 없었다. 그 위에 정년제도가 사규로 정해졌다. 순간 나는 허전하달까, 허탈감으로 온몸의 힘이 쭉 빠졌다. 평생직장이 아니라 58세 정년이라니?

그 동안 내가 평생직장으로 알고 나의 모든 것을 바쳐온 병원이 낯설게 느껴졌다. 이 곳이 내 평생직장이 아니라니? 마음이 편치 않았다. 그러고보니 모든 게 예전 같아 보이지 않았고 다른 생각이 들기 시작했다. 그것은 내 평생직장은 과연 어디인가라는 생각이었다.

그 때 전달받은 것이 바로 네트워크마케팅 정보였다. 평상업무를 하면서도 마음이 들떠 있던 나는 이 새로운 정보에 마음이 쏠리기 시작했다. 알아보면 볼수록, 꿈이 보이는 것 같았다. 그래도 확신을 가질 수가 없어 해당부서 담당자를 만나 면담한 후에 마음을 굳힐 수 있었다.

평생 할 수 있고 또 상속까지 되는 사업이라니! 이보다 더 좋은 사업이 어디 있겠는가? '생각만 바꾸면 세상이 보인다' 라는 표어가 머리를 스쳐지나갔다. 부푼 가슴과 설레는 마음은 너무나 행복했다.

시간을 아껴 네트워크마케팅을 배워나갔다. 궁금한 사항은 메모했다가 반드시 스폰서나 해당부서에 물었다. 바쁜 병원업무를 마친 짜투리 시간으로는 한계가 있었다. 부업으로 시작한 지 2개월 만에 네트워크마케팅을 전업으로 해도 되겠다는 판단이 섰다.

부업 2개월 만에 17년 직장에 사표내

아쉽기도 하고 두렵기도 했지만 과감히 17년 간의 병원생활에 종지부를 찍었다. 어느 정도 공부하니까 네트워크마케팅의 세계가 훤히 보이는 것 같았다. 하지만 소비자들을 만나면 만날수록, 내 자신의 부족함을 새삼 깨달았다.

앞서나가는 모든 사람들의 노하우를 내것으로 만들자. 모든 소비자에게 보다 상세하고 확실한 정보를 주자. 다운라인들은 철저한 교육을 통해 나보다 더 훌륭한 사업자로 만들자. 그러기 위해 조직 관리에 많은 시간을 할애하자. 나는 성공을 위해 치밀한 계획을 세우기 시작했다.

직장생활을 하는 동안 항상 기다려왔던 휴무나 휴가는 그 개념조차 뇌리에서 지워버렸다. '사장'이 되기 위해서는 '프로'가 되기 위해서는 많은 시간과 열정, 노력, 끈기, 오기, 이해 등을 몸에 익혀 습관화시켜야만 했다.

성공 목표는 가까이 있는 것도 아니지만 그리 멀리 있는 것도 아니었다. 나는 1년 7개월 만에 다이너스티 최고직급인 다이너스티가 되었다. 부부가 함께 단상에 올라 화려한 스포트라이트를 받는 순간, 그 감동은 그 동안의 어려움과 아픔을 일시에 씻어주는 청량제였다.

네트워크마케팅을 하다보면 매순간 많은 어려움이 닥쳐오기 때문에 '포기하고 싶은' 유혹이 끈질기게 따라붙는다. 하지만 중도에 포기하지만 않는다면, 어느 사업보다도 성공이 보장되는 사업이다. 끈기를 가지고 앞만 보고 달려가면, 원하는 목표 지점에 남보다 빨리 도달하는 프로가 될 수 있겠다는 확신이 섰다.

우리 사업은 아마추어 정신으로는 절대 성공할 수 없다. 프로만이 성공의 길을 걷는 '사장'이 될 수 있고 평생직업으로 삼을 수

있다.

IMF 전에는 다른 기업에서도 평생직장 개념이 보편화되어 있었다. 하지만 이제 우리나라 어느 곳에서도 평생직장을 보장하는 곳은 없다. 아니 전세계적으로 21세기라는 시대적 조류가 평생직장 개념을 용인하지 않는다. 평생직업이라면 오로지 자기 사업을 경영하는 '사장'이 되거나 전문 분야의 '프로'가 될 수밖에 없다.

나는 네트워커로서 내 직업에 대해 200% 이상 만족한다. 자부심이 있기에 즐겁고 기뻐 항상 엔돌핀이 흘러 넘친다. 때문에 우리 네트워커들은 교통사고 등 외상이 아니고는 병원에 갈 필요가 없다고 생각한다. 질병은 70% 정도가 마음에서 온다고 하니까.

"병·의원이 폐업하고 있어도 전혀 불편을 못 느끼겠네요"

파트너인 P씨가 지난 병·의원 폐업시 농담으로 던진 한마디다. "사업을 바쁘게 하다보니 우울증이나 감기 따위는 접근도 못 한다"며 "질병도 병원에 갈 시간이 없는 걸 알고 접근하다가 도망가는 모양"이라고 했다.

'우리'가 아닌 '내'가 책임을 져야 한다

우리나라가 경제적으로 어려움에 처하다보니 대기업들이 수난을 당하고 있다. 이 난국을 하루속히 헤쳐나가기 위해서는 기업 구조조정이 선행되어야 한다. 문제는 이 구조조정을 '누가 먼저 앞장서 하는가'이다. 이것을 넓게 '우리'라고 지칭해서는 곤란하다. 우리 모두가 '우리'가 아닌 '내'가 책임의식을 갖고 시작해야만 밝은 미래가 빨리 올 수 있다.

우리 국민 대부분은 그 동안 직·간접적으로 대기업의 도움을 받고 살아왔음을 부인하지 못할 것이다. 그렇다면 기업이 어려울 때,

내가 잠재력을 펼쳐 도움을 주어야 한다는 것은 인지상정이다. 즉, 기업 종사자들에게 정보를 제공, 생각을 바꾸고 새로운 직업(신지식인)에 동참시키는 것은 오늘날의 난국을 헤쳐나가야 하는 기업과 국가의 발전에 기여하는 것이다.

2000년 10월 29일부터 11월 1일까지 강남 코엑스에서 열린 '제27차 세계중소기업회의' 의 '마케팅과 신 유통기술' 이란 주제의 분과회의에서 '중소기업의 대안은 네트워크마케팅이 제시한다' 라는 논문 발표가 있었다. 극심한 경쟁에서 중소기업이 살아남는 길은 영업소, 대리점보다 효율적인 네트워크마케팅이라는 요지였다.

이제 우리 국민 모두 21세기의 새로운 유통기법에 눈을 돌릴 때가 되었다. 때문에 남보다 먼저 네트워크 사업을 시작한 우리가 솔선수범해 국민들을 이해시키고 동참시켜야 한다. 우수한 한민족의 두뇌로 세계시장에 진출, 국가경제의 일익을 담당하게 된다면, 그 누가 찬사와 격려의 박수를 보내지 않겠는가?

오늘날 20세기의 유통방법은 쇠락의 길을 걷고 있다. 이런 중요한 시기에 21세기형 유통사업을 하고 있는 현직 네트워커들의 책임은 막중하다. 정확하고 진솔하게 각자 임무에 충실하면, 세계 중소기업 회의에서 거론되었듯이 "네트워크의 씨는 미국에서 뿌렸지만 그 화려한 꽃을 피우고 충실한 열매를 맺는 곳"은 한국이 될 수 있다. 모두 힘을 합쳐 '화이팅' 합시다.

"그대들이여! 세상을 모두 가져라! 세상은 진정 꿈꾸는 자의 것일 지니"

네트워크 사업이 가져다준 가장 큰 변화는 매사를 긍정적으로 보게 된 것이다. 이제 나는 '시간은 돈' 이라는 말을 실감하면서 살아가고 있다. 정말 시간이 너무 아깝다. 또 하나의 큰 변화라면 두려움 없이 사람들을 대하게 되었다는 사실이다.

하늘이 코끝에 닿을 만큼 높은 산중턱에 자리잡은 경상도 산골 마을에서 가난한 농부의 아들로 태어난 나는 초등학교를 끝으로 학문에 대한 꿈을 접어야 했다.

파란 하늘 대신 서울의 높은 빌딩숲을 헤집고 다니며 고등학교 검정고시까지 패스한 것이 내 학력의 전부다. 병원 취직은 어쩌면 작은 출세의 시작이었다. 그로부터 17년 후, 네트워크마케팅과의 만남은 최고의 행운이었다. 그리고 나는 해냈다. 채 2년이 안 되어 네트워크마케팅에서 극소수인 성공자 대열에 올라선 것이다.

오늘의 나를 만들어준 4가지 실천 강령

사회적으로 인정받을 만한 학력은 고사하고 부모님으로부터 물려받은 재산이라곤 건강한 육체와 강한 독립심밖에 없던 나, 그런 내가 그야말로 무(無)에서 유(有)를 창조한 배경은 극히 단순했다. 즉, 진리를 실천한 것뿐이었다.

나는 단순한 성격이다. 스스로 선택한 것에 끝까지 책임진다는 인생원칙을 단 한 번도 어긴 적이 없을 만큼 융통성이 없었다. 그런 내가 네트워크마케팅이라는 미지의 바다에서 유능한 선장이 되기까지는 나름대로의 실천 강령이 있었다. 이제 나만의 그 노하우를 정리해 본다.

첫째, 피를 나눈 가족보다 동지사업자를 먼저 키워라. 나는 나보다 먼저 사업을 시작한 아내와도 선의의 경쟁을 했다. 그것이 내 자신을 독립시키고 성장시키는 데 밑거름이 되었다. 아내가 돌봐주기를 은 근히 기대하면서 느슨하게 사업을 전개했더라면, 우리 부부가 동시에 최고직급에 오르는 것은 불가능했을 것이다. 동지사업자와 굳게 손잡고 그들에게 내 모든 것을 투자했다. 그것이 다운라인 사업자들에게 신뢰를 얻는 계기가 되었다.

둘째, 부모로서의 역할을 다해야 한다. 나로 인해 사업에 동참하게 된 다운라인들, 그들은 네트워크 바다에 갓 태어난 어린 물고기와 같다. 적으로부터 생명을 보존하고 살아남는 법 즉, 먹이감을 사냥하는 법을 터득시켜야 한다.

셋째, 네트워크 문화에 젖어라. 이런 말이 있다. "네트워크 업계의 하루는 속세의 한 달과 같고 업계의 한 달은 속세의 1년과 같다." 이 말은 네트워크 업계의 문화를 한 마디로 집약한 것이다. 나 자신도 처음부터 잘 나가는 네트워커는 아니었다. 경험이 없다보니 내 방식대로 사업을 진행했고 얼마 안가 한계에 부딪혔다. 사회경험을 내세우며 나만의 독특한 스타일을 고수하다보니 많은 실수와 실패를 경험하게 되었다.

'군대 짠밥이 무섭다' 라는 말이 이 곳에도 통하고 있었다. 다이너스티에는 다이너스티 문화가 있음을 뒤늦게 깨달았다.

그들이 닦아놓은 탄탄대로가 있었는데 나는 홀로 거친 산길을 오르고 있었던 것이었다.

넷째, 구체적인 계획을 세워라. 새로운 고객을 개발하기 위해서는 철저하고 완벽한 계획이 있어야 한다. 먼저 1일 계획과 3일 계획, 5일 계획 그리고 최소한 100일 계획까지 세워야 한다.

하루에 5명에게 전화하면, 한 달이면 150명이다. 그리고 100일 동안 기도하는 마음으로 관리해야 한다. 먼저 고객 관리대장을 만들고 매일 통화내용을 상세히 기록한다. 상대가 자신의 근황을 부담없이 얘기할 수 있도록 자신의 어려움을 먼저 얘기하라. 그러면 상대는 자신의 회사나 가정의 어려움을 스스럼없이 하소연하게 된다. 그런 사람을 첫 번째 고객 대상으로 삼아라.

상대의 어려움을 알았다고 그 순간 성급히 사업에 대한 정보를 제공하는 것은 절대 금물이다. "함께 방법을 찾아보자"라는 말로 위로한 다음, 다른 일을 벌이지 않도록 유도한 사흘 후, 다시 전화해 사업 가능성만 알려준다. 하지만 자세한 정보는 전하지 말라. 상대로 하여금 기대감을 갖게 하는 것이 중요하기 때문이다.

그렇게 4, 5차례 통화한 후, 조심스럽게 정보를 전하고 함께 교육센터에 동행해 사업설명회를 듣게 하라. 이쯤에서 반드시 지켜야 할 행동 지침이 있다.

사업설명회 동참시의 행동 지침

행동 지침 1. ▶ 업라인에게 새로운 고객의 정보를 모두 알려줄 것. 새로운 고객과 약속이 정해지면, 즉시 업라인에게 연락해 고객에 대한 모든 정보를 제공해야 한다.

행동 지침 2. ▶ 업라인을 고객에게 최대한 부각시켜 소개할 것. 업라인을 부각시킴으로써 업라인의 말에 힘을 실어주는 효과를 얻을 수 있으며 사업 비전 전달이 용이해진다.

행동 지침 3. ▶ 반드시 모시고 온 고객과 '함께' 사업설명회를 들을 것. 강의 중, 그의 반응을 철저히 살펴야 한다.

함께 설명회를 듣는 가운데 가능성의 50%를 판단할 수 있다. 사업설명회가 끝나면 강사와 회사보다는 나에 대한 믿음으로 사업을 시작할 것을 강력히 권고하라.

관리 차원의 행동 지침

네트워크마케팅 사업은 열정과 노력으로 자신을 파는 사업이다. 냉장고나 TV처럼 눈에 보이는 제품이나 광고를 통해 소비자에게 인지된 회사 제품을 파는 것이 아니라 내가 그 모든 것을 대신해야 하는 사업이므로 최고의 고급 비즈니스이다. 내가 곧 회사이고, 제품이고, 비전이므로 진솔하고 당당히 이끌어야 한다.

이렇게 새로운 다운라인 사업자가 한 명이라도 탄생하면, 즉시 관리 차원으로 들어가라. 관리에 있어서도 몇 가지 행동 지침이 있다.

행동 지침 1. ▶ 철저히 출근하라. 네트워크마케팅에서는 뭐니뭐니 해도 성실이 최고. 사명감을 가지고 '성실'을 전수해야 한다.

행동 지침 2. ▶ 교육으로 무장시켜라. 회사 내부는 물론 외부에서 실시하는 세미나와 교육에도 적극 동참하라. 그런 전문교육을 통해서만 다운라인 사업자를 프로 네트워커로 키울 수 있다. 또한 동종업계에 대한 장·단점을 철저히 분석해 교육시키는 것이야말로 조직 이탈을 미연에 방지하는 초석이다. 개인적인 경험으로는 똑똑한 사업자보다 출근과 교육에 충실한 사람에게 더 많은 시간과 정성을 투자하는 것이 훗날 성공의 지름길이 되었다.

행동 지침 3. ▶ 업라인과 다운라인 사업자는 절대 1m 이상 떨어지지 말라. 이것은 물리적인 거리가 아닌 마음의 거리를 의미하는 것이다. 업라인과 다운라인 사업자는 '생사고락을 같이 한다' 라는 마음으로 함께 해야 한다.

성공의 뒤안길은 고통과 인내의 가시밭길이다

네트워크 사업, 그 중에서도 우리 회사의 경우, 빠르면 1년 적어도 2년 동안 고생을 감수해야 성공이 보장된다. 다른 직종에서 감히 상상할 수 없을 만큼 빠른 속도이다. 그렇다면 성공이 빠른 만큼 그에 따르는 고통 또한 2배, 3배 아니 10배까지도 감내하는 것은 당연하다는 것이 내 생각이다.

내가 처음 사업을 시작할 때, 국제전화 전문회사로 출발한 다이너스티에 대한 일반인들의 반응은 좋지 않았다. 게다가 당시는 회사도 노하우가 없었고 성공자도 배출되지 않은 상태였다. 그야말로 무에서 유를 창조하는 일이었다. 통신과 네트워크를 접목한 신종사업, 미래사업이라는 비전만이 유일한 버팀목이었다.

세상은 꿈꾸는 자의 것이라고 했던가. 당시 내가 발견한 회사 비전과 성공에 대한 꿈을 밑천삼아 고통과 좌절을 딛고 노력한 대가로 세상은 내게 성공을 허락했다.

이제 부모의 마음으로 다운라인 사업자들에게 당부하고 싶다.

"그대들이여, 세상을 모두 가져라. 세상은 진정 꿈꾸는 자의 것이니!" "지금 이 순간부터 변신을 시작한다면, 당신은 이미 성공한 네트워커다!"

'미인 대칭'은 모든 네트워커들이 사명감을 가지고 실천해야 할 '21세기 리더십 운동'이자 성공으로 가는 지름길이라고 생각한다. 기적을 일으킬 만한 대화, 신바람을 일으키는 칭찬, 품위 있는 인사, 따뜻함이 묻어나는 아름다운 미소… 이것은 바로 진정한 네트워커의 모습이자 성공을 꿈꾸는 모든 사람들의 이상적인 모델이다.

네트워크마케팅에 뛰어들어 성공한 사람들에게는 공통점이 있다. 누구도 흉내낼 수 없는, 자신감에 차 있으면서도 부드러움을 잃지 않는 '아름다운 미소'가 바로 그것이다. 그들의 미소는 〈모나리자의 미소〉를 능가하는 마력이 있다. 그들에게 성공은 바로 이런 미소를 창조해낸 대가인지도 모른다. 그만큼 네트워커들에게 표정 관리는 성공과 실패를 좌우하는 중요 관건이다. 뿐만 아니라 얼굴은 그 사람이 살아온 인생을 대변하는 바로미터라 해도 과언이 아니다.

'천 냥 빚 갚는 한 마디'와 아름다운 미소

네트워크마케팅에 뛰어든 사업자들은 초창기 주변의 부정적인 반응이나 적은 수입으로 어려움을 겪기 마련이다. 나 또한 그랬다. 당시 나는 활동비가 없어 은행에서 1,000만 원을 융자받을 정도로 어려운 처지였다. 그러나 그 때 나는 언제나 잘 나가고 있다는 자신감에 찬 표정과 밝은 미소를 한 순간도 잃지 않았다. 그런 내 모습을 보며 다운라인 사업자나 새로운 고객들은 신뢰를 느꼈고 사업은 추진력을 얻을 수 있었다.

잔소리로 들릴지 모르겠지만 성공을 위해 아무리 강조해도 지나치지 않은 것, 그것은 바로 철저한 표정 관리, 아름다운 미소이다.

이런 표정 관리에 버금가는 또 하나의 중요한 것은 바로 대화 자세

이다. 어디서 누구를 만나든 부정적인 표현이나 거친 말투는 절대 금
물이다. '말 한 마디로 천 냥 빚을 갚는다' 는 옛말이 있다. 천 냥을 요
즘 값으로 따지면 아마도 엄청난 액수일 것이다. 그런 빚도 말 한 번
멋있게 잘 하면 갚을 수 있다는 사실만으로도 말의 위력을 새삼 확인
할 수 있다.

　내가 초창기 사업을 하면서 실천했던 이런 행동 원칙들을 한 마디
로 압축한 것이 최근 미인 대칭 국민운동본부에서 실천하고 있는 '미
인 대칭 운동' 이다. "미소로 인사하고 대화로 칭찬하자!" 미인 대칭
운동의 핵심은 4가지!

　　"당신의 미소는 한국인의 미소입니다"
　　"당신의 인사는 한국인의 예절입니다"
　　"당신의 대화는 기적을 일으킵니다"
　　"당신의 칭찬은 신바람을 일으킵니다"

네트워크마케팅은 다양한 직종과 다양한 경험의 소유자들이 모이
는 곳이므로 서로 하나가 되지 않고는 성공할 수 없다. 사업장 안팎

에서 만나는 모든 사람에게 미소로 인사
하고 상대방의 장점이나 변화를 발견해
아낌없이 칭찬함으로써 보다 원활하고 사
랑이 넘치는 관계를 형성할 수 있다.

　미인 대칭 운동은 내 습관과 인생을 바
꿔줄 뿐만 아니라 주변 이웃, 나아가 사회
전체 분위기를 긍정적으로 이끌어 갈 하
나의 이정표가 될 것이다. 현대 사회는 앞
집 옆집 이웃 얼굴도 잘 모르고 살아갈 정

도로 단절 문화가 팽배해 있다.

네트워커들은 미인 대칭 운동을 솔선수범해 이처럼 삭막한 국민정서를 회복, 풍요로운 사랑과 인정을 전달하는 행복의 전도사가 되어야 한다. 네트워크마케팅은 인류 문화를 변화시키는 아름다운 사업이라고 나는 자신 있게 말한다.

90%의 부정적 인식과 50%의 긍정적 반응

이처럼 업라인과 다운라인의 돈독한 인간관계를 밑천으로 삼는 네트워크마케팅은 상호이익을 모색하는 윈-윈(win-win) 시스템의 대표적 모델이다. 최근 서구사회를 중심으로 활발히 전개되고 있는 이 시스템은 동양의 상생(相生)에 비유된다. 그래서 네트워크마케팅은 서로가 서로를 살리는 상생(相生) 사업이자 인류 문화를 가장 인간적으로 되돌려놓는 원초적 사업이다.

업라인과 스폰서는 원초적으로 다운라인 사업자에게 베풀려는 욕구를 강하게 느껴야 한다.

부모가 자식의 삶을 챙기듯 그렇게 정겨운 마음으로 보듬고 물질적으로도 아낌없이 베풀어야 한다. 스폰서의 그런 모습에 감동한 다운라인 사업자는 스스로 복제를 시작하게 된다. 그랬을 때, 업라인과 다운라인 사이에는 원활한 정보 교환이 이루어지며 서로 불필요한 경쟁은 사라진다.

1999년 말, 네트워크마케팅과 관련, 흥미로운 설문 조사가 있었다. 분당 지역주민 500명을 대상으로 다단계에 대한 여론조사를 실시한 연세대 오 세조 교수는 그 결과를 '다단계 마케팅 강화전략'이란 논문으로 발표했다(2000년 1월 21일, 한국유통학회의 새천년 특별세미나에서).

다단계에 대한 반응도와 제품 품질에 대한 조사 결과는 평균 2.5~ 3점이었다(기준은 5점 만점). 분당은 MLM의 취약지역이다. 그럼에 도 이 정도 점수가 나온 것은 50%의 주민들이 긍정적인 반응을 나타 낸 상당히 의미 있는 결과이다. 국민의 90% 이상이 네트워크에 대해 부정적으로 인식하는 상황에서 이런 결과는 앞으로 네트워크마케팅 의 무한한 성장 가능성을 예견하는 척도가 될 것이다.

최고직급에 오른 후, 더 많은 목표와 꿈을 꾼다

사실, 네트워크마케팅은 높은 교육열과 '빨리빨리 문화'에 익숙한 우리나라 국민정서와 잘 맞는 업종이다. 왜냐하면 네트워크는 뛰어 난 조직관리 능력과 과감한 추진력을 갖추지 않으면 성장하기 어렵 기 때문이다. 따라서 21세기 대한민국에서 네트워크마케팅의 미래는 밝다고 나는 믿는다.

다이너스티에 오른 나를 보고 최고직급에 올랐으니 더이상 목표가 없을 것으로 생각하는 사람들이 있다면, 천만의 말씀이다. 다이너스 티가 된 후, 나는 오히려 더 많은 목표와 꿈을 꾼다.

첫째, 개인적으로 향후 3년을 목표로 백만장자의 꿈을 실현할 것이 다. 최고급 자가용과 멋진 집, 아름다운 별장도 가질 것이다. 이런 계획은 현재 80% 성취 단계에 와 있다.

둘째, 건국대 경영대학원에서 배운 네트워크마케팅의 전문지식과 필드에서 경험한 노하우를 전국 곳곳에서 탄생하고 있는 초 보 사업자들에게 아낌없이 전달할 것이다. 그들이 좀더 확신 에 찬 목표와 꿈을 가지게 하는 세계 최고의 동기부여 강사가 될 것이며 나아가 세계로 진출해 많은 후배사업자들의 성공을 위한 밑거름이 되겠다.

셋째, 국내 대학에 네트워크마케팅학과가 개설되어 학부에서부터 네트워크마케팅을 공부할 수 있는 길을 열도록 일조하겠다. 짜장면 배달부나 미용사가 강단에 섰듯이 나 또한 강단에 서서 학생들을 가르치는 교수가 되고 싶다.

넷째, 네트워크마케팅 업계의 천하통일을 꿈꾼다. 현재 네트워크마케팅협회는 유명무실한 상태로 정상적인 활동이 이루어지지 않고 있다. 보험에 대한 인식이 부정적이던 시절, 보험업계가 한 마음으로 단합해 보험아줌마 이미지를 생활설계사라는 전문인으로 거듭나게 했듯이 네트워크 업계도 이와 같이 한 마음 한 뜻으로 단합해 네트워크 마케팅에 대한 일반인들의 인식을 바꿔나가야 한다. 네트워크마케팅은 신뢰와 신용을 먹고 자라는 선진문화이므로 국내에서 불법 피라미드로 오인받는 것을 더이상 좌시(坐視)해서는 안 된다! MLM

업계의 단합과 일반인의 인식 변화, 그 십자가는 내가 먼저 지
겠다.

남 정 균 │ 암웨이 더블 다이아몬드

충남 대전 출생으로 일본어를 전공.
九州(큐슈)의 종합무역상사인 北友(호큐)사에서 3년 간 근무.
의류 자영업을 하던 1991년 11월, 암웨이 소개를 받았다.
미국, 일본, 중국, 홍콩, 필리핀 등 5개국에서 국제사업을 하고 있으며
국내에만 10만 명의 네트워크를 형성하고 있으며
IBOC위원으로도 활약하고 있다.

"

가혹한 주인을 위해 일하는 것은
고통이지만
주인을 가지지 못한 것은
더 큰 고통이다.

"

와일드 「젊은 왕」
오스카 F. O. W. 와일드(1856~1900);
영국의 시인, 극작가

"성공의 기회는 준비하고 기다린 자에게 돌아온다"

처음 만난 두 일본인 스폰서는 내가 실버 핀 직급을 성취할 때까지 지속적으로 한국에 와서 후원해주었다. 지금 입장을 바꿔놓고 생각하면, 눈앞이 아찔하다. 사업 성과도 나오지 않는 외국인 다운라인 한 사람을 등록시켜 놓고 매월 최소한 2박 3일 숙박비에 항공료까지 투자하면서 내게 암웨이 사업을 가르쳐주다니. 나는 한 명의 다운라인이지만 나를 위해 시간을 할애하고 지도해준 그들에게서 스폰서의 배려를 느낄 수 있었다.

1991년 11월의 어느날 아침, 찬바람이 매섭게 볼을 스치고 있었다. 나는 그 때 직접 운영하던 이태원 의류점 앞에 서서 지나가는 손님을 기다리고 있었다.

소자본으로 가게를 얻으려다 보니 2층에 위치했기 때문에 1층 통로까지 내려와 손님을 모셔가지 않으면, 매상이 오르지 않는 불리한 입지였다.

그때 저쪽 편에서 깔끔한 이미지의 깡마르고 훤칠한 사람과 왜소한 체격의 사람, 둘이 걸어오는 것을 발견하고는 약간의 긴장감과 기대감으로 기다렸다. 이윽고 내 앞을 막 지나치려고 할 때, 나는 말을 걸었다.

내가 일본어로 "안녕하십니까? 혹시 선물용 물건을 찾고 계십니까?"라고 묻자 그는 배가 고파 식당을 찾고 있는 중이라고 대답했다. "아 그래요? 그럼 제가 음식을 잘하는 식당을 안내해 드리겠습니다." 나는 앞장서서 식당까지 안내하고는 "식사하신 후, 저희 가게에 한번 들러주시겠습니까?"라고 묻자 두 사람은 "네, 그러죠."라고 대답하는 것이었다.

이렇게 식당까지 안내한 나는 다시 가게로 돌아와 일본에서 주문 들어온 물건을 정리한 후, 문득 그 두 사람이 생각났다. 다시 그 식당 문앞에 막 도착하자 마침 식사를 마치고 나오는 중이었다. 문앞에 선 두 사람은 놀라며 말했다.

"지금까지 기다렸습니까?"

"네."

나도 모르게 대답이 나왔다. 추운 날씨에 밖에 서있는 내 모습이 측은해 보였는지 "당신 가게로 가봅시다."라고 했다.

이렇게 안내된 두 사람은 몇 가지 옷을 사주면서 말했다.

"혹시 지금 하는 일을 마치고 퇴근 후에 할 수 있는 부업이 있는데 생각 있으십니까?"

나는 관심을 보였다. 왜냐하면 당시의 의류업은 큰 비전이 없었으므로 새로운 변화를 찾고 있었기 때문이다.

가게문을 닫고 그들의 숙소로 찾아간 나는 암웨이 사업설명을 듣게 되었다. 이런 인연으로 내게 암웨이를 전달해준 분은 현재 일본 암웨이의 오까다 수석 다이아몬드(당시 에메랄드)와 야마자끼 파운더스 크라운 앰버서더(당시 트리플 다이아몬드)였다. 그 후 10년이 지난 지금까지 우리는 친형제 이상의 우정을 쌓아가고 있다.

전달하는 사람의 모습이 이 사업의 이미지다. 네트워크 사업은 물건을 파는 것이 아니라 내 자신을 파는 것이다.

처음 설명을 들었을 때, 나는 자신이 없었다.

그렇지만 지금도 기억나는 것은 설명해준 오까다 씨의 성실하고 침착한 설명이었다. 그 느낌이 참 좋았다. 설명 마무리 부분에 자신들을 소개했다.

당시 33세인 오까다 씨는 처음에는 부업으로 시작해 5년 동안 사업해본 결과, 연소득이 1억 5천만 원 정도이고 당시 26세였던 야마자끼 씨는 20세에 시작해 연소득이 8억 원이라고 했다. 아마 내가 일본을 잘 몰랐었다면, 그 말을 신뢰하기 어려웠을 것이다. 다행히 나는 1989~1991년 약 3년 간 큐슈시(市)의 한 무역회사에서 근무한 적이 있었으므로 그 말이 거짓이 아님을 알 수 있었다.

그렇지만 막상 할 자신은 없었고 이미 성공한 두 사람이 부럽다는 생각만 들었다. 그래서 "성공한 사람들과 친구가 될 수 있다면, 득이 되면 되었지 손해는 없겠다"라는 생각이 들어 사인하게 되었다.

처음 설명을 들은 사람은 내용보다 전달하는 사람에게서 받는 느낌이 중요하다. 단순히 돈을 많이 벌 수 있다는 말만으로는 느낌이 와닿지 않는다.

지속적인 인간관계가 중요하다.

그 후 두 사람은 일본으로 돌아갔고 나는 전과 같은 생활을 계속했다. 약 한 달 후, 두 사람은 다시 한국을 방문해 암웨이의 비전을 조금씩 전달하면서 함께 차도 마시고, 식사도 하고, 친구가 되어 주었다.

그러면서 약속했다. 열심히 하면 성공할 때까지 도와주겠다고. 나는 두 사람이 나와 있는 동안만 열심히 따라다녔다. 그리고 두 사람이 일본으로 돌아가 버리면 잊어버리는 일을 반복했다. 당시에는 한국 암웨이가 초창기인 탓으로 미팅에 참석해 배울 곳이 없었다. 특히 국제후원을 받았으므로 국내의 대리 스폰서가 누구인지도 모른 채

등록만 한 상태였다.

그 후로 두 사람은 약 1년 후, 내가 실버 핀을 성취할 때까지 지속적으로 한국에 와 후원해 주었다. 약속을 지켜준 두 분께 한없는 감사를 전하고 싶다.

보는 힘이 믿는 힘이다.

사업 초기 그렇게 매월 한국에 나오는 두 분과의 우정이 3개월 이상 지속되던 어느 날, 국제 스폰서인 오까다 씨로부터 전화가 걸려왔다. 일본 고베에서 세미나가 있으니 한번 와보라는 것이었다.

그 때 처음으로 참가한 세미나에서 승급을 성취한 사업자들의 인정식과 성공자들의 모습을 직접 보고 느낄 수 있었다. 그리고 각 단계별로 성취하는 모습을 통해 목표가 처음으로 생겼으며 세미나 마지막에 초청연사로 나온 세또 씨(당시 트리플 다이아몬드)의 청중을 사로잡는 강연에 매료되어 "저렇게 멋있고 훌륭한 분이 성공자라면, 내 인생을 바쳐서라도 저렇게 꼭 되리라" 다짐했고 내 인생의 성공 모델로 삼았다.

칭찬, 격려, 인정, 팀워크

세미나 종료 후, 한국에서 왔다는 특별한 이유로 세또 씨와의 단독 미팅을 가질 수 있었다. 가슴 뛰는 그 순간에 세또 씨가 해준 칭찬 한 마디가 큰 동기부여가 되었다. 그 후에도 여러 차례 일본 세미나에 참석해 열심히 배웠다. 그 때마다 칭찬해 주고 인정해 주고 서로 격려하는 분위기가 너무 좋았다. 그

리고 행사를 진행할 때 보여준 그룹원들의 멋진 팀워크에 나는 팀원이 되고 싶어졌다. 나는 아이템을 보고 이 사업을 한 것이 아니다. 그리고 전달해주신 분들은 방법을 먼저 가르치려고 하지 않았다.

자연스럽게 친구가 되어 주면서 일본에 건너가 직접 본 그 분들의 사는 모습, 그 당시 비슷한 또래의 두 사람의 모습은 라이프스타일 자체가 곧 부러움이었고 나도 저렇게 살고 싶다는 욕구가 생기게 되었다.

처음 이 사업을 전달하다 보면 사람들은 전달하는 모습 그 자체만 보고 반응한다.

① 나는 판매는 자신이 없다.

② 나는 말주변이 없어 사람들을 못 끌어들인다.

③ 나는 남한테 부담을 주거나 아쉬운 소리를 못 한다 등등 하나 하나가 어떻게 할까, 잘할 수 있을까라는 고민이다.

왜 해야 하는지 이 사업을 통해 얻게 되는 보상이나 가치는 know how(방법)가 아닌 know why(해야 하는 이유)가 먼저이다.

매월 한국에 나와 친구를 만들 수 있는 시간적 여유, 1년에 몇 번씩 초청되는 해외여행, 벤츠는 기본이고 포르쉐, 페라리 등의 최고급 스포츠카를 두 대씩이나 소유하는 것. 그것도 부모님 덕이 아닌 본인 스스로 일궈낸 그 모습 자체가 해야만 하는 이유가 되었다. 그리고 금전적인 것 뿐만 아니라 랠리나 펑션을 통해 사람들에게 꿈을 심어주고 할 수 있다는 용기를 심어주는 동기부여 스피치 곧 동기부여자의 멋진 모습이 이유였다.

상대가 원하는 것을 얻도록 도와주어 내가 원하는 것을 얻는다.

내가 열심히 하면 얻게 될 이 사업의 가치 있는 결과들을 나는 분명히 알고 있었다. 따라서 성공하기로 결심한 나를 그들은 도왔을 뿐이다. 상대방이 원하는 것을 알아야 한다. 그러기 위해서는 상대방의 얘기를 잘 들어줘야 한다. 그래서 본인이 원하고 꼭 이루고 싶은 꿈들을 내게 터놓고 얘기할 수 있도록 우정을 쌓도록 하라. 그들이 원하는 것을 얻을 수 있도록 최선을 다하라. 때로는 그들이 나태함과 게으름에 나약해져 있을 때, 다시 한번 그들의 꿈을 상기시켜 떨치고 일어날 수 있도록 용기를 주어라.

성공은 당신의 마음 속에 있다

초보자일수록 주변 몇 사람의 반응을 떠본 다음, 그들의 반응에 따라 마음이 흔들리는 보통사람들을 많이 보게 된다. 물론 주변 반응에 의지가 약해질 수 있지만 나의 성공이 주변사람들에 의해 좌우된다면 얼마나 안타까운 일인가? 나의 성공은 내가 정하는 것이다. 그리고 주변사람들의 반응은 그들에게 올바른 정보를 주고 알아보게 해 바꿔나가는 것이다.

3단계의 성장이 있다

1단계　　혼자서 할 수 있겠다! : 내가 나가서 말만 하면 다 될 것처럼 지나치게 자신감을 갖는 시기. 주로 이 시기에는 자세한 설명은 하지 않고 회원등록만 열심히 늘린다.

2단계　　내 마음대로 안 되는 사업이라 어렵다. 차라리 혼자 하는 일이라면 얼마든지 노력하겠는데… : 자세히 듣고 비전을 보고 회원이 된 것이 아니라 등록만으로 상대에게 도움이 될 것 같아 이름만 올려놓은 사람들이 대부분이므로 움직이지 않는다. 이 때 다음 단계로 고민이 생긴다.

3단계 성공은 나의 의지에 달려 있다 : 처음에 지켜보고 반응이 좋지 않았던 사람들이 나의 지속적인 노력과 변해가는 모습에 조금씩 변화하면서 사업파트너가 될 때 느끼는 자신감! 역시 성공은 내 의지에 달렸구나! 자신감을 얻는 단계로 성장한다.

3가지 고민을 해야 성공한다

첫 번째 회원이 늘지 않는 고민 : 설명이 부족한 상태에서 혼자 전달하는 경우 또는 내 자신의 결과가 아직 없는 상태이므로 지켜보겠다는 반응이 많다. 또 나 자신부터 성공에 대한 확신이 부족하므로 전달할 때, 열정과 믿음을 주지 못하므로 이런 고민을 하는 시기가 온다. 이 때의 고민은 성장을 위한 단계이므로 피하지 말고 나의 부족한 부분을 알고 트레이닝되어 어느 순간 내가 설명한 사람들이 긍정적인 반응을 보이며 회원이 늘 때, 자신감이 생긴다.

두 번째 회원은 느는데 매출이 오르지 않는 고민 : 마음만 급해 나 자신부터 충실한 소비자가 되지 않은 상태에서 회원만 늘리는 데 열중해 생기는 고민으로 사업자를 찾는 것도 중요하지만 소비자를 만들고 관리하는 데 소홀해서는 안 된다. 내가 먼저 제품을 애용하고 제품의 좋은 점을 자랑할 때, 매출이 오른다.

세 번째 리더가 나오지 않는 고민 : 나와 같은 사람이 한 사람만

나왔으면…. 언제나 혼자 미팅에 참석하는 시기가 있다. 내가 먼저 리더가 될 때, 리더가 나온다. 조금만 더 노력하면 반드시 나보다 더 열정적인 파트너가 나오게 된다.

의존 → 자립 → 상호의존 관계로 성장되어야 한다

우리 사업은 한 사람을 훈련시켜 그를 중심으로 사람들이 모여 그가 그룹을 이끌 수 있도록 돕는 것이다. 좀더 구체적으로 말하면, 플랜을 대신해준다 → 미팅을 해준다 → 미팅을 통해 자리를 마련해준다 → 그룹을 이끌도록 도와준다(이 때 나는 빠지고 그 리더와 의사소통만 한다). 의존관계에서 자립관계로 변화하는 과정에서 인간관계 문제점이 가장 많다.

성장을 바라면서도 시키는 대로 고분고분하기만을 바라는 스폰서와 이제는 조금씩 자신의 목소리를 내고 싶어 하는 다운라인 간의 갈등이 의외로 많고 때로는 심각하기도 하다. 우선 업라인 쪽에서는 성장한 다운라인 파트너를 인정하고 존중하며 품을 떠나려는 파트너에 대해 서운한 마음보다 기뻐하는 마음이 필요하며 상호의존하며 성장하는 파트너 관계로의 정립이 필요하다.

지속적인 성장 프로그램이 제공되어야 한다

단일 비즈니스로는 가장 많은 사람이 참여하고 어느 사업보다도 많은 사람들과의 만남과 관계를 맺는 사업이므로 상대적으로 나 자신이 어느 누구에게도 편안한 상대가 되어야 하며 상대방 입장에서 생각하고 이해하는 포용력이 곧 리더십이다. 대규모 그룹을 원한다면, 내 마음 한 곳을 비워 모든 것을 수용할 수 있어야 한다. 따라서 지속적인 인성교육과 리더십 교육이 필요하며 기회를 제공해야 한다.

올바른 교육 프로그램이 있어야 하고 이것이 잘 복제되어야 한다.

우리 사업은 사업 성장이 느릴 때는 반복교육이 가능해지므로 자연스럽게 복제가 이뤄지지만 고속성장을 할 때가 위기이다. 너무 빠른 속도로 신규회원이 유입될 때, 복제가 불가능해지고 단시간에 고소득자가 나오면서 가치관에 혼동이 오고 물질만능 풍조가 확산된다. 그렇게 되면 우리 사업은 위험에 빠지게 된다. 부담을 주거나 사재기식의 성장 위주의 파행으로 치닫게 될 수 있다. 항상 위기는 기회이며 너무 좋을 때가 위기이다. "문제는 판매 방식이 아닌 교육 부재에 있다."

네트워크 사업이 올바로 정착되려면 회사와 사업자가 장기적인 비전이 있어야 한다. 단기 이익이 아닌 장기적인 안목으로 사업자를 올바로 이끌 수 있는 경영자의 철학이 있어야 하고 이것을 지키려는 의지가 있어야 한다. 둘째, 우수한 제품(소비재)이 있어야 한다. 올바른 네트워크는 소비자 80%, 사업자 20%로 구성되어야 정상이다. 셋째, 올바른 사업철학을 가진 리더가 나와야 한다.

쉽게 돈 벌 수 있다는 것을 강조하기보다 장기적인 비전을 제시하고 올바른 가치를 위해 일할 수 있도록 하는 지도력이 필요하다.

내가 암웨이를 처음 시작했던 1992년 1월 당시, 제품은 총 5가지 세제가 전부였다.

교육을 제대로 해주는 미팅도 없었고 동기부여를 받을 수 있는 미팅도 변변치 않은 상태에서 매스컴에서는 피라미드 상술에 의한 피해 고발 사례와 구속 뉴스들이 사흘이 멀다 하고 나왔다. 물론 그 뉴스에 암웨이도 자주 등장했다. 다단계의 대표적인 회사로 당시 사회

문제의 책임이 마치 암웨이가 국내에 들어온 것이 발단이 된 것처럼
보도되었다.

그렇지만 그 당시 미국에서 30여 년, 일본에서 10여 년 이상 사업
을 펼치고 성공을 거두고 있었으므로 회사나 판매 방식에 문제가 있
는 것이 아니라 사업자들의 가치관이나 교육이 문제였다.

당시 일본 암웨이는 세계 1위의 매출을 올리고 있었다. 일본인 특
유의 한 명의 리더, 나까지마 가오루(당시 일본 암웨이 최고리더)를
중심으로 뭉치는 팀워크가 만들어낸 결과였다. 그리고 일본인 정서
가 남을 잘 배려하고 부담을 주지 않는 특징을 갖고 있다.

성장

나는 매 3개월에 한 번씩 일본 세미나에 참석해 올바른 사업 진행
법을 배워와 한국에 접목시켰다. 그 결과, 1992년 11월, SP(실버 프
로듀서)를 성취하고 1993년 6월, DD(다이렉트 디스트리뷰터), 1994
년 3월, 에메랄드, 1995년 9월, 다이아몬드, 1996년 8월, 수석 다이
아몬드, 1997년 9월, 핀인 더블 다이아몬드를 성취했다.

과열

문제는 내가 수석 다이아몬드를 성취한 1996년 가을부터 암웨이
가 과열되기 시작한 것이었다. 그 동안 관망만 하던 많은 사람들이
돈이 된다는 소문을 듣고 한꺼번에 몰려든 것이었다.

당시 내가 이끌던 엑시스월드 그룹은 한국시장 1, 2위를 다투는 최
고그룹 중 하나로 월 신규회원이 1만 명을 넘었다.

나는 그 때 남이 안 하는 고민을 많이 했다.

"엄청난 가속도로 늘어나는 신규회원을 어떻게 교육시킬 것인가?"
"제대로 교육이 안된 사람들이 밖에 나가 얼마나 이미지를 흐리고 시

장을 혼탁하게 만들 것인가?”

남들은 행복한 고민이라고 했지만 내게는 매우 심각한 문제였다. 곧 시장이 끝날 것 같은 기세로 사람들은 처음부터 전업을 하고 밤늦게 몰려 다니면서 심야 미팅 등으로 민원이 자주 발생했다.

시련

드디어 1997년 4월, 소비자단체, 종교단체, 경쟁사 등이 합동으로 대대적인 매스컴 공격을 해왔다. 약 4개월 간 지속된 매스컴 공격으로 당시 150만 명이었던 한국 암웨이 회원이 10분의 1인 15만 명으로 줄었다. 그 후로 한동안 침체를 겪으면서 올바른 교육 체계의 필요성을 느끼게 되었다.

시스템(System)이 틈을 타고 시스템 바람이 불기 시작했다. 원래 시스템의 본류는 미국으로서 우리나라와 유사한 경험을 먼저 겪은 미국에서 시작했다. 그 중, 덱스터 에거라는 시스템의 대부가 미국 시장의 약 70%를 점유하고 있다.

우리는 지리적으로는 일본과 가깝지만 성격이나 기질면에서는 미국인과 많이 닮았다. 성격이 급하고 다혈질이다. 어쨌든 일본 암웨이는 체계적인 시스템으로 발전되지는 않았지만 자연적인 시스템으로 하고 있다.

시스템의 중요한 3요소가 있다.

① LOS(Line of sponsorship)

② 팀워크

③ 사람들을 성장시키는 프로그램과 도구(tool)가 있다.

이 중, ③은 ①, ②를 잘할 수 있기 위해 필요한 교육인데 일본인 정서에는 이미 하나의 리더를 구심점으로 팀워크가 잘 되어 있으므로 굳이 시스템을 강조하지 않아도 시스템적인 반면, 우리나라 사람들은 미국에서 겪은 시행착오를 그대로 밟고 있다.

지난 몇 년 간, 시스템이 정착되기까지 혼란기가 있었다. ①, ②를 무시하고 ③이 마치 시스템의 모든 것인 양 찾아 헤매면서 "시스템의 정통이다", "아니다" 서로 유인도구로 사용된 적도 많았고 지금도 ①, ②를 무시한 채 ③을 강조하는 사람들이 일부 있다. 미래의 한국 네트워크 시장은 유례없는 호황기를 맞겠지만 아직 정착단계로는 보기 어려우며 향후 2~3년 동안 조정기를 거치면서 좀더 성숙한 시장이 형성될 것으로 전망된다.

어느 누구보다도 가장 좋았을 때와 가장 어려웠을 때를 경험한 나는 한국에 올바른 네트워크를 정착시키는 데 노력을 아끼지 않을 것이다.

Top Leader 07

문 경 하 | 국 엑스트라 엑셀 다이아몬드 앰버서더

미국 뉴욕 M. O. Corporation(유태계)에서 10년 간 근무 후 귀국.
한국유통경제신문사 2년 근무.

66

사랑은 상실이자 단념이다.
사랑은 모든 것을 다 주었을 때,
더욱 풍부해진다.

99

칼 F. 구코(1811~1878);
독일의 작가, 극작가

"네트워크 사업의 성공은
자신의 마음 속에 설계된 모습의 결과이다."

당신은 네트워크 비즈니스를 직업으로 선택한 것에 대해 "현명한 판단이었다"라고 생각하는가? 그렇다면 이제부터 "나는 할 수 있다"라는 긍정적인 사고로 행동하자. "He can do, She can do, Why not me?(이 사람 저 사람 다들 하는데 왜 내가 못해?)" 성공을 향한 질주를 계속 하는 동안 항상 이 말을 기억하라.

현재 네트워크 비즈니스에 관심을 가진 많은 사람들이 이 사업에 참여한다. 네트워크 비즈니스에 뛰어들기만 하면 당장 떼돈을 벌 것 같은 거창한 꿈이 유혹의 손길을 뻗치기 때문이다. 하지만 이 꿈을 실현시키는 사람들은 별로 많지 않다.

왜 그럴까? 가만히 손을 가슴에 얹고 생각해보자!

성공의 길을 선택하는 자만이 성공한다

처음 네트워커로 첫발을 내딛는 사람들은 성공한 선배들의 모습을 그리며 각자 성공 이미지와 목표를 설계한다. 그러나 일을 시작하고 한두 달 지나면 대부분 자신이 처음 그렸던 설계도와는 다른 그림을 그리고 있는 자신을 발견한다.

네트워크 비즈니스의 성공과 실패는 이때 결정된다고 해도 과언이 아니다. 즉, 순간의 좌절을 이겨내고 초심(初心)으로 돌아가 자신을 재정비하든가 아니면 각종 '탓'을 들어가면서 자신의 실패를 정당화한다.

과연 누가 성공할 것인가? 굳이 결과를 말하지 않아도 좌절을 극복하고 초심으로 돌아가는 사람만이 성공할 것은 자명한 일이다. 대부분의 네트워크 비즈니스의 성공자는 이런 상황을 여러번 거치면서 자기를 극복하고 현재의 성공적 이미지를 구축했다고 감히 말할 수 있다.

아마 이 글을 읽는 많은 네트워커들도 지금 성공과 실패의 갈림길에서 방황하고 있을지 모른다. 그렇다면 선택의 길은 분명하지 않은가? 용기를 가져야 한다.

나도 한국 엑스트라 엑셀에 적을 두고 비즈니스를 전개하면서 나름대로 어려운 상황에 직면한 적이 한두 번이 아니었다. 그 때마다 나는 상황에 유연하게 대처하고 감히 성공자 대열을 노크할 수 있었던 것은 초심으로 돌아가 성공적인 모습을 그리고 또 그리며 인내한 결과이다.

이와 같이 네트워크 비즈니스의 성공은 자신의 마음 속에 설계된 모습의 결과이다. 또한 수시로 성공의 확신을 위해 자기최면을 해나가는 과정의 부산물이다.

네트워크 사업은 저절로 되는 사업이 아니다

네트워크 비즈니스에서 성공하기 위한 전제 조건은 "나는 성공할 수 있다"라는 가능성을 확신하고 믿음을 기억해야만 하는 것이다.

그 다음에는 네트워크 비즈니스라는 직업을 즐기려는 마음이 필요하다.

자기 일을 즐기고 자신이 택한 사업에 보람을 느끼고 스스로 노력해 비전을 성취하며 삶의 기쁨을 느낄 수 있어야 한다. 그러기 위해서는 먼저 자신의 잠재력을 분석하고 사업 목표와 목표 달성을 위한 사업 방법 및 실행 계획을 점검할 필요가 있다.

어떤 이는 목표는 거창한데 그 달성을 위한 방법이나 실행이 전혀 없으며 또 어떤 이는 목표 및 방법에 대한 계획이 수립되었는데도 실행의 흔적을 전혀 찾아볼 수 없는 경우도 있다. 네트워크 비즈니스는 결코 자신의 노력 없이는 성공할 수 없는 사업이다.

오늘의 나를 있게 한 삼신철학(三信哲學)

인생에는 연습이 없다. 중요한 것은 지금 자신이 "최선을 다하고 있는가"이다. 현재 자신의 모습이 '노력의 결과'였다면, 네트워크 비즈니스에서 90% 이상 성공한 것이다.

한 번 자신이 가치 있는 사업이라고 판단하고 시작했다면, 최소한 3년은 그 일에 전력을 기울여야 한다. 그러나 처음 네트워크 비즈니스에 입문하는 사람들은 '보다 나은 비즈니스, 보다 좋은 회사'가 있을 것이라는 생각에서 자리를 잡지 못 하는 경우가 있는데 신중할 필요가 있다.

복잡하고 급변하는 시대적 환경은 당신에게 '더 이상 반복적이고 지루한 삶'을 허용하지 않는다. 반면, 복잡한 환경은 우리에게 '성공의 기회를 더욱 다양하게 부여하고 있다'라고 볼 수 있다. 다만 우리에게는 성공의 기회를 포착하고 자기것으로 만드는 선택만이 있을 뿐이다. 현명한 선택을 할 수 있는 자만이 살아남는 냉혹한 시대에 우리는 살고 있기 때문이다.

그렇다면 먼저 당신의 선택이 현명했는지 다시 한 번 꼼꼼히 살펴본 후, 강한 믿음을 가지고 사업을 전개해야 한다.

나는 '삼신철학(三信哲學)'을 잊지 말라고 당부하고 싶다.

첫째, 당신에 대한 강한 믿음이다

복잡한 유통구조를 줄이고 소비자시대에 소비자를 만족시킬 수 있는 유통구조를 필요로 하는 시대적 조류에 발맞추는 네트워크 비즈니스를 택한 당신 자신에 대한 믿음이다.

둘째, 회사에 대한 강한 믿음이다

당신이 네트워크 비즈니스의 성공을 위해 몸담고 있는 회사를 왜 택했는지 따져봐야 한다. 회사에 대한 믿음과 확신에 동요가 없도록 현명한 선택을 해야 하기 때문이다.

다음의 구체적인 선택 기준을 살펴보고 당신이 현명한 선택을 했는지 재조명해볼 필요가 있다.

① 설립자가 누구이며 경영철학은 무엇인가?

② 설립자와 회사의 사명감은 무엇인가?

③ R&D(연구개발)를 끊임없이 추구하며 투자를 아끼지 않는 회사인가?

④ 세계적인 회사인가?

⑤ 소비자의 제품 반응과 만족도는 좋은가?

⑥ 재정적으로 안정된 회사인가?

⑦ 직접 제품을 제조하는 회사인가?

⑧ 교육 시스템이 구축되어 있으며 교육에 전력을 다하는 회사인가?

⑨ 타사제품과의 경쟁력은 있는가?

⑩ 보상플랜은 사업 전개에 유리하며 고수익을 얻을 수 있는가?

이상의 기준에 의해 선택한 회사라면, 이젠 회사에 대한 절대적인 믿음을 가지고 최선을 다하기만 하면 된다.

아울러 한 가지 기준을 더 제시한다면, 현재 규모가 큰 회사라 해서 당신에게 성공을 가져다 주는 것은 아니라는 사실이다. 미래의 가능성과 기회가 있는 회사가 오히려 성공을 보장한다.

셋째, 스폰서의 리더십에 대한 강한 믿음이다

당신은 당신의 사업 파트너인 후원자를 심사숙고해 결정했는가? 대부분의 네트워커들은 후원자와의 인간관계 때문에 또는 처음에는 사업의지 없이 소비자회원으로서 네트워크 비즈니스에 입문하기 때문에 전혀 고려하지 않았을 것이다.

네트워크 비즈니스에서 성공하기 위해서는 후원자 선택이 중요하다. 그러나 모든 후원자가 리더십을 갖추고 있는 것은 아니다. 그렇다고 해서 후원자 선택을 잘못했다는 것은 아니다. 네트워크 비즈니스는 당신과 당신의 후원자 둘이서 하는 사업이 아니기 때문이다.

업라인을 거슬러 올라가다보면 리더십을 갖춘 후원자가 있을 것이고 그런 사람이 있다면 그는 성공 대열에 진입하고 있을 것이며 일정한 틀을 갖춘 그룹을 형성하고 있을 것이다. 따라서 항상 성공한 후원자를 복제하고자 노력하고 그룹 내에서 서로 협력하는 일에 동참해야 한다.

그런 그룹 내에 당신을 입문시킨 후원자에게 감사하라. 당신의 후원자와 업라인 모두 당신의 성공을 진심으로 바라고 있다.

당신의 성공이 곧 그들의 성공이기 때문에 당신을 위해 최선을 다하고 있다는 확신과 믿음을 가져야 한다.

성공을 원한다면, 당신이 언제까지나 다운라인으로만 있어서는 안되기 때문이다. 즉, 당신에게도 다운라인이 있으며 그 다운라인도 당신과 같은 생각을 하고 있다는 것을 잊지 않는다면, 그런 확신과 믿음은 자연스레 굳어질 것이다.

당신이 이런 철학을 가지는 순간, 이미 성공자이다.!!! "당신의 '부가가치의 크기'가 곧 성공의 크기이다"

여러분의 몸값은 얼마인가? 생각해본 적이 있는가?

인생 그 자체가 전쟁이자 경쟁이다

우리의 과거를 되돌아봐도, 미래를 유추해봐도 우리는 참여하고 싶지 않아도 반드시 참여해야 하고 스스로 남과 비교하고 싶지 않아도 타인에 의해 비교되고 평가되어 왔다.

앞으로도 원하든 원치 않든 여러 곳에 참여해야 하며 타인에게 평가받을 수밖에 없을 것이다.

그것이 더불어 사는 우리의 운명이며 인생이다.

만약 그런 참여나 타인의 평가가 싫다면, 로빈슨 크루소처럼 무인도에서 혼자 사는 것이 현명하며 그런 생각을 하는 당신은 네트워크마케팅 사업자로서도 어울리지 않을 것이다.

정확한 자기진단이 선행되어야 한다

이처럼 우리가 네트워크마케팅에 참여하고 있는 것이 운명이며 이 사업의 성공 여부가 타인의 평가라고 한다면, 마땅히 성공 대열에서 만인의 존경을 받는 평가를 받고 싶은 것은 당연지사 아닌가.

그러나 우리의 마음을 설레게 하는 성공은 너무나 쉬우면서도 동시에 어려운 것이며 가까이 있으면서도 멀리 있다.

메이저리그 텍사스 레인저스의 박 찬호를 최고의 성공을 거둔 야구선수로 평가하는 데 주저하는 사람은 없다.

신문지상에 실리는 그의 천문학적 연봉에 부러움을 느끼면서 한편으로 과연 내 몸값은 얼마나 될까 생각해본 적이 있다.

여러분의 몸값을 생각해본 적이 없다면, 지금 당장 생각해보기 바란다.

성공은 결국 자신의 부가가치를 얼마나 올리는가에 달려 있다.

네트워크 비즈니스 세계에서는 일반적으로 성공을 위한 요건으로 자신의 지식과 경험, 자신을 판매할 수 있는 능력과 긍정적 사고를 갖추고 부단한 노력과 기회 포착력, 활용 등이 방정식처럼 통하고 있다.

이를 위한 전제 조건으로 성공 방정식에 따라 자신을 진단하는 것이 무엇보다도 중요하다. 정확한 자기진단과 더불어 과감히 자기 자신에 대해 변화를 도모하는 지혜가 필요하다.

성공을 원한다면, 변해야 한다!

우리는 과거의 습관, 과거의 직장, 과거의 수입에 너무나 익숙해져 있어 "옛날에는 어떠했는데"라며 너무 현실에 안주하고 있다.

당신이 변화를 원하지 않으면, 아무도 당신을 변화시킬 수 없다. 성공을 원한다면, 자신을 진단하고 다음과 같이 변해야 한다.

첫째, 자신의 지식과 경험이란 지금까지 성장하면서 모든 환경에서 파생된 교육, 정보, 직·간접 경험 등을 토대로 자기것이 된 노하우(know-how)와 미래 환경에서 받아들여질 모든 것을 망라한다. 이 중에서 보다 중요한 요소는 ─과거부터 현재까지 구축된 자신의 노하우도 소중하지만 ─ 향후 구축될 자신의 노하우의 질을 올리기 위한 수용 자세이다.

현대는 타인의 지식과 지혜를 이용할 줄 아는 노하우의 시대이다. 타인의 노하우를 받아들이는 것은 성공 가능성의 주요소이다. 또한 축적된 경험도 중요하지만 그 이상으로 얼마나 여러 가지 일을 훌륭히 완수했는가도 중요하다. 똑같은 일을 매일 반복한다고 해서 경험이 쌓이는 것은 아니다.

좋은 것을 수용하고 행동함으로써 성공 가능성은 높아진다.

둘째, 자신을 판매할 수 있는 능력을 점검해보자.

네트워크 비즈니스는 단순히 제품을 판매하는 세일즈(sales) 개념보다 상위개념인 자신을 판매하는 사업이다. 즉, 소비자의 요구에 부응해 제품의 가치와 서비스를 제공하는 세일즈 개념에서 아이디어 등 자신의 부가가치까지 판매하는 것이다.

이것은 어떤 사람과도 잘 접촉해나가는 것이며 타인의 욕구를 이해해주며 타인을 위해 봉사하는 것과 자신의 목표를 달성하기 위해 서로를 조합하는 능력을 요구한다. 그러므로 항상 이 능력을 키우기 위해 노력해야 한다.

셋째, 당신은 긍정적인 사고를 지니고 있는가?

나는 가끔 "난 좋은 스폰서를 만나지 못 해서" 혹은 "내 다운라인들이 별 볼일 없어서…"라고 자신의 상하 라인의 능력을 탓하는 사업자들을 보곤 하는데 이들 중 성공한 사람은 한 명도 못 봤다. 결국 모든 원인은 자신에게 있기 때문이다.

네트워크마케팅은 사람과 사람의 친화를 바탕으로 성장하는 휴먼테크이다. 살아가면서 부정적인 사고를 가진 사람과 대화할 때는 무척 피곤함을 느낀다. 부정적인 사고를 가진 사람은 인간관계에 있어 좋은 평가를 받지 못 하며 모두가 인생에 있어 실패만을 거듭한 사람이다. 따라서 나 자신을 위해, 네트워크 사업의 성공을 위해 부단히 자신의 사고방식을 매일 건전하게 만들고 가능하면, 긍정적인 사고방식을 갖춘 사람들과 어울리기 위해 노력해야 한다.

넷째, 자신의 변화는 지속되어야 하고 또한 변화와 더불어 계속적인 행동과 실천이 따르도록 근면해야 한다.

모르고 부지런한 것과 알고 부지런한 것의 차이는 크므로 계획에 의한 근면을 강조하고자 한다.

1단계　목표 정하기 :

당신의 목표를 분명히 정해 그것에 집중하면, 성공 달성은 쉬워진다. 머리 속에만 넣어두지 말고 반드시 매일 기억할 수 있도록 노트 등에 메모한다.

2단계　구체적인 목표 정하기 :

목표는 장기와 단기로 구분하고 무엇을 가지고 싶고, 무엇을 하고 싶은지 또는 당신의 소원을 구체적으로 열거한다.

3단계　행동 계획 수립 :

단기목표를 달성할 행동 계획, 예를 들어, "난 하루에 5명의 잠재고객 또는 잠재 사업 파트너를 만나지 않으면 잠을 자지 않는다"라는 행동 모토를 세웠다면, "몇 시부터 몇 시까지 누구를 방문하고 몇 시부터 몇 시까지는 교육에 참석한다"등등 월간, 주간, 일일 행동 스케줄을 수립한다. 여기에는 홈 미팅 계획, 사업설명회 등 다수 방문 계획과 DM 발송, 전화방문 또는 1:1 개별방문 계획 등도 포함해 수립한다.

4단계　지속적인 명단 작성 :

우선 혈연, 지연, 학연, 사연 등 4연고에 대한 명단을 작성하고 앞으로 알게 될 모든 사람들의 명단을 지속적으로 작성한다.

또한 상대방의 포인트 및 만남 결과에 대해서도 기록하고 A형은 아는 사이로 매우 친한 사람, B형은 알기는 하지만 친분이 약한 사람, C형은 우연히 만난 사람 등으로 분류해 접촉 형태를 달리한다.

또한 잠재고객과 잠재사업자로 분류, 접촉 방법을 달리해 일일 행동 계획 수립에 참조한다.

다섯째, 기회 포착과 활용이다.

기회란 저절로 오는 것이 아니다. 우리가 스스로 제반 여건과 환경을 조성해야 한다. 아무 준비도 안 되어 있거나 아무 것도 모르는 무지한 사람에게는 평생 기회는 오지 않음을 명심하자. 따라서 기회의 포착과 활용을 위해 만반의 준비를 갖추고 출발선상에서 신호만 떨어지면 언제든지 달려나갈 육상선수처럼 긴장하고 있어야 한다.

사업을 시작하는 데 필요한 자료나 도구의 준비, 당신이 진행하는 사업의 모든 것 예를 들면, 제품과 회사 등에 대해 완벽히 숙지할 필요가 있다.

제품에 대해서는 당신이 직접 이용해 체험을 습득하거나 타인이 경험한 간접 체험의 습득 등으로 자신감을 가져야 한다. 또한 회사의 모든 것을 신뢰하고 이해하려고 노력해야 한다.

이를 위해 스폰서가 추천하는 모임에 참석하고 그들의 노하우를 자기것으로 만드는 습관이 필요하다.

좋은 습관을 계발하고 나쁜 습관을 버리는 것이 성공 비결이다.

이상과 같이 일하면서 배우고, 배우면서 일하는 습관과 변화를 받아들이는 것은 성공의 지름길이다. 다시 말하지만, 성공은 아주 멀리 있는 것이 아니다. 성공은 바로 당신 코앞에 있다. "좋은 스폰서를 찾기 전에 먼저 좋은 스폰서가 되도록 하라!"

"함께 사업을 전개할 경우, 스폰서가 나를 성공시킬 수 있다"라는 마음을 갖게 해야 한다. 파트너가 "나를 이용해 돈을 벌려고 한다"라는 마음을 갖는 순간, 스폰서는 이미 스폰서의 권위를 잃는다. 항상 마음을 열고 상대방에게 "이 스폰서는 나의 성공을 반드시 이루게 할 수 있다"라는 확신을 주어야 한다.

네트워크 사업은 그 종사자 모두가 네트워크의 고리에 '다운라인이면서 스폰서' 인 이중적인 특성을 가진다. 따라서 당신은 그 누구의 다운라인이면서 또한 누군가의 스폰서가 될 수밖에 없으며 지금 등록을 마치지 않았다면, 현재 다운라인과 스폰서라는 이중적 신분을 지니고 있을 것이다.

또한 사업 성장 과정에서 그룹을 리드하는 리더로서의 스폰서가 되지 않을 수 없을 것이다. 성공을 원한다면….

스폰서는 누구인가?

그 이유는 네트워크마케팅은 스폰서 사업이라고 말할 수 있기 때문이다. 스폰서가 없는 네트워크 마케팅은 상상할 수 없고 스폰서가 없는 다운라인의 의미는 말 자체가 무의미하다. 따라서 네트워크 사업에 종사하면서 스폰서로서의 역할과 그 의무를 이해하지 못 하면, 네트워크 사업을 하고 있다고 볼 수 없다.

마음 속에 스스로 자문해보자! "나는 판매사원인가? 아니면 네트워크를 경영하는 사업가인가?"

스폰서는 다운라인에게 사업의 기회를 제공하고 다운라인 매출의 일정액을 보너스로 받는다. 스폰서는 상사로서의 권위가 아닌 리더로서의 권위가 있으며 그 권위는 다운라인의 성공을 위한 권리와 의무에 관여하게 된다. 아무 노력 없이 스폰서라는 이유만으로 그 권위는 세워지지 않는다. 스폰서의 권위는 "어떻게 당신의 사업을 스폰서할 것인가?"라는 끊임 없는 반문 속에 답이 있다.

어떻게 당신의 사업을 "스폰서할 것인지" 가슴에 새겨야 한다

스폰서하기 전에 무엇보다 중요한 것은 당신의 마음가짐이다. 당신이 훌륭한 스폰서로 거듭나기 위해 먼저 점검할 사항이다.

첫째, 모든 사람이 당신의 사업에 적합한 파트너는 아니라는 것이다. 사람은 모두 자기의 이상과 생각이 있다. 때문에 당신의 사업에 참여하더라도 모두 성공할 수 있는 것은 아니다. 따라서 너무 조급해 하지 말라고 당부하고 싶다. 만약 조급해 한다면, 상대방은 결국 당신의 사업에 흥미를 잃을 것이고 서로 시간만 낭비하게 될 것이다.

둘째, 당신의 사업을 스폰서할 때는 성공자의 이미지로 해야 한다. 비록 아직 성공하지 못 했더라도 성공자의 이미지를 가져야 한다. 그런 이미지의 유지가 결국 당신의 미래 모습이 될 것이며 상대방을 매혹시킬 수 있다.

셋째, 당신은 상대방에게 "당신과 함께 사업을 전개할 경우, 당신이 자신을 성공시킬 수 있다"라는 마음을 갖게 해야 한다.

넷째, 사업을 스폰서할 때, 종종 좌절할 수 있다. 그것은 당연한 일

이다. 하지만 많은 사람들이 실망하고 "이 사업은 어렵구나"라며 떠나는 결과를 초래하는 가장 큰 이유일 수도 있다.

상대방 반응에 절대로 '민감하게 반응할 필요는 없음'을 명심하라.

다섯째, 스폰서를 하고자 할 때, 너무 많은 사람을 찾을 필요는 없다. 당신과 마음이 맞는 동반자를 찾아내고 그들에게 당신의 역량을 집중하는 것이 중요하다.

여섯째, 다운라인이 안정되기 전까지 스폰서하는 것을 중단해서는 안 된다. 간혹 어떤 사업자들은 어느 정도 다운라인이 형성되면 더 이상 스폰서하지 않는 경우가 있다.

그러나 그들의 미래는 얼마 안가 좌절과 반목으로 사업을 포기해야 할 상황이 되는 것을 수없이 보아왔다. 스폰서링은 지속성이 중요하며 그 길이 리더가 되는 첩경임을 강조하고 싶다.

당신은 리더인가, 아닌가?

당신이 네트워크 사업에서 성공하고자 한다면, 지금까지 말씀드린 것을 토대로 어떻게 스폰서링할 것인지, 사업을 포기하기 전까지는 배우고 고민하고 가슴에서 떠나보내면 안될 것이다. 그 노력의 결과로 언젠가는 당신이 리더의 위치에서 많은 존경과 권위를 지니고 네트워크 정상에 서있게 될 것이다.

꿈을 가진 사람은 겨우 5%에 불과하다는 통계가 있다. 우리가 그 5% 안에 속하는지가 중요하다. 왜냐하면 주변의 리더라고 생각되는 대부분의 삶이 그렇기 때문이다. 모두가 생각한 대로 살고자 노력했던 흔적을 엿볼 수 있기 때문이다.

리더인가 아닌가의 차이는 '생각만 하는가? 생각하는 대로 행동하는가?' 의 차이다. 생각에 의해 목표를 세우고 목표에 의해 생각을 수정하며 목표를 달성하며 살아간다. 만약 생각하지 않으면 사는 대로 생각하게 될 것이다.

네트워크마케팅은 정말 대단한 사업이다. 누구나 할 수 있지만 아무나 성공할 수 있는 사업은 아니다. 마음 속에 꿈을 가진 자만이 성공하는 사업이다.

네트워크는 바로 당신을 복제하는 사업이다

코비 박사는 〈성공하는 리더들의 7가지 습관〉에서 모든 일에 주도적인 자가 성공하며 이를 위해 변환자가 될 것을 권유하고 있다. "변환자란 불건전하고 해롭고 남용적이고 불행한 습성을 과감히 버리고 주도적이고 유용하며 효과적인 행동과 태도를 새로 습득하는 사람을 말한다. 이런 사람은 긍정적인 행동의 모델이 되어 효과적인 습관을 전달함으로써 다른 사람에게 긍정적인 사고방식을 심어주고 강화시켜 준다"라고 한다.

변환자의 모습, 긍정적인 행동 모델과 효과적인 습관 등은 네트워크 사업 방법보다 우선해 복제해야 할 가장 기초적이며 최우선적인 사항이다.

당신이 부정적일 때, 그 부정은 결국 다운라인으로부터 당신의 부정으로 되돌아온다는 것은 당연한 이치다.

리더십은 신뢰감에서 나온다. 각 개인이 신뢰를 쌓아야 다른 사람들이 당신을 리더로 신뢰하기 시작한다. 그러나 우리는 부정적인 태도와 언행을 하는 사람에게는 신뢰를 못 보낸다. 따라서 자신에 대한 신뢰구축이 리더로 가는 첫 관문이며 이것은 당신이 만사 긍정적인 태도를 보일 때, 열리는 것이다.

네트워크 사업은 상생의 힘이 상승할 때, 꽃을 피우는 종합예술이다. 흔히 상생이라 하면 서로가 나란히 가는 힘을 뜻한다.

문제는 서로 융합하고 화합하는 상승 작용력의 부족이다. 좁게는 당신과 함께 사업하는 형제라인, 넓게는 모든 네트워크 종사자 모두가 당신과 관련 있다고 생각하라.

형제라인 또는 타회사 네트워크 사업자가 나와 그 어떤 수익 관계가 없다는 이유로 비협조적이거나 빈정거리거나 비방할 때, 이 사업은 모두 힘들어지는 유기체라고 할 수 있다.

과거 네트워크 시장에 독버섯처럼 탄생했다 사라진 피라미드 판매로 인해 네트워크에 대한 인식이 나쁘므로 타사들이 잘되어야 그 인식이 지속적으로 개선될 것이며 당신 사업은 쉬워질 것이다.

차이점을 인정하자. 당신과 다르다고 해서 절대로 적대시하거나 비방의 대상으로 만들어서는 안 된다. 오히려 당신과의 차이점을 존중하고 이를 새로운 시각의 학습 기회로 생각한다면, 당신 혼자서는 조금 밖에 못 하는 일도 여럿이 많이 할 수 있다. 이것이 바로 상승의 힘으로서 당신 사업은 시너지 효과에 의한 탄탄대로가 펼쳐질 것이다.

물은 위에서 아래로 흐르고 열매를 얻으려면 씨를 뿌려야 하는 자연법칙처럼 오늘도 맑은 물이 되도록 자신을 정화하고 부지런히 씨를 뿌리기를 당부한다.

열매는 결국 당신것이다. 그 열매는 '성공' 이라는 포장으로 다가올 것이다.

잊지 말자! 꿈은 현실임을.

노력하자! 자신의 고효율의 부가가치 창출을 위해!

Top Leader 08

문미라 | 썬라이더 골든 이그제큐티브 디렉터

경희대 국문과 졸업.
91년 10월, 오픈과 동시에 등록.
93년 1월, 하와이컨벤션에서 비전 확인.
93년 4월, 4DR 취득.
93년 11월, 실버 매스터 디렉터 취득.
94년, 골든 매스터 디렉터 취득.
98년 11월, 이그제큐티브 디렉터 취득.

"

운명의 혜택을 전혀 받지
못한 사람들에게는
운명이 맹목적인
존재로 보이지는 않는다.

"

라 로슈푸코 「도덕적 반성」
프랑수아 D. 라 로슈푸코(1613~1680);
프랑스의 잠언가, 정치가, 문인

"오늘의 나는 과거 선택의 결과이다."

주도적인 선택의 지혜가 필요할 때가 많은 인생의 고비길에서 리더는 위기를 최대의 기회로 바꿀 줄 알아야 한다.

오늘의 나는 과거 '내가 선택한 결과' 라고 감히 말하고 싶다. 다양한 기회 중에서 썬라이더를 선택했으므로 성공한 네트워커로서 오늘의 내가 존재하기 때문이다. 그러므로 오늘 선택에 따라 미래도 달라질 것이다.

건전한 회사, 올바로 선택해야

네트워크마케팅에서 성공하기 위해서는 무엇보다 회사 선택이 중요하다. 돈 벌기 쉽고 단기간에 많은 돈을 벌 수 있다는 말에 잘못 뛰어들었다가 파탄에 이르는 경우가 있기 때문이다. 종종 주위의 유능한 디스트리뷰터들이 네트워크마케팅 자체를 기억조차 하기 싫어하는 경우를 본다. 그들은 열정적이며 긍정적이었다. 또한 리더십도 있었고 인간관계도 훌륭했다. 무엇보다 교육력도 뛰어나며 설득력도 있어 무슨 일이든 성공할 수 있어 보였다.

그런데도 실패한 것은 올바른 회사를 선택하지 못 했기 때문이다.

안정적인 회사를 선택해야 한다는 중요한 사실을 간과한 채 사업 확장에만 정열을 쏟은 결과는 상처 뿐이라고 후회하는 사람들을 본다. 왜냐하면 회사가 불안정해 약속 이행을 못한 채 문을 닫았기 때문이다.

나도 썬라이더를 택하기 전, 회사 안정성, 제품 우수성, 마케팅 프로그램의 합리성, 공정성, 우수성 등을 검토했다.

어느 회사가 그들의 사업을 위해 재투자하는지, 자체 사옥이 있는지, 자체 생산 시설이 있는지 살펴보아야 한다.

이런 평가 기준으로 회사를 선택했다고 모두 성공하는 것은 아니다. 네트워크마케팅에서도 성공하기 위해서는 목표를 정하고 행동해야 한다.

긍정적이고 최선을 다하는 적극적인 자세로

망망대해 한가운데서 배 한 척이 침몰했다고 가정해보자! 모두 구명보트에 탔지만 나침반이 없다면 어떻게 되겠는가? 끝없이 표류할 수밖에 없다!

이 일을 하는 진짜 이유를 확실히 말할 수 있어야 한다.

건강과 아름다움을 위해, 풍요로운 삶을 위해 또는 자유로운 시간을 얻으며 안정된 미래를 위해, 어떤 대답도 상관 없다. 사람마다 가치관이 다르고 원하는 것이 다르고 생각이 다르니까.

본인도 '나의 사명서'를 작성해 인생의 궁극적인 목표를 정하고 매일 우선순위를 정해 시간관리를 해 마음의 평화를 누리려고 한다. 보다 나은 삶을 향한 목표가 있어야 열정이 생기며 최선을 다하고 포기하지 않게 되는 것이다.

주어진 상황에서 최선을 다하라

얼마 전, 우리 회사 리더십 연수회를 다녀왔다.

꼭 가야 할 다운라인 중 한 분이 출발 전날, 불참을 알려왔다. 그가 빠지면 내가 진행하는 프로그램에도 차질이 생길 판이었다. 속으로는 서운해 '다음부터는 아예 얘기도 하지 말아야지. 지도자 연수회를 안 가고 성공하겠다는 건가!' 이런 저런 생각을 뒤로 한 채 이 기회에 우리 가족을 대타로 세우기로 했다. 바로 갓 제대한 동생과 결혼한 지 얼마 안된 올케를 동원한 것이다.

연수회 당일까지 막내 남동생이 "누나, 나는 왜 가는 거야?" 묻자, "그냥 바람도 쐴겸 놀러가는 거야"라고 했다.

강원도 둔내까지 가는 동안 차안에서 급조된 팀이 프로그램에서 맡은 역할들을 준비했고 주어진 상황에서 최선을 다하기로 했다.

그러나 큰 기대는 하지 않았고 오히려 불평이 걱정되었다.

프로그램 도중, 각 조별로 팀을 구성해 주제를 주고 대표자를 선발해 발표하는 프로그램이 있었다. 그런데 1조 대표로 남동생이 나오는 것이었다. 나는 내심 걱정이 되었다. 떠밀려 억지로 나와 실수라도 하면 집안 창피일 것 같았다.

그러나 그것은 기우였다. 당당한 모습과 자신 있는 목소리로 유머까지 곁들여 기발한 아이디어를 발표하는 것을 보았다. 어리광만 부리던 막내가 훌륭한 리더로 손색 없어 보였다. 뿐만 아니라 메이크업(MAKE UP)대회 대표로 야한 속옷차림으로 패션쇼까지 했다. 나중에는 열창까지 했는데 어떤 분은 가수 권유까지 했다.

나도 동생이 저런 끼가 있는지 전혀 몰랐다. 예상밖의 훌륭한 리더가 될 수 있어 보였다.

올케 또한 다른 조 대표로 나와 발표했다.

위기를 최고의 기회로 삼는 리더의 주도적인 선택의 지혜가 필요할 때가 많다는 것을 얘기하고 싶다.

잔인한 강제수용소 죄수로 자신의 실존을 발견하고 그의 부모, 형제, 아내가 수용소에서 죽어갔으며 모든 물건을 빼앗기고 모든 가치를 파멸당한 채 굶주림과 혹독한 추위 그리고 흉폭한 핍박 속에서도 보람찬 삶을 발견하고 유지할 수 있었던 빅터 프랭클 박사, 그는 '자신의 고통을 보람된' 것으로 선택해 겉으로 보이는 운명을 초월할 수 있는 인간의 능력을 증명했다.

네트워크마케팅을 하면서 어려운 상황에 직면할 때가 참 많다.

예를 들면, 다운라인이 타 회사로 이동할 때, 설득은 하지만 가망이 없을 때는 또 다른 선택을 한다.

나의 시간과 관심, 네트워크마케팅에서 주어지는 혜택의 기회를 새로운 리더에게 전환한다. 즉, 더 훌륭한 리더를 발굴할 기회로 삼은 것이다.

나는 썬라이더의 최고직급인 골든 이그제큐티브 디렉터로 한빛그룹 대표이기도 하다. 1991년 10월, 썬라이더 오픈과 동시에 등록, 1년간 부업으로 하다가 1993년 1월, 하와이 컨벤션에서 확실한 비전을 보고 그 해 4월에 4DR, 11월에 실버 매스터 디렉터, 1994년에 골든 매스터 디렉터로 진급하였다. 1998년 11월, 현재의 직급을 달성할 당시 전세계 디스트리뷰터 중 이그제큐티브 디렉터 승급자가 1명뿐이어서 많은 각광을 받았다.

"훌륭한 리더는 지시 · 감독하지 않는다."

내 인생에 있어 긴급하지는 않지만 중요한 일 중 하나인 여행, 터키는 내가 가고 싶은 곳 중 하나여서 먼저 배낭여행을 다녀온 선배언니로부터 책과 자료를 받았고 역사 공부까지 했다.

훌륭한 리더는 권한을 위임(empowerment)한다. 권한의 위임이란 상대를 신임하고 그의 잠재력을 최대한 발휘할 수 있도록 도와주는 것이다.

어떤 특별한 사람을 빠른 시일 내에 성공시키기 위해 지나친 관심과 배려가 때로는 상대의 잠재력을 저해한다.

언제든 리더를 접할 수 있는 특별한 기회가 오히려 리더의 가치를 인식하지 못 하게 하거나 내가 아닌 누구나 할 수 있는 일까지도 의존하게 만든다. 지나친 과보호와 배려가 독이 되는 것이다. 잠시 자리를 비워 리더의 소중함을 일깨워주는 계기를 만들 필요가 있다. 이런 이유를 핑계삼아 자유로운 삶, 풍요로운 삶을 위한 소중한 일 중 하나를 실행에 옮겨보았다.

목표 달성의 기쁨을 많은 사람과 나누고 싶다

기회가 되면 터키를 여행하고 싶었다. 터키와 그리스를 직접 다녀와 다운라인에게 동기부여를 하고 싶었고 목표 달성의 기쁨을 함께 나누고 싶었는데 이번에 어렵지 않게 기회가 생겼다. 사실, 사업을 위한 수단이 아니었다.

그랜드 컨벤션이나 미국은 자주 가는 편이고 언제든 갈 수 있지만 터키는 쉽지 않다고 들었다. 갈 수는 있지만 말이 잘 안 통해 불편하다고 먼저 배낭여행을 다녀온 선배언니로부터 들었다.

얼마 전 개인전까지 연 베테랑 사진작가에게 여행 기간 동안 전속 모델이 된 것 또한 썬라이더 때문이었다. 평소 수많은 디스트리뷰터 중의 한 분으로만 알고 있었는데 이번 여행을 계기로 가까이서 많은 것을 나눌 수 있었다(나는 김치, 고추장, 그 분은 장아찌, 김 등을 주로 나누었다). 가족 관계, 취미, 인생관, 여행 목적 등을 자연스럽게 나누었다. 어디에 가든지 다운라인이 있다는 사실은 놀라운 일이었다. 터키까지 가서 다운라인에게 포위된 것이다.

"성공의 문은 감사하는 마음에 열린다"
회사가 존재하는 이유만으로도 나는 감사하고 업라인들이 존재하는 이유만으로도 감사하고 너무나 적극적인 다운라인들에게도 감사한다.

하찮은 일로 에너지를 소모할 수는 없다

썬라이더 사업의 비전을 갖고 같은 사무실을 쓰면서 한가족처럼 지냈던 다운라인이 내게 상상도 못할 일을 저지르며 배신감을 느끼게 하는가 하면 직원이 해준 얘기에 나는 화가 났다.

다시 한 번 밝히지만 안정된 회사, 우수한 제품, 합리적인 마케팅, 전문 소유주 때문에 그리고 지금까지 쌓아온 수고와 노력의 댓가, 그 열매가 소중했기에 그 외의 일들은 무시하려고 한다.

나는 요즘 적잖은 사람들로부터 실망한다(그러나 결코 두려워하지 않을 것이다. 쉽게 감정에 좌우되지도 않을 것이다).

남이 잘 되고 성공하는 것이 배아픈 사람들이 있다. 하지만 '나는 잘되고 남은 안 되는' 이분법적 사고의 인간관계를 모두가 잘되는 원-윈(win-win) 관계로 회복시킬 방법을 고민 중이다.

'너 죽고 나 죽자' 식으로 에너지를 소모하는 것은 ─ 인생은 너무 짧고 가치 있는 일이 너무 많은데 ─ 어리석지 않은가?

평생사업으로 이 사업을 하기로 했는데 이 정도 쯤은 아무 것도 아니다. 나의 미래는 보장되어 있는데 그렇지 못한 사람들에게 넉넉한 마음을 갖자. 참으로 훌륭히 여기는 마음으로 그들을 포용하자. 누군가 말했다.

시기와 질투는 성공의 증표이다

내가 여자이기 때문에 무시하며 성공했기 때문에 질투의 대상이 되었다며 안타까워했다.

사실, 여성이기 때문에 불리한 점이 적지 않다. 우리 사무실에 남성 사업가가 여성에 비해 적은 것도 내가 여성이기 때문이다. 따라서 건물주가 사무실 재계약을 안 해줄 때, 선뜻 나서는 남자가 없어 아쉽기도 했으므로 앞으로는 남성 사업가를 집중 지원할 계획이다.

그러나 여성으로서 당당히 해낼 수 있다는 자신감을 가지며 내가 성공하지 않은 평범한 사람이라면, 질투의 대상도 안 되었을 것이라고 생각하며 오히려 다행으로 여긴다.

조직이 늘어날수록, 문제는 많다. 때문에 더 이상 성공을 바라지 않고 조용히 살 것도 생각해 보았다. 문제가 없기를 바란다면 즉, 인간관계의 갈등이 없기를 바란다면 조직확장을 해서는 안 되고 더 이상 신규회원의 추천도 불필요할 것이다.

그러나 그러기에는 이 세상에 너무나 할 일이 많고 썬라이더를 통해 내게 주어진 사명이 너무도 크기에 도저히 포기할 수 없다.

인간은 의지의 대상이 아닌 사랑의 대상, 사랑해야 할 대상이다. 상처받기로 작정한다면, 무엇이 두려우랴. 상처가 두려워 그들에게 기회를 주지 않는다면, 고통받는 이웃을 외면하는 것이다.

내 한 몸 편하려고 혼자 조용히 산다면, 나를 필요로 하는 이웃들

— 최근 전업으로 사업에 뛰어든 커플 등 — 은 어떻게 생각할까? 안정된 미래를 위해 나의 도움을 필요로 하는 여성사업가, 멀리 지방에서 짐을 챙겨와 우리집에 머물면서 미래를 준비하는 사모님 등···그들을 위해 앞으로 성공을 꿈꾸는 미래의 내 다운라인을 위해 합력(合力)해 선을 이루시는 하나님 앞에 감사로 받아들인다.

원칙을 지키며 성공의 과정까지도 원칙 중심의 패러다임과 윈-윈(win-win) 관계를 유지하며 상호협력 관계를 정립해 나가길 간절히 바란다.

나 또한 더욱 마음을 넓혀 용서와 화해로 업라인과 다운라인 관계를 비롯해 모든 인간관계에서 승리하고 싶다.

'네 이웃을 네 몸과 같이 사랑하라' 라는 말씀을 네트워크마케팅 현장에서도 실천하고 싶다. 지금까지는 소극적인 자세로 내게 주어진 사명을 잘 실천하지 못 했지만 앞으로는 최선을 다해 소명의식을 가지고 임하고 싶다.

나를 만나는 사람들마다 삶의 질이 달라지며 성공하기를 기원하며 인생의 가장 중요한 것을 발견하며 가치 있는 삶을 살기를 바란다.

걱정의 처방책은 바로 감사였는데 어떤 일에도 감사하는 마음을 적용시켜 보았다.

"성공은 준비된 사람에게 다가온다."

내가 일목요연하게 교과서적으로 성공 노하우를 쓰지 않는 이유는 실제 삶에서 그 원리들을 적용하며 살고 있는 생생한 모습을 전하고 싶기 때문이다.

네트워크마케팅에서 성공한 사람들의 생활, 인간관계, 비전 등 궁금증이 많을 것이라고 생각해 앞으로도 가능한 한, 사실적인 이야기를 써나갈 것이다.

나는 며칠 전 성공하는 리더들의 모임에서 젊은 30대로 보이는 사람의 이야기를 감명 깊게 들었다. 그는 다니던 회사에 사표를 내고 퇴직금으로 배낭여행을 하며 참으로 성공하는 인생, 가치 있는 삶에 대해 생각해보는 뜻깊은 시간을 가졌다.

꿈꾸는 삶의 목록들

그는 여행 중, 특히 그림같  이 아름다운 스위스 융프라우(Jung Frau)에서 아내가 무척 보고 싶다고 했다. 결혼한 지 얼마 안 되는 아내와 함께 못 온 것이 너무 안타까워 몇 년 후에는 꼭 함께 오리라 결심했다고 한다.

그는 지배 가치 몇 가지를 발표했는데 영적 차원, 사회적 차원, 신체적 차원, 경제적 차원 그리고 국가적 차원에서 골고루 자신이 지향하고 추구하는 삶이다.

나는 그가 꿈꾸는 삶의 목록들을 꼼꼼히 살펴 보았다. 거의 내가 지향하던 것과 비슷했다. "예전에 꿈꾸던 대로 살고 있는" 내 자신을 생각하니, "그야말로 꿈만 같다"라고 표현해야 옳을 것 같았다. 모두가 수 년 만에 이루어진 것들이지만 말이다.

썬라이더를 통한 가장 큰 변화

그가 가치 있는 삶의 목표란에 빼곡히 채운 것들 중, 유독 경제적 목표에는 아무 표시도 없었다. 아직 아무 계획이나 대책이 없는 듯했다. 그러나 그는 경제적 자유의 중요성을 분명 언급했다.

순간 나는 그가 원한다면, 그를 돕겠다고 결심했다. 그에게 기회를 주고 경제적 자유의 기쁨을 누리며 원하는 삶을 성취하는 미래를 그려본 것이다.

나는 다른 사람에게 희망을 줄 수 있다는 사실이 기쁘다. 그 희망을 이루도록 도와주며 성취의 기쁨을 나눌 수 있다는 사실은 썬라이더를 통해 얻은 나의 변화 중 가장 큰 것이다.

가능성이 있는 사람에게 기회를 주겠다

네트워크마케팅 성공 요소 중 가장 중요한 것은 추천과 복제라고 생각한다.

나는 요즘 추천 대상을 정하는 예상고객 리스트에 아무나 올리지 않는다. 지금까지는 대상을 가리지 않고 의욕만 있다면 돕기 위해 최선을 다했지만 이제부터는 나름대로 기준을 가지고 선택하기로 했다.

이왕이면 긍정적이고 성공한 후에도 감사할 줄 아는 사람, 리더로서 가능성이 있는 사람에게 복제 기회를 주기로 결심했다.

아무에게나 내 시간을 투자하기에는 주위에 '나'를 필요로 하고 성공을 꿈꾸는 사람이 너무나 많기에 더 많은 사람에게 기회를 주기 위한 방법을 택한 것이다.

부정적인 사람, 꿈이 없는 사람에게 꿈을 심어주고 긍정적 태도를 갖게 하는 데 걸리는 시간과 에너지가 리더로서 가능성을 가진 사람에게 투자하는 그것보다 훨씬 더 많다.

그러나 나 또한 알면서도 그런 사람을 포기하지 못 하며 계속적인 관심과 시간을 투자하는 것은 왜일까? 참으로 그의 인생이 안타까워서?, 답답해서? 곰곰히 생각해보면, 나 자신이 희망을 가지고 있고 그들에게 희망을 주고 있는 것은 그들이 변화될 수 있다는 강한 확신 때문임을 새삼 깨닫는다.

그래서인지 고정관념을 3년 만에 깨고 이제는 매일 아침 전화를 걸어 좋은 소식, 신나는 일들을 전해주며 — 다운라인의 변화를 보며 지금까지 내게 주어진 만남을 소중히 생각하며 누구에게나 썬라이더의 기회를 주며 관심을 가진 것에 대해서는 후회하지 않는다.

나처럼 하라고 권하고 싶지는 않다

하지만 인내심과 기다림이 필요하기 때문에 성공하기도 전에 지쳐버릴까봐 다운라인에게, 특히 초보자에게는 더욱 권하고 싶지 않다.

왜냐하면 요즘 준비된 사람들 - 최근 추천한 다운라인 중에서 성장 속도가 매우 빠른 사람들 - 의 변화된 삶을 보았기 때문이다.

2년 전 교직에 계셨던 분이 이번 달에 자연스럽게 골든 그룹 디렉터가 되었다며 현직 교장 선생님에게도 비전을 제시했다며 은근히 자랑하시는 김 한순 사장님을 보니 2년 전 모습과는 너무나 다른, 리더로서 당당하고 자신감 있는 모습이었다. 그 분이 소개한 분 역시 그룹 디렉터가 되어 이번 컨벤션에 참석하신다는 얘기를 들었다. 그 분은 요즘 나보다 더 바삐 활동하신다. 홈 미팅 주최까지 하시며 규칙적으로 라인 미팅도 하시는데 너무 잘 하셔서 칭찬해 드리고 싶다.

이왕이면 준비된 사람, 꿈이 있는 사람을 추천하라고 권하고 싶다.

"도전하는 사람만이 성공할 수 있다." 이제 당신의 가치 있는 삶을 실현하기 위해 힘찬 발걸음을 내디뎌보자.

당신의 꿈은 무엇인가? 이 사업으로 재정적 소득이 두 배가 되면

무엇을 하고 싶은가? 무엇을 갖고 싶은가? 당신이 원하는 대로 적어 보자.

1999년 8월 1일부터 11일까지 열렸던 썬라이더 인터내셔날 그랜드 컨벤션의 진한 감동을 여러분과 나누고 싶다.

이번 컨벤션의 주제는 〈썬라이더와 함께 태양으로의 여행(Journey to the Sun with Sunrider)〉이었다.

중국 문화에 대한 첸 박사의 자부심과 긍지

이번 그랜드 컨벤션에서 썬라이더와 함께 한 여행은 단지 흥분과 열정만을 갖게 한 것이 아니었다. 구체적으로 내가 어떻게 살아야 할지 생각하게 했고 다양한 행사를 통해 단지 동기부여만이 아닌 — 한국으로 돌아가 내가 해야 할 역할에 대해 좀더 진지하고 침착하게 생각하는 — 귀한 시간이 되었다.

본사 사옥 확장식에서는 항상 변화하며 새로운 모습으로 발전하는 썬라이더의 모습을 볼 수 있었다. 썬라이더의 웅장하고 아름다운 본사 사옥은 축하 사절의 축하 메시지로 더욱 빛났다.

리본 커팅식 후, 처음 공개된 사옥 내 박물관은 찬란한 중국 문화의 화려함과 전통의 깊이를 느끼게 해주었다. 전시된 유물들은 5천 년 역사를 전세계인들에게 공유하게 한 썬라이더 창시자이자 회장인 첸 박사의 중국 문화에 대한 자부심과 긍지를 대변해주는 것 같았다.

이런 배경을 통해 — 썬라이더의 독특한 철학을 바탕으로 만들어진 우수한 제품을 유산으로 남기고 싶은 첸 박사 개인의 — 위대한 꿈의 성취를 많은 사람과 나누고 싶은 그 분의 마음을 조금은 알 것 같았다.

컨벤션에 참가하는 동안 — 가난한 농촌에서 태어나 허약했던 자신의 건강을 돌보기 위해 초본에 대해 가졌던 관심이 세계적인 초본 학자로서 세계 최고 제품으로 인류의 건강을 증진하고 우수한 마케팅 프로그램으로 많은 사람들에게 풍요로운 삶을 주는 것을 목표로 하는 — 그 분의 꿈이 성취된 것을 온몸으로 체험할 수 있었다.

테이푸 첸 박사는 '도전 없이 성장은 없다'라고 했다. 자서전에서 자신이 시련을 통해 더욱 성장해온 생생한 체험을 전달받았을 때, 나는 감동으로 눈시울이 뜨거워지기도 했다.

위대한 성취 뒤에 숨어 있는 고통을 극복해가는 과정을, 또한 그 분이 어려움을 극복할 수 있었던 힘을 생각해 보았다. 그것은 분명 포기할 수 없는 꿈과 위기를 기회로 삼는 긍정적인 삶의 태도였다.

꿈을 명확히 정리하라

네트워크 사업에서 성공하기 위해 왜 자신만의 꿈을 가져야 하는지 장황하게 설명하고 싶지는 않다. 너무나 진부하고 교과서적이라는 비난을 받을 것 같아서이다. 하지만 비전이 성공의 필수 조건임은 분명하다. 그것은 인생을 살아가는 가장 큰 가치여야 하기 때문이다. 어떤 모습으로 살아가겠다는 욕망, 그러므로 당신은 먼저 "나는 이런 삶을 살겠다"라는 올바른 비전을 세워야 한다. 네트워크 사업 설명을 듣고서 당신이 숨겨 놓았거나 버려둔 희미한 비전을 실현시킬 수 있다고 판단되면, 그 비전을 선명하게 떠올려보라.

뚜렷히 나타난 그 비전이 바로 당신이 이 사업을 해야 할 이유 또는 강한 욕구이며 당신을 살아 움직이게 하는 것이다.

당신의 비전은 당신만의 여러 가지 꿈으로 표현된다. 그러므로 꿈은 비전이 완성된 다양한 모습이다. 모든 사람들의 잠재력은 무한하면서도 성취하지 못 하는 것은 이루고자 하는 꿈이 명확히 정리되지 않고 마음 속에만 있기 때문이다.

당신의 꿈이 커질수록, 열정도 커지며 당신의 꿈이 명확할수록, 당신의 발걸음은 빨라진다. 열정이 커지고 발걸음이 빨라지면 결국 당신의 꿈을 이룰 수 있는 재정적인 자유와 안정을 가질 수 있다.

내년에는 '행복한 아내 되기'가 꿈

이제 명확히 정리해 실현하는 기쁨을 맛보고 싶다.

그 중 한 가지, 나는 '행복한 아내 되기'란 꿈을 정했다. 내년에는 꼭 혼자가 아닌 모습으로 컨벤션에 오겠다고 다짐했다. 부부끼리 오손도손 그랜드 캐년, 브라이어스 자이언트 캐년에서 사진 찍는 모습도 부럽고 디즈니랜드에서 놀이기구를 함께 타는 모습도 무척 행복해 보였다. 라스베가스의 휘황찬란한 야경도 혼자가 아니라면 더 즐거웠으리라 생각했다.

네트워커가 되어 핀을 수상하는 목표 달성보다 더 어렵게만 느껴지던 새로운 목표를 향해 달려가는 발걸음이 가벼운 것은 왜일까? 단지 목표 설정, 꿈을 정한다는 그 자체만으로 즐겁기 때문이다. 다함께 소중한 꿈을 향해 전진하자.

Top Leader 09

안 치 범 | 롱제비티

1998년 2월, (주) 한국 롱제비티 등록.
롱 스타즈 그룹의 대표사업자.
디스트리뷰터 발전협의회 최고위원.
건국대학교 경영대학원 네트워크마케팅 CEO 과정 수료.

66

사람은 자기가 원하는 것을 찾아
세상을 돌아다닌다.
그리고 가정으로 돌아왔을 때
그것을 발견한다.

99

조지 무어(1852~1933);
아일랜드의 시인, 소설가

"성공을 원한다면 목표를 세워라."

명심할 것 한 가지, 꿈꿀 수 있다는 것은 실현가능성이 있다는 것이다. 당신이 바라는 순간부터 준비는 된 것이나 마찬가지다. 행동만 하면 된다. 무엇보다 먼저 목적을 가지고 자신을 믿어라. 당신이 진정으로 원하는 일은 반드시 이루어진다.

"아차, 잘못했다"라는 생각이 들 때는 이미 늦었다. 인생의 시계는 뒤로 가지 못 한다. 모든 것을 백지화하고 '처음부터 다시' 라는 공식은 존재할 수 없다.

가령 50세를 넘어 자신의 삶의 방식에 의문을 갖고 "더 나은 길이 없었을까? 20, 30대에 더 훌륭히 내 인생에 대해 생각하고 과감히 실천했으면 좋았을 걸…"이라고 반성해봤자 소용 없다.

흘러간 세월은 두 번 다시 돌아오지 않는다.

절대로 다시 젊어지지 않는다. 점차 쇠약해지다가 결국 죽음에 이른다.

보지 않으려고 눈을 감아도, 시치미 떼려고 눈을 돌려도, 지난 세월을 되돌아보면서 다가오는 최후의 순간에 등을 돌려도 그 죽음이 다가온다는 사실에는 변함이 없다. 이 엄연한 사실 앞에 '인간이 할 수 있는 일, 해야 할 일은 후회 없이 매일 열심히 사는 것' 임을 뼈저리게 느낀다. 자기가 정한 목적을 마음 속에 새기며 그 현실을 위해 날마다 최선을 다한다.

꿈이 그리 쉽게 이루어질 리는 없다. 그 꿈을 이루려면 많은 인내와 고통을 감수해야 한다.

이렇듯 인내와 고통을 감수하면서 꿈을 원하는 사람은 성공과 실패를 거듭하면서도 끝내는 대성공의 가능성을 발견한다. 바로 거기에 낭만이 있고 힘차고 풍요로운 인간의 모습이 있다.

모든 것은 만남에서 시작된다

이 세상을 살면서 진정 하고 싶은 일은 무엇인가?

오래 생각하거나 어려운 철학적 사고를 할 필요는 없다. 인생은 의무나 강요가 아닌 자신을 즐기는 것이므로 평소 동경하던 일, 순간 떠오른 생각, 한 눈에 반한 것, 뭐든 좋다.

갑자기 떠오른 것, 언제나 소중히 하고 싶은 것, 그것을 생각하는 것만으로도 즐거워지는 일, 가슴이 두근거리는 일. 누구에게나 이런 한두 가지 생각은 있을 것이다. 그것이 바로 당신이 하고 싶은 일이다. 당신 인생의 진짜 목적이다.

세계를 무대로 활약하고 싶다. 행복한 가정을 꾸리고 싶다. 마음에 둔 사람과 결혼하고 싶다. 좋아하는 차를 마음껏 타봤으면 좋겠다. 내가 직접 설계한 집에서 살고 싶다. 1년 내내 세계여행을 했으면 좋겠다. 어쩌면 인생의 목적은 사람 수만큼 있을지 모른다.

남과 똑같은 목적이란 이 세상에 없다. 당신의 목적은 당신이 마음 속에 품고 스스로 실현하지 않는 한, 존재하지 않는 것이나 마찬가지인 까닭에 자신이 살아가는 목적 즉, 자신의 최종목표를 정하는 데서부터 참다운 인생이 시작된다. 목적 없는 인생은 미로일 뿐이다. 멍하니 죽음을 기다리는 것에 지나지 않는다.

모든 생활이 점차 다양화·세분화되어 가는 현대 사회에서 선택의 폭이 많은 것은 풍요의 상징일 수도 있다. 하지만 그만큼 결단하는 데 어려움이 따를 수도 있다. 또 뭔가를 선택하는 것 자체가 고통인 사람도 많을 것이다.

"정말로 뭘 하고 싶은지 모르겠다"라는 사람도 있다. 그런 사람은 정말 하고 싶은 것을 찾아내는 것을 당면목적으로 삼기 바란다.

하여튼 체념한 채 나날을 헛되이 보내거나 자신의 인생을 스스로 결정하지 못 하고 남의 생각에 따라 움직여서는 안 된다.

성공(成功)이란 이룰 성(成), 공로 공(功) 즉, 공을 이룬다는 뜻이다. 이룬다는 것은 실현한다는 것인데 그럼 공이란 무엇인가?

바로 머리에 떠오르는 것이 돈, 지위, 명예 등이다. 그러나 그것만이 성공의 공(功)은 아니다. 사람들로부터 인정받지 못 해도 자신의 취미인 피아노 연주를 매일 하고 자기 생각대로 곡을 연주하는 것도 성공이다. 연주회 예정과 상관 없이 당신이 원한다면, 전혀 팔리지 않을 소설을 꾸준히 써서 훌륭히 완성하는 것도 성공이다.

별다른 목적 없이 지구촌 곳곳을 여행하면서 돌아다니는 것 역시 성공이다. 또 아무리 세상이 바삐 돌아간다 하더라도 자기 페이스를 지키면서 적극적으로 넉넉한 인생을 보내는 것도 성공이다. 결국 성공에 정해진 답은 없다.

인간의 다양성, 개인의 자유와 가치관은 모두 여기서 비롯된다. 바꿔 말하면, 실현하고 싶은 것이다. 목적이 없으면 자유와 가치는 무의미해진다.

인간은 누구나 자신의 존재를 긍정하고 자신의 욕망을 인정하며 그것을 충족시키려고 노력한다.

그와 마찬가지로 타인의 존재와 욕망을 인정하고 그것을 충족시키려는 타인과 때로는 충돌하고 때로는 협력하면서 인간의 생활은 계속 영위된다.

무엇을 이룰 것인가? 무엇이든 좋다. 단, 당신 자신이 '이것 아니면 안돼!' 라고 생각하는 것이 중요하다.

목표를 세워라

목표란 목적을 달성하기 위한 수단이며 그것은 당신이 목적에 이르기까지 길안내 역할을 한다. 그러므로 목표는 알기 쉽고 확실한 것을 선택해야 한다.

예를 들어, 고정고객 10명만 확보하면 연수입 3천만 원 이상, 월매출 5백만 원 돌파 등과 같이 수치로 표시할 수 있으면 좋다. 또는 '팀장이 된다, 교육의 명강사가 된다' 라는 식으로 지위나 입장 또는 구체적인 명사(名詞)로 표현하는 것도 바람직하다.

목표는 반드시 구체적이어야 한다. 목표가 애매하면 행동까지 애매해진다. 하겠다는 마음만 있고 무엇을 어떻게 하면 좋을지 분명하지 않다면, 구체적인 행동을 할 수 없기 때문이다. 반대로, 목표가 명확하면 해야 할 일이 정해지고 쓸데없는 행동이 없어진다. 명확한 목표를 지니는 것은 자신의 능력을 높이는 첫 걸음이다. 유능한 사람은 항상 명확한 목표가 있다.

목표가 크든 작든 상관 없다. 얼마나 명확한가가 중요하다. 당신의 현재 목표는 무엇인가? 그것은 구체적인가?

목표를 종이에 적어라

당신의 목적이 평생 못쓸 만큼 많은 돈을 버는 것이라면 우선 종이에 써서 눈에 잘 띄는 곳에 붙여라. 가능한 한, 큰 종이를 사용하고 글자는 힘차게 또박또박 써라. 종이를 붙일 장소는 한 군데로 모으는 것이 좋다.

자신의 의지가 약하다면, 목표에 '나는' 이라는 주어를 첨가하는 것이 좋다. 또 잠시 틈날 때마다 주위에 있는 아무 종이나 신문, 광고지 등에 자신의 목표와 목적을 써보는 것도 효과적이다.

목적과 목표를 종이에 쓰고, 보고, 매일 결의를 새롭게 다지는 것은 혼자 얼마든지 할 수 있는 일이다. 다음으로 가족의 얼굴을 대할 때마다 힘차게 자신의 목적과 목표를 선언하라. 나는 평생 써도 다 못 쓸 큰돈을 벌 거야!

전화로 자신의 결심을 알리는 것도 좋은 방법이다. 계속 남에게 말하고, 쓰는 것이 중요하다. 결의를 새롭게 다질 때는 가능한 한, 신선한 방법을 동원하라.

목적과 목표에는 기한을 정하라

40세까지 어떻게 하지? 말은 이렇게 하면서도 구체적으로 무엇을 할 것인지 애매한 사람들이 의외로 많다. 충분히 이해할 만하다.

그렇지만 냉정히 말하면, 세상물정 모르는 응석받이의 생활 태도이다. 내가 40세가 되는 건 한 개인의 일이지 세상에 아무 영향도 미치지 않는다. 아무도 당신의 나이에 관심이 없다.

목적과 목표가 있기는 하지만 그것을 언제까지 달성할 것인지 명확히 정하지 못한 사람도 많다. 분명히 하고 싶은 일은 있는데 어느새 시간만 질질 끌다가 하지도 못 하고 지금에 이르렀다고 한다. 그 원인은 기한을 정하지 않았기 때문이다.

이럴 때는 "언젠가 할 수 있을 때, 하면 되지"라는 도망칠 길을 막아버려야 한다.

결국 기한을 정해놓지 않으면, 기약없이 시간만 끌고 죽을 때까지 아무 것도 이루지 못 한다. 당신의 목표에는 기한이 정해져 있는가?

성공을 이미지화하라

마음가짐이란 결국 밖으로 드러나게 마련이고 성공을 이미지화할 수 있는 사람은 성공 가능성이 높다. 이미지 트레이닝의 특징은 어떤 일을 하기 전에 성공하는 자기 자신의 모습을 생각하고 그려보는 데 있다. 즉, 성공은 틀림 없는 사실이고 단지 시간 문제일 뿐이라는 자신 있는 태도로 행동하는 것이다.

왜 이런 방법이 사업이나 스포츠, 예술 등 다양한 분야에서 효과적인가?

그것은 바로 인간이란 동물이 좋든 싫든 자신이 희망하는 모습을 닮아가기 때문이다. 자기가 이런 모습으로 맹활약하는 것을 진심으로 바라는 사람에게는 반드시 기회가 돌아온다. 좋은 차를 타고 싶다면, 당신이 생각하는 차종과 색상, 촉감, 처음 운전대를 잡을 날의 옷차림, 옆에 태울 사람 등 매우 구체적으로 상상해보라.

하지만 성공에 대한 이미지는 그냥 생각만으로는 지속될 수 없다. 이미지를 구체화할 수 있는 뒷받침이 있어야 한다.

경험과 지식, 실적은 자신이 움직인 만큼 얻는데 그 만큼 당신의 이미지는 선명해지고 구체화되어 간다. 성공에 대한 이미지를 하나씩 쌓아보라. 성공이 자연스럽게 다가올 것이다.

당신의 스폰서나 고객에게 당신의 가치를 증명하기 위해 항상 자신에게 "현재의 직업이나 사업을 위해 어떤 일을 할 수 있을지" 묻도록 하라. 당신이 그들을 위해 노력하면 할수록, 그들은 어떤 형태로든 더 많은 보상을 해줄 것이다.

성공하기 위한 하나의 요소는 최선의 것을 기대하는 마음자세 ─ 긍정적이고 낙관적인 자세 ─ 를 끝까지 유지하는 것이다. 성공한 사람들은 매사 긍정적이며 항상 최선의 결과를 기대한다. 그들은 반쯤 빈 유리컵을 보고 반쯤 찼다고 생각한다.

그들은 좌절을 딛고 일어서며 그것을 넘을 수 없는 장애로 생각하기보다는 성공을 향한 도약대라고 생각한다.

최선의 결과만을 생각하라

성공적인 사람들은 자신의 목표를 이룰 수 있다고 생각한다. 그들은 여가를 즐기는 행복한 삶을 기대한다. 성공적인 사람들은 그들의 사전에서 '할 수 없다' 와 '만일' 이라는 단어를 없애고 대신 '할 수 있다' 와 '…했을 때' 라는 말을 집어넣는다.

그들의 관점으로는 "만일 내가 부자가 된다면"이 아니라 "내가 부자가 됐을 때"가 옳다. 이처럼 긍정적인 시각으로 그들의 잠재의식은 목적을 이루기 위해 할 수 있는 모든 일을 수행한다.

당신의 의식은 당신이 명령하는 일만 할 수 있다는 사실을 기억하기 바란다. 당신의 삶속에서 잘못되는 일이 아니라 잘되는 일에만 초점을 맞추어라. 그리고 비록 하찮고 작은 일도 그것을 성공적으로 해냈을 때, 자신을 칭찬하라. 성공하려면 당신 자신을 성공적인 사람으로 생각해야 한다.

오직 미래의 일만 걱정하라

실패에 대한 두려움이야말로 성공을 이루기 위해 반드시 넘어야 할 가장 큰 두려움이다. 성공하려면 위험을 감수해야 한다. 성공을 위해서는 당신이 머물고 있는 안전지대를 떠나야 한다. 게다가 부모나 배우자, 친구 등으로부터 많은 압력을 받을 때도 있다. 그렇지만 대부분의 위대한 성공 사례는 실패의 잿더미를 헤치고 솟아오른 것이다.

문제는 당신 자신이 실패를 바라보는 시각이다. 실패를 모든 것의 마지막으로 본다면, 그것은 정말 마지막이다. 그러나 에디슨처럼 실패도 하나의 성공으로 본다면, 좌절하지 않고 계속 나아갈 수 있다. 에디슨은 실패로 돌아간 실험을 통해 성공하지 못한 이유를 알게 되었기 때문에 그것도 또 다른 성공으로 생각했다.

이렇게 단순하면서도 낙관적인 생각은 종종 사람들을 부자로 만드는 결정적 요소가 된다. 당신 자신이 실패했다고 생각하면, 부정적인 생각과 감정을 갖게 되어 결국 미래의 행동에도 악영향을 미치게 된다.

그러나 실패 때문에 새로운 것을 배웠고 그로 인해 성공을 위한 기반을 닦았다고 생각하면 완전히 다른 마음가짐과 자세를 갖게 된다.

과거의 실패는 그야말로 과거에 묻힌 것이고 다시 당신 앞에 나타날 수 없다. 오직 미래의 일만 걱정해야 한다. 날마다 새롭게 떠오르는 태양을 바라보면서 '하루를 어떻게 보낼 것인가'는 오직 당신 자신에게 달려 있다.

그 시간을 활기찬 미래를 설계하며 보낼 것인가? 아니면 과거에 묻혀 보낼 것인가? 결정은 당신이 해야 한다.

어떤 사람들은 실패만 두려워하는 것이 아니다. 성공도 두려워한다. "그럴 리가 있겠는가"라고 반문할지도 모르지만 사실이다. 주위를 살펴보면 삶을 개선하는 데 전혀 관심이 없는 사람들이 있다. 물론 이런 사람들도 돈을 더 벌고 싶다거나 새 차를 사고 싶은 소망은 있다.

하지만 자신이 처한 상황을 개선하기 위해 하는 일이라고는 오직 말 뿐이다. 그들은 어떻게 하면 돈을 더 벌 수 있는지, 새 차를 살 수 있는지 생각하지 않고 오직 소망만을 갖고 있을 뿐, 소망을 이루기 위한 실제적인 계획에 대해 결코 생각하지 않는다.

좀더 쉽게 말하면, 돈이나 새 차를 가질 수 없기 때문에 소망하지만 성공에 대한 두려움이 너무 커 의자에서 일어나지도 못 하는 것이다.

이런 사람들에게는 다른 모든 두려움조차 하나로 합쳐져있어 자신의 삶에서 뭔가를 이룬다는 것은 상상조차 못 한다. 그래서 누군가 성공을 접시에 담아 건네주어도 결국 거절할 수밖에 없는 것이다.

이왕 하려면 100%에 1%를 더하라

당신이 그들을 위해 노력하면 할수록, 그들은 구매 등의 형태로 더 많은 보상을 해줄 것이다. 열심히 일하기만 하면 즉시 당신이 원하는 형태는 아닐지라도 결국 보상받게 된다.

참석하기만 하면 90%는 한 것이나 다름없다. 언뜻 보면 옳다며 고개를 끄덕이겠지만 사실, 남보다 앞서나가기에는 턱없이 부족한 말이다. 단지 보통 수준에 머물러 있겠다면 몰라도.

나는 롱제비티 네트워크 사업차 전국을 돌며 20대부터 50대에 이르기까지 여러 기술과 배경을 가진 수많은 사람들을 만날 수 있었다. 그러나 그들 중 101%의 노력을 하는 사람들을 만나기는 어려웠다.

나는 자신의 일과 직장에 대한 불만을 늘어놓는 사람들을 많이 보아왔다. 하지만 그들 중에는 "어떻게 하면 내가 다니는 회사의 성장에 도움이 될까? 어떻게 하면 생산성을 높일 수 있을까?"에 대해 이야기하는 사람은 거의 없었다.

대신, 형편없는 사회제도라든가 참을성 없는 상사 등 부정적인 점들만 말하는 것이었다.

당신은 실직한 사람들이 TV 인터뷰에 나와서는 "아무도 내게 일자리를 주려고 하지 않는다"라고 말하는 것을 본 적이 있는가?

그런 사람들은 마치 이 세상이 자기들을 먹여 살릴 의무라도 있는 듯 생각하겠지만 사실은 그렇지 않다. 당신도 몇 번은 들었을 존 F. 케네디의 그 유명한 말을 빌려보자.

"국가가 나를 위해 무엇을 해줄 것인지 묻지 말고 내가 국가를 위해 무엇을 할 것인지 물어보라."

인맥 네트워크를 만들라

네트워킹은 1980년대에 중요하게 사용되던 마케팅 기법이지만 지금도 그 중요성은 변하지 않고 있다. 성공한 전문가들은 대부분 이 방법을 통해 많은 일을 얻고 있다. 예를 들어, 내가 당신에게 좋은 보험 대리인이나 회계사를 소개해 달라면 당신은 누군가를 소개해줄 것이다. 그것이 바로 네트워킹이다.

중요한 것은 누가 부탁할 때, 곧바로 그의 이름을 말할 수 있어야 한다는 것이다.

가능한 한, 당신이 일하는 분야뿐만 아니라 여러 분야에서 만난 사람들에 대한 목록을 만들라. 그리고 받은 명함은 버리지 말고 그 뒷면에 언제 어디서 만났는지 기록한 다음, 적절히 분류해두기 바란다. 큰 명함 보관철을 사서 이름별로 분류해두면 나중에 쉽게 찾을 수 있다. 그리고 매주 명함철에 있는 5명을 골라 간단한 메모를 보내거나 전화를 걸어보라. 가능한 한, 많은 사람과 친하게 지내 당신의 일에 도움이 되도록 하라.

만일 당신이 자기 사업을 운영하면서 직접판매를 하고 있다면, 가는 곳마다 명함을 남겨놓도록 하라. 알림판에 붙여놓기도 하고 주유소나 이발소, 피자가게 등 당신의 제품을 살 만한 사람들에게는 모두 명함을 나눠주어라.

모임이나 잠재고객과 절호의 기회를 가져다줄 수 있는 사회단체에 가입하라. 그리고 당신이 몸담고 있는 업계의 신상품 발표회나 세미나 등에 참가하고 당신의 분야와 관련 있는 다른 분야의 모임에도 참석하라. 자동차 관련 단체처럼 취미나 특별한 관심을 가진 사람들의 모임에도 참석하라.

수줍어하는 성격이라면 취미 활동을 함께 하는 단체보다 더 좋은 곳은 없다.

네트워킹은 오직 숫자게임이다. 더 많은 사람을 알면 알수록, 더 빨리 발전할 수 있다. "치밀한 계획과 빠른 행동, 단호한 결단력이 꿈의 실현을 앞당긴다."

우유부단한 행동은 당신의 꿈을 죽일 수도 있다. 제2차 세계대전 발발 직전, 영국 수상, 네빌 체임벌린은 독일 나치가 체코, 오스트리아, 폴란드를 침공하는 것에 우물쭈물 방치한 책임을 지고 결국 수상직에서 사임해야 했다. 미국도 대부분의 유럽이 나치의 군화에 짓밟힐 때까지 지켜보다가 결국 일본에게 진주만을 기습당하고 나서야 부랴부랴 참전했다.

처칠과 체임벌린의 차이를 극명히 보여주는 말은 바로 "오늘 행동하라"였다. 이 말을 당신의 좌우명으로 삼기 바란다. 그러면 목표를 이루는 또 하나의 열쇠를 지니게 된다.

당신은 게으른가? 그렇다면 그 이유는 무엇인가? 무엇 때문에 당신의 꿈은 세계를 변화시키지 못 하는가?

일반적으로 사람들은 계획을 명확히 세워놓지 않기 때문에 그리고 현재 생활에서 벗어나기가 두렵기 때문에 게을러진다.

두려움은 앞으로 나아가는 과정에서 무엇을 만나게 될지도 모르기 때문에 생겨난다. 그것은 마치 곳곳에 함정이 있는 어두운 터널을 걸어가는 것과 같다. 그 터널 안에 무엇이 있는지 모르기 때문에 아예 들어가는 것조차 원하지 않는 것이다.

그러나 당신이 치밀하게 계획을 세웠다면 용감하게 어둠 속으로

걸음을 내디딜 수 있을 것이다. 왜냐하면 함정이 있다는 것과 그 함정을 만나면 어떻게 해야 한다는 것 그리고 터널을 벗어나면 가치 있는 것이 기다리고 있다는 사실을 알고 있기 때문이다.

명백한 목표를 정하는 행동은 인생에 큰 도움을 준다. 나 또한 나 자신의 목표를 다시 한 번 깨달았고 그 목표를 이루기 위한 전략을 생각하게 되었다.

작은 행동 하나가 역사를 바꾼다

당신은 "아는 것이 힘이다"라는 말을 들어봤을 것이다. 그러나 아는 것이란 실현되기 전까지는 잠재적인 힘에 불과하다. 성공을 위해 해야 할 것을 알고는 있지만 행동하지 않는다면 아무 것도 모르는 것과 다를 바 없다.

알면서도 행동하지 않는 사람은 선거철에 많이 볼 수 있다. 대부분은 투표를 통해 정부를 바꿀 수 있다는 사실을 알고 있다. 하지만 막상 투표하는 날이 되면 투표장에 잘 가지 않는다. 이런 사람들은 평소에 가장 큰 목소리로 정부를 비판하다가도 막상 투표일이 되면 "바빠서 투표할 시간이 없어" 또는 "내 한 표가 무슨 힘이 있겠어?"라고 둘러댄다. 이제 한 사람의 투표가 역사를 어떻게 바꿨는지 살펴보자.

1645년, 올리버 크롬웰에게 준 한 표로 영국 역사가 바뀌었다. 1776년에는 단 한 표로 미국의 국어가 독일어가 아닌 영어가 되었다. 생각해보라. 그 한 사람이 투표하지 않았다면, 지금쯤 미국의 모든 책은 독일어일 것이다.

1878년, 로더포드 헤이스가 한 표차로 미국 대통령이 되었고 1923년에는 히틀러가 한 표차로 나치 당수가 되었다. 어쩌면 한 사람이 세계를 전쟁의 소용돌이로부터 구할 수 있었을지도 모르는 일이었다.

아무리 작은 행동도 그 행동 하나하나를 올바로 하면 큰 차이를 만들어낼 수 있다.

이제 행동하라

"미래는 잡는 사람의 것이다" 엘리노어 루스벨트의 말이다. 내가 롱제비티 사업자 대상 첫 세미나를 끝냈을 때, 5명의 참석자가 내게 다가와 "참 재미있었다"라면서 "우리도 세미나를 하기 위해 몇 년 동안 준비했다"라고 했다. 그 중 2명은 "우리에게 도움을 청했더라면 세미나가 훨씬 잘 되었을 것"이라고 말하기도 했다. 그래서 나는 그들에게 "어떻게 하는 것이 좋은지 자세히 적어 우편으로 보내달라"라고 부탁했다. 그러나 편지는 지금까지도 도착하지 않았다.

몇 주 후, 두 번째 세미나 때도 똑같은 일이 벌어졌다.

이번에는 6명이 다가와 첫 번째 세미나에 참석했던 사람들과 똑같은 말을 했다. 이런 사람들은 그 후에도 세미나 때마다 계속 만날 수 있었다.

"나도 이런저런 문제에 대해 세미나를 계획하고 있습니다" 그래서 "그 분야 전문가입니까?"라고 물으면 모두 "그렇다"라고 대답했다. "물론이죠. 한 분야에서만 10년 이상 일했으니까요" "그렇다면 왜 직접 세미나를 열지 않으십니까?" 그러자 그들은 참으로 기발하고 멋진 이유를 말했다.

이런 멋진 이유를 생각해 내는데 들인 시간과 노력의 절반만이라도 행동으로 옮기는 데 투자했다면 지금쯤 자기가 원하는 일을 할 수 있었을 것이다. 내가 알기로는 내게 다가와 이런저런 계획을 말해준 사람들 중 실제로 자기 계획을 실천에 옮긴 사람은 단 한 명도 없었다.

당신도 커피숍이나 식당에 앉아 있다보면 몇 자리에 앉은 두 사람이 다음과 같은 조건만 되면 "당장 이런저런 일을 할텐데"라는 얘기를 들을 수 있다.

"지금보다 돈이 더 많았으면…"
"시간이 더 많았으면…"
"직장을 그만두면…"
"내게 행운이 온다면…"

성공을 방해하는 것 중 게으름만한 것도 없다. 가장 훌륭한 계획도 게으름 때문에 시작하지도 못한 채 망치는 것이다.

현재의 삶에 만족 못 하는 수 백만 명은 각기 이런 저런 이유를 댄다. 그들은 그만두고 싶은 현재의 생활에 발목을 잡혀 그저 "이렇게 저렇게 하고 싶다"라고만 외치고 있다. 불행히도 그들은 자신의 게으름을 떨쳐버릴 만큼 소망이 절박하지는 않은 것 같다.

그들은 언제나 지금 당장 못 하는 이유를 찾아낸다. 그러나 하지 못할 이유를 찾는 시간에 "왜 지금 해야 하는가?" 고민한다면, 지금 당장 해야 할 이유도 찾아낼 수 있을 것이다.

행동하는 사람만이 기회를 낚는다

행동한다는 것은 당신이 가는 길로 기회를 끌어들이는 것과 같다. 이제부터는 적당히 일하고 마는 습관을 버려라.

회사에 조금 일찍 출근해 다른 사람들보다 조금 늦게 퇴근하는 습관을 들여보라. 당신의 행동은 곧 윗사람의 눈에 띌 것이다.

또한 일할 때는 늘 창조적인 생각으로 스스로 기회를 만들라. 다른 사람들, 특히 사장이 목표를 이룰 수 있도록 도와줘라. 그러면 당신

목표도 생각보다 빨리 이루어질 것이다. 행동 준비가 되면 가끔 전혀 생각 못한 방법으로 기회가 찾아와 새롭고 흥미로운 일로 당신을 이끌어주기도 한다.

자신이 좋아하는 일을 하면서 돈을 벌 수 있다는 것은 멋진 일이다. 당신도 그렇게 할 수 있다. 중요한 것은 생각을 행동으로 옮기는 것뿐이다.

성공한 사람들을 상징하는 또 한 가지는 빠른 행동과 단호한 결단력이다. 그들은 정보 가치를 따져본 후, 주저 없이 행동으로 옮긴다.

잘못된 결정을 하더라도 전혀 결정하지 못 하는 것보다 나을 때가 많다. 아이아코카는 자서전에서 "성공한 경영자는 결정력이 있다"라고 했다.

당신은 세계에서 가장 좋은 컴퓨터를 이용해 모든 도표와 숫자를 모을 수 있다. 하지만 중요한 것은 그 모든 정보를 분석해 시간표를 정하고 그것을 행동으로 옮기는 것이다.

우유부단한 행동은 당신의 꿈을 죽일 수도 있다.

그리고 일을 처리할 때는 마감일을 정하고 "모든 정보를 검토하고 금요일 정오까지는 결정할 것이다"와 같이 긍정적인 말을 하라. 그리하여 일단 일을 마쳤으면 커피나 멋진 식사를 즐기는 식으로 당신 자신에게 상을 내려라. 또 마감시간 전에 끝내지 못 했다면, 스스로 벌을 가하라.

일단 마감일을 정했으면 지키도록 노력하고 어떤 결정을 한 다음, 다른 일에 손을 대라. 마감일을 정하고 지키는 습관을 들인다면, 훨씬 쉽게 목표를 이룰 것이다.

Top Leader 10

안흥준 | STC 다이아몬드

강원도 출생.
내무 공무원으로 10년 근무.
10년 간 카운트다운, 크라운 베이커리 대리점 운영.
1998년 7월, STC 가입.
1998년 9월, TS(첫 직급)로 시작.
1999년 12월, 다이아몬드 성취.
1999년 한마음 대축제 교육대상 수상.

66

인생에서 무엇보다도 어려운 일은
거짓말을 하지 않고 사는 것이다.
그리고 자기 자신의 거짓말을
믿지 않는 것이다.

99

도스토예프스키 「악령」
표도르 M. 도스토예프스키(1821~1881);
러시아의 작가

"선택이 80%의 성공이다."

전 세계 최고갑부인 빌 게이츠도 "마이크로소프트사를 하지 않았으면, 네트워크마케팅을 했을 것"이라고 말한 적이 있다. 네트워크마케팅은 잘 선택해 열정적으로 한다면 충분한 보상을 받을 수 있는 21세기 꿈의 사업이다.

인생이 추구하는 궁극적인 삶의 목표는 행복이다. 이 행복의 정체를 조목조목 따져보면 ① 사랑 ② 경제 ③ 건강(육체적·정신적·사회적) ④ 친구 ⑤ 시간적 여유 등이다. 사람들은 누구나 이런 삶을 추구한다. 때문에 우리는 행복을 얻기 위해서는 꼭 성공해야 한다.

그럼 어떻게 성공할 수 있을까? 고민하기 전에 세계적인 석유왕, 폴 게티의 말을 음미해보자.

폴 게티의 6가지 성공 원칙

① 자기사업을 하라

직장생활로는 진정한 부를 얻기 어렵다. 한계가 있다. 같은 직장에서 10년, 20년, 30년 후까지, 대리, 과장, 부장으로 정년을 채워도 원천적인 경제 문제는 해결되지 않는다. 그런데도 많은 사람들은 직장을 고수하고 있다.

내가 사회생활을 처음 시작한 것은 1974년도(21세)로 초봉 32,000원의 공무원이었다. 월급 30만 원이 된 것이 1980년이었다. 기독교인으로 교회에 십일조를 바치는 것은 의무이자 권리였다. 30만 원의 십일조는 3만 원. 그 때 나는 "내가 하고 싶은 일을 하면서 십일조

100만 원을 드릴 수 있게 해달라"라고 기도했다.

1천만 원 수입, 이것은 그 때의 33배다. 나는 1984년에 공무원을 그만두고 바로 대리점(프로월드컵, 카운트다운, 크라운 베이커리) 사업을 시작한 지 5년 만에 월수입이 1천만 원이 되었다. 이처럼 모든 결과는 생각에서 출발한다.

꿈을 갖자! 꿈을 꾸었기에 33배의 소득이 가능했다고 생각한다. 꿈꾸지 않았다면, 지금까지 공무원 생활을 계속했을 것이다.

② 수요가 많아야 한다

누구든지 사용하는 것 즉, 생필품이어야 한다.

③ 품질보증

100% 소비자만족 제도의 제품이어야 한다.

④ 서비스가 완벽해야 한다

생산자가 고객을 찾아가는 것 등.

⑤ 보너스 플랜 구조

일한 가치를 느낄 수 있어야 한다. 땀흘린 것 이상으로 기대되는 것.

⑥ 다른 사람의 성공이 곧 나의 성공

이 말은 정말 매력적인 말이다. 지금은 경쟁사회 아닌가? 직장이나 사업이나 경쟁에서 이긴 자만이 성공할 수 있는데 남이 잘되는 것이 바로 나의 성공이 되다니! 이 세상에서 이런 일이 또 어디 있겠는가?

위의 6가지 조건을 모두 갖춘 직종이 21세기 최고의 비밀인 네트워크 사업 아닌가? 좋은 회사가 있는가 하면 6가지 조건이 충족되지 않는, 흉내만 내는 회사도 있다. 잘 선택해야만 후회하지 않는다.

네트워크마케팅 회사, 올바로 선택하기

회사는
① 안정되었는가?
② 4년 이상 경과되었는가?
③ 자본력이 있는가?
④ 연구소가 있는가?
⑤ 자체 공장이 있는가?
⑥ 매출이 늘고 있는가?
이런 기본적인 조건이 충족되어도 따질 게 한둘이 아니다.

제품은 경쟁력이다. 국내에서만 가장 좋은 것은 골목대장일 뿐이다. 세계적인 무한경쟁 시대에 살아남기 위해 전세계에서 최고경쟁력을 갖지 못 하면, 미래는 없다.

마케팅은 보너스 구조가 정직한가? 피해 사례가 없는가? 35%인 국내 법정 한도금액을 전액 지급하는가? 일시적이 아닌 지속적으로 성공자가 배출되는가?

네트워크 사업은 소비활동 자체가 사업이기에 생활 속에서, 필요해서 구입해야 한다. 사업 때문에, 사업을 시작하려고 강매하는 것은 피라미드 아닌가?

피라미드 사건으로 시끄럽던 1997년, 강원도의 어느 사업가는 4톤 트럭 1대 분량의 제품을 반품했다.

지금도 교묘히 법망을 피해 운영하는 회사가 산재해 초기사업자의 판단력을 방해한다.

지구 생성기부터 이미 선과 악은 공존해왔다. 따라서 좋은 네트워크마케팅 회사가 있는 반면, 사악한 회사도 끈질기게 남아있지 않겠는가? STC를 선택한 것은 내 인생에서 3번의 기회 중 하나인 위대한 만남이었다.

1998년 3월에 만나 최종결정까지 4개월이 걸렸다. 실수하지 않으려는 이유였고 ① 회사 ② 제품 ③ 마케팅 ④ 타이밍 등을 알아보는 시간이었다.

세포의 분자교정으로 질병의 근원을 제거한다

21세기에도 잘 되어야 우리 미래가 보장될 것이다. 21세기의 고부가가치 사업은 정보통신과 생명과학이다.

현대병인 고혈압, 류머티스 관절염, 동맥경화, 심장병, 당뇨 등이 아직도 해결되지 않고 있다. 현대병을 치료할 수 있는 제품을 생산하는 것이 곧 생명과학이다.

생명을 연장시킬 뿐만 아니라 건강을 유지시키는 과학이다.

류머티스를 앓고 있는 강원도 동해시의 김 영미 씨(30세)는 많이 걷지도 못 하고 통증으로 항상 울상이며 병원과 약국 처방, 식이요법 등을 해봐도 별 효과를 못 보던 중, 3개월 동안 우리 제품을 복용한 후, 건강을 되찾고 사업도 하고 좋은 사람을 만나 결혼까지 했다.

간염으로 겨우 살아만 있는 송장이 식품으로 효과를 봤다는 분, 165cm에 불과하던 키가 171cm로 커졌다는 대학교 2학년 어느 남학생 등등.

한 미국 상원의원은 "잘못된 식생활이 성인병을 부른다"면서 21세기는 분자교정 의학시대이며 이것은 의학혁명이라고까지 했다.

현대병은 약 성분만으로 치료 기대가 어렵다. 많은 질병의 근원은 세포의 비정상화 때문이므로 세포 구성물질(영양, 산소, 물의 생체수)의 공급으로 잘못된 분자 구조를 정상세포로 바로 잡아야 한다.

화장품도 얼굴세포를 교정해 주니까 주름이 완화되고 수두 자국이 없어지고 문제 피부의 개선도 같은 이치다.

연 20~30%씩 급성장하는 직접판매

유통 흐름은 자급자족 → 물물교환(5일장) → 구멍가게 → 수퍼마켓 → 백화점 → 창고형 할인매장 → 직접판매로 변화해왔다. 언제나 소비자는 싸고 우수한 제품 서비스를 받으려고 한다. 그러므로 마트가 활성화되고 있는데 마트의 제품도 광고해야 하기에 가격인하나 서비스 제공도 한계가 있고 광고비도 소비자가 부담하게 된다.

① BOX 판매 ② 물품 구입시간 소요 ③ 물품구입처까지 직접방문 등의 문제점을 해결해주는 것이 바로 직접판매이다.

60~80년대의 수출은 상품 위주의 수출이었다. 이보다 나은 것이 플랜트(plant; 기술) 수출이다. 한 번 제공해주고 5~10년 정도 받을 수 있어 상품수출보다 더 이익이다. 하지만 이보다 더 이익인 것이 마케팅수출이다.

지금까지는 수입국가였지만 이젠 수출을 해야 한다. 마케팅 수출은 한 번 정보를 알려주고 매달 정산해 평생 보상받으며 법적상속까지 해준다.

경제식민지가 되어서는 안 된다. 우리나라 1등이 전세계 1등이 될 수 없다. 그렇지만 미국 1등은 전세계 1등이 될 수 있다. STC가 미국에 진출한 것도 그래서이다.

LA 롱비치에 공장을 세우고 1999년 3월 1일, 문을 열었는데 4개월 만에 미국 유명 화장품 잡지, 〈Salon Today〉에 우수화장품으로 선정되었고 헤어제품은 폭발적인 인기를 얻고 있다.

유명 탤런트인 글렌 헤피너가 수년 간 고생했던 대머리에 머리가 나자 그 사진을 동봉한 감사 편지까지 회사로 보내왔다.

전세계 시장이 우리의 무대가 되어 세계적인 비즈니스로 경제와 시간의 자유인, 진정한 부를 이루리라.

최고 성공자를 만드는 10가지 성공 시스템

한 가닥뿐인 벼는 제대로 자라지 못 한다. 3~5대가 서로 기대야만 제대로 성장하는 벼처럼 동일 회사의 형제라인은 물론 타사의 네트워커와도 서로 칭찬해주고 협력해야만 성장할 수 있다.

나의 경우, 목표 달성 기간을 단축했지만 생각한 대로 그리 수월한 것은 아니었다.

모든 결과는 본인의 사고로부터 시작한다. 누구든지 직장보다는 사업을 원하지 않는가? 그런데 왜 못 하는가? 문제는 ① 자본 ② 아이템 ③ 점포 위치 ④ 무경험 등이다. 이런 조건이 모두 갖춰진다고 잘 된다는 보장은 없다.

그래서 선택하는 것이 프랜차이즈(대리점)이다. 그러나 이건 돈이 많이 든다. 돈 없이 할 수 있고 장래가 보장되는 사업, 그것이 네트워크마케팅임을 깨닫기까지 많은 시간이 필요했다.

10가지 성공 시스템

프랜차이즈 시장의 한계를 느낀 것은 강원도 홍천에서였다. 하지만 네트워크마케팅은 지역적인 제한을 받지 않고 전국적, 세계적 시장성으로 인해 무한한 능력을 발휘할 수 있는 유통이었다.

그 비전을 보고 회사를 선택해 회원이 되었다. 그 동안의 경험에 의해 뼈저리게 느낀 사업 전개 방식을 나름대로 정리해본다.

1) 제품을 100% 애용하라

이 사업은 자신이 직접 체험한 느낌을 전하는 것이다. 써보고 우수성을 느끼지 못 한다면, 무엇을 전하겠는가?

다른 세일즈는 사용하지 않고도 전달할 수 있지만 네트워크 마케팅은 체험하고 제품에 대한 믿음이 강할수록, 더 강한 열정이 나온다.

한 가지 사용한 사업가는 한 가지 이야기 밖에 실감나게 전할 수 없다. 전제품을 100% 사용하고 우수성을 느끼고 관찰하면서 사용일, 느낌, 타제품과의 차이점, 사용 소감 등을 노트에 기록했다. 이런 것이 다운라인 교육 때, 좋은 자료가 되었다.

2) 교육은 성공의 기폭제이다

네트워크 마케팅은 교육사업이다. 성공은 교육 회수와 비례한다. 교육의 종류는 신규사업자 설명회, 제품 교육(화장품, 생필품, 건강식품, 정수기, 기타), 랠리, 캠프, 리더십 세미나 등이 있다. 교육을 통해 성공한 사업자의 노하우를 내것으로 만들자.

월 교육계획표를 보고 내 계획을 세워 처음은 주 2~3회 이상 교육받고 스폰서가 권한 교육에 꼭 참석하자.

3) 꿈 →목표 →계획을 세워라

네트워크 마케팅을 해야 하는 이유는 무엇인가? 정답은 꿈을 이루기 위해서다. 우리가 무슨 일을 하든지 해야 할 이유가 분명하다면, 방법은 나오게 되어 있다. 그 방법은 성공으로 가는 첨병 역할을 한다.

꿈을 확실히 세우고 기록하라. 꿈을 이루기 위한 목표를 세우고 목표를 달성하기 위해 세부계획을 세워라. 이 계획을 매일 실천해 나갈 때, 꿈이 현실로 다가온다.

5% 안에 드는 최고 성공자는 인생 설계도(꿈, 목표, 계획)를 가지고 살아온 사람들이다.

4) 책, 테이프(자료)를 활용하라

최고의 리더, 경영자가 되기 위해 책(네트워크 마케팅 성공자의 자세 등)과 전문적인 테이프(오디오, 비디오)를 내것으로 만들자.

하루 30분 이상 책을 읽고 한 개 이상의 테이프를 보거나 듣자.

리더의 자질을 향상시켜야 그룹의 존경받는 스폰서가 된다.

5) 고객리스트를 작성하라

나만 알아서는 안 된다. 내 경험을 자랑하고 싶은, 알리고 싶은 사람들을 고객리스트에 올리자. 100명 이상의 학교 동창, 친척, 이웃, 동호인, 거래처 등. 받아들일지 여부를 미리 판단하지 말고 작성해 A, B, C, 세 등급으로 분류하자. A는 긍정적이고 사업가 기질이 있는 열정적인 사람, B는 소비자, C는 부정적인 사람으로.

6) 자료 준비를 철저히 하라

전쟁터에 나가는 군인이 무기가 없다면? 상상해보자.

무기와 같은 자료를 준비, 모의시범(데몬스트레이션)을 보이자. 백문이 불여일견이다. 관련서적, 임상사례, 성공자 사진 등이 효과적이다.

7) 약속 → 초청 → 설명은 스폰서와 함께 하라

약속도 막연히 잡지 말고 일정, 시간, 장소 등의 계획을 세우자. 처음에는 스폰서와(20~30명의 고객이 형성될 때까지) 함께 만나라.

8) 사후관리를 철저히 하라

네트워크마케팅이 방문판매와 다른 것이 이것이다. 방문판매는 판매하면 끝이지만 네트워크마케팅은 판매가 시작이다. 사후관리가 중요하다.

1—4—7 법칙, 1일 이내에 제품을 사용했는지 점검하고 4일째는 사용 소감, 7일 후는 직접 만나 다른 제품을 소개한다. 임상사례 및 인간적인 교류를 하면서 소비자, 부업가, 사업가로 판단, 분류하라.

9) 그룹을 육성하라

칭찬, 열정, 미소를 생활화하자. 불평은 파트너에게 금지시킨다. 스폰서와 주 1회 사업 상담, 타인의 인격 판단은 금물이다.

소비자는 월 2~3회 연락해 제품을 사용하게 한다. 부업가는 홈 파티 요령을 숙지시켜 스스로 할 수 있게 한다. 사업가는 내가 걸어온 길을 토대로 리더로 육성시킨다.

그룹을 육성할 때, 중요한 부분이 본인의 자세이다.

① 긍정적 사고(믿음)

제품에 대한 믿음은 사용해보고 느끼고 교육을 통해 지식을 얻을 때, 생긴다. 그 외 ▲회사 ▲마케팅 ▲자신에 대한 믿음(긍정적 사고)이 강할수록, 성공에 가까워진다.

② 적극적 사고(목표)

목표를 가지고 목표를 이루기 위한 계획을 세워 추진하자.

③ 밝은 미소

웃음의 4대 효과는 기억, 집중, 친교, 건강이다. 웃는 얼굴은 전세계적인 공통여권이다. 웃음의 아버지라는 로만 카슨스는 "웃으면 살고 안 웃으면 죽는다"라고까지 했다.

매일 웃자. 월요일은 원래부터 웃고, 화요일은 화사하게 웃고, 수요일은 수수하게 웃고, 목요일은 목숨 걸고 웃고, 금요일은 금방 웃고 또 웃고, 토요일은 토실토실 웃고, 일요일은 일어나자마자 웃자. 윌리엄 제이스는 "기뻐서 웃는 것보다 웃으면 기쁜 일이 생긴다"라고 했다.

④ 예의

스폰서▶ 이 세상에서 나를 성공시키기를 원하고 노력하는 사람은 스폰서이다. 때문에 사업이 잘 진행되는 파트너들을 보면, 스폰서에 대한 존경과 예의가 보통 이상이다. 스폰서에 대해 부정적인 생각을 가지고 말하는 것은 자신을 욕하고 누워 침뱉는 것과 다름 없다.

복장▶ 때와 장소에 따라 알맞은 옷을 입어야 한다. 네트워크 마케팅은 비즈니스이다. 머리부터 발끝까지 비즈니스에 맞는 복장을 해야 한다. 남녀 모두 정장이 좋다.

약속▶ 파트너와의 미팅 약속이 이뤄지지 않아 와해되는 그룹도 있다. 약속은 어떤 일이 있어도 꼭 지켜야 한다. 네트워크 마케팅은 신뢰사업이다.

인사▶ 악수하고, 등 두드리고, 어루만지고, 포옹해주는 것은 매우 짧은 순간이지만 인사에는 서로 간에 흐르는 감정이 표출되어 나타난다. 때문에 보이지 않는 벽을 형성할 수도 있고 원활한 의사소통의 물꼬를 틀 수도 있다. 인사는 큰소리로 명랑하게 하자.

⑤ 감사하자

좋은 일에 감사하는 것은 누구든지 할 수 있다. 작은 일, 어려운 일에도 감사하는 마음을 갖자. 기쁠 때나 슬플 때나 감사하면, 결국 그에 상응한 일이 생긴다.

⑥ 칭찬과 격려

우리는 칭찬에 너무 인색하다. 매일 칭찬하는 습관을 갖자. 누군가 말했다. 칭찬이 최대의 동기부여라고. 칭찬은 마음을 움직이는 최대 무기다. 스폰서, 파트너, 모두에게 칭찬을 아끼지 말자.

10) 스폰서와 직접 매일 만나라

직접 만날 수 없으면, 전화로라도 꼭 만나자. 사업 진행과 방법을 상담하고 스폰서의 사업 노하우를 배우자.

이상의 10가지 원칙이 네트워크마케팅의 성공 시스템이다. 이것이 오늘의 나를 만들었다.

최대 위기가 최대의 기회다. 어렵더라도 조금만 인내하기 바란다. 성공의 빛이 다가오고 있다.

나도 STC 사업을 처음 시작할 때, 경제적 여건 등 여러 어려움이 많았다.

시골에서 사업을 하다 더 큰 욕심을 부려 무역업에 손을 댔다가 정보 부재, 경험 부족으로 부도를 내, 공무원 10년, 사업 10년 동안 번 것을 몽땅 날리고 빚까지 졌다. 참으로 괴로운 시간이었다. 빚 독촉 때문에 전화도 받지 못할 정도였다.

버는 것이 문제가 아니라 손해만 안 나도 좋겠다는 생각에 빚 없는 사람이 부러워 보였다. 이 사건으로 내 인생을 다시 한 번 돌아볼 수 있었고 어려운 이웃들을 생각할 기회가 되었다.

결코 어려움만 계속되는 것은 아니다. 구름이 걷히면 찬란한 햇빛이 비치듯 STC를 만나게 되었다. 그러나 바로 사작하지는 못 했다.

먼저 만났던 네트워크 회사로 인해 신뢰감에 문제가 있었기 때문이다.

1)회사

STC는 1989년 3월, STC 바이오(주)로 시작해 현재는 10개의 계열

사로 사세를 계속 확장 중이다.

21세기 가장 경쟁력 있는 고부가가치 산업인 생명과학 분야를 연구하는 생명과학 연구원을 비롯해 건강보조식품, 기능성 화장품 등을 생산하는 천안의 (주)STC 나라, 이 제품을 유통시키는 STC 인터내셔널, 피부관리 전문화장품을 피부관리 전문점에 납품하는 펜타논, 프랑스 최고의 란제리를 공급하는 (주)파리지엔느, 유기농업, 임업, 축산, 환경 등을 연구하는 한풀영농, 문화사업을 하는 STC 에덴, 레저스포츠 등 종합휴양업의 STC 산업개발, 첨단 과학기술을 연구, 개발하는 LA 현지법인인 STC 바이오테크, 신생활 과학분야와 첨단 과학기술의 해외판매 법인인 밀레니엄 사이언스(주) 등이 상호보완, 연 300% 이상 초고속 성장 중이다.

STC의 5가지 장점

① 에너지 워터, 분자교정 의학의 학문적 뒷받침은 전세계에서 STC만의 장점이다.

② 순수 국내기술력 및 자본의 민족기업이다. 때문에 로열티를 지불할 필요가 없다.

③ 환경친화적 기업이다. 21세기에 비환경제품은 경쟁력이 없다.

④ 경제가 해결된다. 사업자지향적 마케팅이다. 사업이기에 경제가 땀 흘리는 것만큼 되는 것이 아니고 흘린 것 이상으로 되어야 한다.

⑤ 서울, 대전, 청주, 광주, 대구, 부산, 마산, 울산 등, 전국 8대도시에 직영점을 가지고 있으며 물류센타, 교육장, 상담실, 전문강사 등의 사업하기에 적합한 환경을 제공하고 있다.

2) 제품

정수기를 비롯, 주방용 세트, 생활용품(20가지), 건강식품(13가지),

화장품(40가지) 등이 있다. 지하수가 오염된 요즘, 정수기는 생필품이다. 좋은 물이란 ① 깨끗한 물 ② 미네랄이 풍부한 물 ③ 인체 세포가 원하는 물(생체수)이다. 이 3가지 조건을 갖춘 것이 STC 가족사랑 정수기이며 가격은 98만 원에 1년 간 필터 가격은 8만 원 정도이다.

주방용 세트는 35가지로 찜통, 프라이팬, 칼, 수저 세트, 냄비 세트 등으로 구성되어 있다. 바닥과 옆면이 3중 신소재이며 열효율이 높고 조리시 영양분 파괴가 적다. 셰프라인과 공동개발했다.

건강식품 : 몸이 건강하다는 것은 세포가 건강하다는 것이다. 좋은 건강식품이란 생명 유지 물질인 세포 구성 물질을 공급해주는 것이다.

우리 몸은 ① 물 70% ② 영양분 29.5% ③ 산소 0.5% ④ 약간의 미네랄로 구성되어 있다. STC의 건강식품은 세포가 원하는 4대 구성 물질 공급에 포인트를 두고 있다.

화장품 : 아름다워지고 피부가 맑아지고 투명해지는 것은 물론, 노화를 지연시켜준다. 그 어떤 고객도 이런 제품이면 내 고객으로 만들 수 있겠다는 자신감을 주는 제품이다.

〈쥬라기 공원〉의 감독, 스티븐 스필버그도 우리 제품에 찬사를 아끼지 않았다.

3) 마케팅

네트워크는 환상이 아닌 현실이다. 보상이 충분해야 한다. 하지만 사업자만 있는 것이 아니고 지속적인 소비가 이뤄져야 한다.

보상의 역할은 ▶최종소비자에게 제품 판매 ▶지속적인 조직 구축 ▶매니저 양성 ▶리더 양성 ▶조직 유지 등이다.

1998년 7월에 사업을 시작한 나는 첫달 보너스로 16,930원, 9월에 85만 원(첫 직급인 TS 취득), 1999년 1월에 270만 원(AS), 3월에 400만 원(MS), 5월에 550만 원(SS), 11월에 810만 원(GS), 12월에 1

천만 원(DS)을 받았다.

보상이란 땀흘린 것 이상이며 지속적이어야 한다. 내 보너스 액수를 밝힌 것은 착각과 환상 속에서 살아가는 사람들이 너무 많기 때문이다.

나 혼자만 이렇게 소득을 올리고 있는 것은 아니다. 파트너들을 보면, SS직급(2명)이 500만 원선, MS(4명)가 300만 원선, AS(15명)가 200만 원선, TS(25명)가 70만 원선의 소득을 올리고 있다. 이들 중에는 나보다 유능한 분들이 많다. 시간이 흐르면 나를 추월해 성공하는 분들이 많이 나올 것이다.

네트워크 사업의 매력인 무자본으로 지금까지 이룩한 것만 해도 5억을 투자하는 사업보다 낫지 않나 생각된다.

지금도 나의 스폰서인 박경애 RS에게 감사드린다.

네트워크 마케팅과 STC의 비전

① 안정된 노후생활을 즐길 수 있다. 회사의 안전성, 경영주의 전문성, 제품의 우수성, 합리적인 마케팅 등으로 경제적인 안정을 누릴 수 있다.

② 평생사업이며 상속이 가능하다. 때문에 보통사람의 꿈을 실현시킬 수 있는 사업이다.

③ 사랑하는 사람들과 동반성공할 수 있다. 즉, 인간관계의 신뢰를 바탕으로 부와 명예를 얻을 수 있다.

④ 형성기, 성장기를 지나 가속기에 들어서고 있다. 따라서 매출도 급상승, 월 100억 원을 예상하고 있다.

⑤ 연령, 학력, 경력에 관계 없이 개인의 능력에 따라 성공할 수 있다.

⑥ 100% 품질보증 제도로 사업 전개에 부담이 없다. 전하기만 하면 된다. 품질이 보장되니까.

⑦ 자본금이 없으니까 언제든지 그만두어도 손해볼 것이 없고 누구에게 권해도 손해끼칠 일이 없다.

⑧ 개인 능력, 노력에 따라 고소득도 가능하다. 3, 4년의 노력으로 월 1억 원의 소득을 올린다면, 국내 네트워커 중 최고의 영웅이 될 수 있다.

⑨ 내가 원하는 시간에 일할 수 있다. 1999년 한 해 동안 일본, 미국, 말레이시아를 VIP 자격으로 신나게 여행했다. 업무 스케줄을 마음대로 조정할 수 있다.

⑩ 제품 개발자가 오너(owner)라는 강점이 있다.

⑪ 활동 범위가 전세계적이다. 전세계적인 글로벌 마케팅을 펼칠 수 있다. 중국 200만 명, 미국 190만 명, 일본 60만 명, 러시아 45만 명, 캐나다와 중남미 각 10만 명 등 교포사회를 하나로 묶을 수 있다.

⑫ STC의 컨셉(concept)이 미래지향적이다. 특히 최첨단 산업인 생명과학 분야를 다루고 있다.

누구에게나 24시간이 주어지지만 그 사용법에 따라 결과의 차이는 엄청나다. 21세기의 비전을 갖고 앞서나가는 민족기업, STC의 진정한 기업마인드는 다가오는 미래에 성공의 확신을 준다.

Top Leader II

유 선 인 | NSE

1962년생, 6년 간 무역회사, 화장품회사 등 여덟 곳에서 직장생활.

사업 1년 만에 실패로 끝남.

3년 간 청소부 생활.

1993년, 친척 소개로 네트워크마케팅 시작.

40대 중반 이전 은퇴 희망.

“

죽음을 가볍게 여기고 날뛰는 것은
소인(小人)의 용기이며
죽음을 무겁게 여기고 의(義)로써
행동하는 것은
군자(君子)의 용기다.

”

순자 「순재(荀子)」
순재(荀子: BC 315~230);
중국의 유학자

"7가지 규칙과 모양새를 지닌 사업자는
실패하지도, 좌절하지도 않는다."

부시 대통령, 빌 게이츠, 길거리 노숙자 그 누구에게나 하루 24시간은 똑같으며 이것은 정확한 계량학적 단위를 지니고 있다. 재미있는 통계는 성공하는 사람일수록, 더 많은 시간 일한다는 것이다. 한정된 자산인 시간의 가치를 잘못 인식해 가난한 사람들은 그 시간을 낭비해 더욱 가난해지는 것이다.

지난 10년 동안 한 가지 일을 꾸준히 해왔고 이제 그 일을 통해 다른 사람들의 삶에도 긍정적인 영향을 미쳐왔다.

이런 나 밖의 삶에 영향을 미치고 변화시키면서 개혁시키는 힘은 종교나 교육에서나 찾아볼 수 있었던 것이 기존 관념이었으며 종교나 이념의 학습이 아닌 돈벌이 수단인 한 산업 분야가 다른 사람의 삶, 습관, 관념의 세계조차 변화시킬 수 있다는 것을 과연 얼마나 알고 있을까?

이런 논리라면, 우리사회에서 열풍처럼 번지는 수많은 네트워크마케팅 업체의 선악, 정당성과 비합법성을 판단할 수 있는 가장 올바른 근거가 바로 먼저 그 사업을 해왔던 사람들이 그 자신과 주변에 미친 영향을 검토해보라는 것이다.

이런 근거야말로 미래의 자신을 바라볼 수 있는 가장 선명한 렌즈가 될 것이다.

네트워커 생활은 오래 했지만 재정적, 육체적, 정신적 풍요와는 거리가 먼 많은 사람들에게 원망이나 듣고 전화번호를 자주 바꿔야 하고 신용카드 한도액이 낮거나 아예 없다면, 그는 진정한 네트워커로서 실패한 것이다.

이들이 과연 자신 밖의 사람들의 삶에 긍정적인 영향을 미칠 수 있을까?

누구나 아는 질문을 하는 이유는 세상이 참 상식의 기반 위에서만 움직이는 것이 아니기 때문이다. 이것은 마치 우리사회에서 가장 흔한 범죄가 가장 지키기 쉬운 규칙을 어기는 것과 같은 이치다.

경범죄가 가장 흔한 범죄인 것은 그것이 가장 지키기 쉽기 때문이라는 모순이 우리사회에 존재한다.

이런 이유로 이제 몇 가지 꼭 하고 싶은 얘기를 하려고 한다. 이것은 나 혼자만의 공식이나 비방이 아닌 누구나 잘 알고 있는 사실들이다. 문제는 너무 쉽기 때문에 가장 지키기 어려운 것이 문제라면 문제다.

이렇게 하면 실패하지 않는다

- 3가지 규칙

1. Fact(사실)

앞에서도 얘기했듯이 종교나 사상의 훈련이 아닌 산업활동의 일환인 이 일이 어떻게 사람을 변화시키고 그런 영향을 미칠 수 있는가?

네트워크마케팅에서 "일반 대중은 당신 말에는 관심없고 단지 당신 행동에 관심 있다"라는 원칙을 이해하면 된다.

일반화장품은 멋진 모델이 광고하고 멋진 용기로 치장하고 멋진 매장에서 판매하면 끝이지만 우리 산업에서는 제품 전달자에 의해 구매 결정이 이루어진다.

그러니 피부 상태와 건강이 나쁘고 만성질환에 시달리며 이 산업의 제품을 찬양, 고무한다면, 그야말로 지나가는 견공이 웃을 것이다.

그래서 나쁜 회사(곧 망하거나 미래가 없거나 사회적인 책임의식이 결여된 회사)는 제품을 자신있게 만들어 제공하지 못 하고 사업자들은 제품보다는 사업성을 강조한다.

그래서 한 구좌에 얼마, 가입에 얼마, 일할 필요가 없다는 등의 말을 해야 하는 고충을 우리는 이해해야 한다.

더구나 사업자로서 사업을 전하고자 할 때, 자신의 달라진 모습을 보여주지 못 하면, 의심부터 해봐야 한다.

이것 때문에 나도 24kg을 감량해야 했음—소비자가 되었든, 사업 희망자가 되었든 중요한 것은 그들에게 진정으로 필요한 메시지는 말이 아닌 사실(Fact)이라는 것이다.

여러분이 하고자 하는 일을 5~6년 동안 해온 사업자가 있다면, 그들의 신체적 변화, 감성적 변화 그리고 그들의 신용카드의 종류를 확인해보기 바란다.

2. Solitary Man이 되어라

나도 네트워커로 출발할 때, 대규모 자본이 필요하거나 특출한 지식이나 경력을 요구했다면, 시작하지도 않았을 — 솔직히 말해 못 했을 — 것이다.

하지만 이런 일을 하기 위한 좋은 조건은 그 이면에 악조건도 있음을 잘 알고 있다. 즉, 자본, 기술, 학력, 연령 등에 제한이 없다면, 분명히 뭔가 다른 것에는 제한을 두며 이런 제한은 다른 일에서의 요구보다 더 많을 것이다.

네트워커에게 성공 조건으로 요구하는 이면계약 조항이 바로 시간과 노력이라는 자산을 다른 일보다 많이 투자하라는 것이다. 이런 시간과 노력은 누구나 지닌 자산이다.

문제는 그 자산 가치와 무궁한 힘을 알아채지도 못 한다는 것이다.

또한 노력은 그 한계를 명확히 규정짓기가 모호하며 계량적 단위가 될 수 없다는 점이지만 시간은 그 반대다.

삼성 이건희 회장이 월요일 밤 10시부터 2~3시간씩 TV 연속극을 보며 침을 흘리고 눈물을 찔끔거리며 시간을 보낼까? 그야말로 시간을 그리 보내도 되는 사람이지만 그리 하지 않는다. 반대로 그리 하지 말아야 할 사람들이 그러고 있으니 세상 참 재미있다. 그리고 누구는 전세계를 무대로 자신의 제품과 사업, 이상을 펼칠 방법을 고민하고 실천하고 있는 반면, 한 쪽에서는 월말 전기료, 할부금 고지서를 보면서 한숨 쉬며 애꿎은 세상 원망만 하고 있다.

진정 실패를 원하지 않는 네트워커라면, 철저히 자신을 고독하게 만들어라. TV 연속극, 영화, 휴가, 동창회, 술자리, 송년회, 고스톱판, 잡담 등으로부터. 그리고 자문해보라.

내 귀중한 시간으로 이런 것들을 살 만한 가치가 있는가? 그렇게 3~4년만 고독해져 보라. 얼마나 많은 즐거움이 다가와 있는지 알게 될 것이다. 너무 삭막하고 비인간적이라고 생각하는가? 하지만 어쩌겠는가? 우리의 하루라는 주머니에는 24시간 밖에 없는 것을.

3. 7가지의 규칙

다음 7가지 규칙과 모양새를 지닌 사업자는 실패하지도, 좌절하지도 않을 것이며 이런 사업자야말로 우리 업계의 리더이다.

우리에게 가장 소중한 자산은 일반인들이 포기하고 잊어버린 꿈을 간직하고 가꾸며 키워나가는 것이다. 진정한 사업가라면 이런 소중한 꿈을 절대 할인하지도, 뺏기지도 말아야 한다.

이 사업을 하기까지 개인적으로 수많은 좌절과 인내의 세월을 보냈다. 이런 시간들에 비하면, 이 사업은 정말 쉽게 이룰 수 있다. 하지만 아직도 많은 주변사람들에게 좋게 인식되지 못한 점을 감안한다면, 사업가로서 이겨나가야 할 여러가지 역경은 참으로 많다. 당신의 꿈에 대한 도전을 이겨나가고 지키려면 용기가 필요하다. 또는 '깡'이라고도 한다.

어떤 일을 성공시키고 성공자 대열에 오르기까지 그 일에 대한 열정을 지녀야 함은 누구나 알고 있다. 우리사업에도 이런 사업자 끼가 필요하다.

사업자의 올바른 자세는 그의 능력이나 배경보다 더 요구된다. 나를 소중히 여기고 업라인을 공경하고 다운라인을 위해 일하는 모습 그리고 자신을 내세우지 않는 자세이다.

우리사업이 누구에게나 성공의 열쇠를 제공하는 까닭은 특수한 지능을 요구하지 않는다는 것이다. 우리사업 성공에는 지능보다는 일반상식을 따르고 이해하는 지혜가 필요하다.

사업가의 목표는 사업의 성공에 있다. 사업가로서 성공하기 위해서는 그 일의 본질과 특징을 잘 이해하고 전문화해야 한다. 이것이 프로사업자의 자질이다.

우리사업은 사람과 사람의 결합, 꿈과 꿈의 만남, 관계와 관계의 연속이다. 이런 특징은 끊임없는 인맥계발과 관리가 필요하다. 인맥이 많은 사람보다는 인맥을 잘 계발하고 유지하는 것이 필요하다.

"의식이 무의식을 지배하게 하라."

"나는 45세에 은퇴하려고 한다"라고 말하면, 대부분은 이상한 눈으로 쳐다본다. 왜? 그들의 무의식의 세계가 그들 의식의 세계를 점령하고 있으니까. "약간 맛이 갔군, 젊은 녀석이 웬 은퇴, 은퇴란 머리가 희끗한 60세 전후에나 하는 거지"라는 메시지가 그들의 삶속에 깊이 각인되어 있기 때문이다.

말이 아닌 실제 사실을 보여주고 여러분의 진정한 실천을 바탕으로 말할 것, 이런 논픽션의 주인공이 되려면 철저한 자기관리가 요구되고 7가지 습관을 통해 비로소 새로운 삶의 주인공이 될 수 있다.

그렇다. 네트워크마케팅을 시작한다는 자체가 바로 새로운 삶의 주인공으로 거듭나는 것이며 이런 변화가 있기까지 참된 용기와 강한 신념이 없으면 얼마나 힘든 변화인지는 모두 공감할 것이다.

그러기에 진정한 네트워커라면, 자신의 꿈을 지킬 줄 아는 신념과 그 꿈을 남들에게도 전할 수 있는 용기가 필요한 것이다.

이런 신념과 용기는 어디서 나올까? 바로 자신에 대한 확신과 믿음에서 나온다.

진정한 네트워커는 자신의 가치에 대해 책임질 줄 알아야 한다

자신의 존재에 대한 확신, 자신의 삶의 가치에 대한 믿음, 나아가 자신의 사회적 영향력에 대한 확신과 믿음이 신념을 낳고 용기를 용솟음치게 만든다.

그러기에 진정한 네트워커라면, 이러한 자신의 가치에 대해 책임질 줄 알아야 하며 그것을 통해 비로소 타인의 삶의 질적 가치에 대한 영향력을 행사할 수 있는 것이다.

이것이 이루어질 때, 비로소 우리사회에서 인정받고 대중에게 어필할 수 있는 하나의 산업으로서 인정받을 것이다.

지금 이 시간에도 얼마나 많은 가짜 네트워커들이 네트워크마케팅의 탈을 쓴 가짜회사들과 자신들의 이익만을 쫓아 이리저리 부침을 거듭하며 우리주변을 맴돌고 있는가?

이들을 완전히 사라지게 할 수는 없지만 그래도 모두 앞서 말한 진정한 네트워커들의 숫자가 늘어나고 사회가 이들에 대한 안목을 정확히 가져준다면, 지금 겪고 있는 혁명적 자기변혁의 강도는 상대적으로 약해질 수 있다.

무의식의 세계를 의식의 세계가 지배하고 통제해야 한다

위에 언급한 자신에 대한 3가지 확신과 믿음은 어떻게 만들어질까?

그것에는 항상 무의식 세계에 지배당해온 의식 세계를 이제는 더 이상 용납하지 말고 무의식 세계를 우리의 의식 세계가 지배하고 통제하고 관할하는 데 있다.

빙산의 수면 윗부분 즉, 우리가 볼 수 있는 상충부를 의식 세계라고 가정하고 빙산의 드러나지 않은 수면 아래부분을 무의식 세계라고 하면, 대부분의 빙산이 그렇듯, 수면 윗부분은 전체 빙산의 극히 일부에 지나지 않으며 대부분은 감춰진 채 존재하는 빙산 아래부분을 이루고 있다,

이렇듯 우리가 지닌 의식 세계는 매우 미미하며 대부분인 무의식 세계가 우리 삶의 주조종자 역할을 하고 있다.

즉, 나이가 많고 배운 것이 없고 여자이며 너무 어리고 경력이 적고 아는 얼굴이 너무 많기 때문에 내가 할 수 있는 일이 뭘까?라고 자신의 생각을 무의식적으로 습관화해왔다. 이제 내가 하기 때문에 …하지 못 하는 것이 아니라 …해서 …할 수 있다라는 의식의 전환 즉, 재훈련되고 학습된 의식의 세계가 무의식 세계를 혁신해 나가도록 해야 한다.

우리가 새로움, 창조력, 희망을 얻고자 네트워커로 거듭나려면, 이런 무의식 세계가 더이상 우리삶을 지배하게 해서는 안 된다. 지난 1년 간 종업원도 없이 혼자 매출 400억을 올린 기업을 이끌어왔다고

말하면, 십중팔구 "얘, 완전히 사기꾼 아냐"라는 눈으로 쳐다본다.

왜? —그들의 무의식이 이렇게 가르치니까. "400억짜리 기업을 운영하려면, 최소한 종업원 몇 명, 생산시설, 창고, 사옥 등이 필요하지"라고 말이다.

과연 이들의 무의식 세계가 올바르기만 한 것일까?

나는 네트워커로 일하면서 우리사회에서 무의식적으로 가장 약하고 무시받는 여성인력, 특히 아줌마들이 이 일을 통해 새로운 가치관과 인생관을 지니게 될 때, 가장 기쁘다. 나아가 자신에 대한 고귀한 믿음과 확신에 찬 삶을 영위해 나가는 것을 보는 것이다.

이들이 기존에 지녔던 무의식의 세계는; 여자는 약하다. 여자는 남자를 위해 존재한다. 여자보다 아이들의 삶이 우선이다. 여자는 경제적 약자이다. 이 세상에는 여자(특히 아줌마)가 할 수 있는 일이 별로 없다. 남편이 벌어주는 돈이 최고다. 여자가 나서면 집안이 시끄럽다. 여자가 뭘 한단 말인가? …참으로 이 세상 어느 사전, 법전, 성경에도 안 나오는, 자신의 삶을 한정짓고는 무의식의 세계에 빠져있는 경우가 많다.

하지만 이들이 자신의 존재, 가치, 영향력에 대한 신념과 확신을 지니는 순간, 그 어느 때보다 강하고 멋진 사회 구성원으로 재탄생하는 것이다.

비록 우리 정신 세계의 극히 일부를 차지하는 의식 세계라고 할지라도 우리의 정신 세계를 지배하고 무의식 세계 즉, 습관적이고 관습적인 세계로부터 자기혁명의 세계로 자아를 이끌어내줄 수 있다는 점이다.

이것이 바로 21세기를 여는 네트워커들이 지녀야 할 기본적인 자기혁신의 1순위 지침이다. 이런 혁신적 사고를 지닌 사업자가 무엇을 두려워하고 무엇을 망설이겠는가? 수많은 거절은 오히려 더 많은 행동을 유발하며 수많은 실망은 오히려 더 많은 도전할 목표의식을 양산하고 수많은 시행착오는 오히려 더 단단한 성공 기반을 마련해 준다는 확신이 이런 의식 세계가 자신을 지배하는 사람의 경우다.

남들이 다 믿고 행동하는 것을 일반상식이라고 한다. 이제 우리사회, 경제의 새로운 자리매김으로서 네트워커들이 등장하고자 할 때, 이런 상식을 지키고 따르는 것도 필요하지만 때로는 상식의 틀을 과감히 넓히고 확장시켜보는 것도 필요하다.

이 때 필요한 것이 습관화된 무의식적 발상을 과감히 의식적 발상으로 제압하고 컨트롤해보는 것이다. 우리는 이것을 혁신이라고 한다.

혁신을 통하지 않은 발전이란 얼마나 진부한 논리인지 잘 알기 때문에 더욱 자기혁신이란 말을 강조하는 것이다. "Bravo My Life − 이젠 우리 차례다"

다행히 지금까지 디지털 온라인과 네트워크마케팅과의 연계를 금지해왔던 몇 가지 법률이 풀린다고 한다. 통신, 전자상거래, 서비스 등의 제품을 우리 네트워커들도 이제 정식제품으로 다룰 수 있고 사업수단도 될 수 있다고 한다. 참 멋진 얘기가 아닐 수 없다. 가장 빨리 성장하는 산업에 가장 큰 기회를 주는 산업과 제품이 더해지고 법은 이를 허락하며 이것이 대한민국에서 이루어지는 것이라 더 큰 의미를 지닌다.

본인이나 여러분이 수행하고 있는 직업을 남들에게 설명하려고 할 때, 참 곤란할 때가 많다.

우리를 과연 뭐라고 불러야 할까? '네트워커?', '엠엘엠머(MLMer)?' 등의 약간은 고상해 보이는 이름이나 '다단계사업자',

'다단계판매원'과 같은 조직범죄 냄새가 나는 것도 있다. '라이프 플래너', '드림 빌더' 등의 최첨단직종으로 인식될 명칭도 있다. 이름이야 어찌됐든 우리 일과 우리 산업이 사회에서 제대로 평가받을 수 있는 시간이 빨리 오길 바란다.

이런 사회분위기와 눈길은 시간만이 해결해주는 것은 아닐 것이다.

내가 이 글을 구상하던 날에도 잘나가던 업체 대표 구속 뉴스가 있었다. 양말 5켤레에 30만 원을 받기도 했나 보다. 이런 식으로 수 천억 원을 판매하고는 그만 구속되고 말았으니 그 많은 종사자들과 소비자들의 피해는 정말 심각할 것이다.

그리고 지금 이 시간에도 요상한 각종 제품을 다루는 네트워크마케팅에 대한 정보가 나의 e-메일로 들어오고 있다.

참! 나도 네트워크마케팅에 종사하고 있지만 요즘 우리나라는 네트워크마케팅 세상이요, 천국인 듯한 착각까지 든다.

그러나 이런 때일수록, 올바른 마음과 몸가짐으로 항상 다른 사람에게 모범을 보여야 한다. 그리고 부정직하거나 올바르지 않은 회사는 하루빨리 사라져주어야 한다. 왜? 21세기 유통의 주역은 바로 우리 네트워커들이니까.

하나 : 초고속 성장률의 한국 네트워크마케팅 산업

한국에서 정식적인 다단계 관련 법안이 발효되고 시행된 1995년 이후, 2001년까지 한국시장의 유통부문은 참으로 엄청난 변화를 겪었다.

오늘날 가장 각광받는 대표적 유통 분야인 대형할인점, 대중매체를 이용한 홈쇼핑 등은 재래유통 판도를 뒤집었으며 새로운 소비문화를 정착시켰다. 불과 6년 전, 한국에서 이런 산업은 그 이름조차 생소하고 낯설었으며 사람들 인식의 세계에 제대로 자리잡지도 못 했다. 하지만 그 짧은 기간 동안 유통업의 획을 다시 그은 것이다. 이제 소비자는 더 편하게, 더 다양한 물건을, 더 싸게 살 수 있다.

그리고 이런 유통업 발달과 함께 한국시장에서는 네트워크마케팅 르네상스를 맞고 있다. 이렇게 한국의 네트워크마케팅 산업이 다른 시장에서 그 유례를 찾아볼 수 없는 가파른 성장은 성실을 미덕으로 삼는 우리 국민성에 기인한다.

이런 변화가 유독 한국에서 그 속도와 강도가 더 빨리, 더 강하게 나타나고 있는 것도 재미있는 현상 중 하나이다.

둘 : 대한민국 만세!

나는 다행인지, 불행인지 젊은 시절부터 이곳 저곳 외국에서 살거나 방문할 기회가 많았다. 그러면서 어느 때부터인지 참 재미있는 점을 발견하고 생각을 많이 해왔다.

그 예로, 에스컬레이터를 탈 때, 한국인들은 한 계단에 두세 명이 함께 탄다.

엘리베이터에서 내리기도 전에 먼저 타기도 한다. 길을 걷다가 옆사람을 툭 쳐도 미안하다고 말 한마디 안 한다. 백화점, 은행 등의 대형 출입문을 열 때도 뒷사람을 위해 문을 잡아주는 사람이 참 드물다.

나는 분명히 초등학교때부터 우리민족은 예와 미덕의 민족이라고 배웠는데 가만히 살펴보면 천만의 말씀이다. 상놈의 행동을 모두 하고 있는 것이다.

아마 그 이유는 수천 년 동안 타민족에게 시달리고 못산 탓에 나와 우리 가족만 생각하는 못된 습성이 우리의 영혼을 지배해왔다고 생각한다. 다시 말해, 가난이 예의를 생각하고 실천할 여건을 앗아갔다.

이런 역사를 지닌 채 이제 겨우 우리는 배고픔을 잊고 살 만한 위치에 왔다.

후진국, 중진국을 거쳐 이제 선진국 대열의 문을 넘은 것이다.

그런데 우리에게는 유구한 역사를 통틀어 그 어떤 시대에도 만들어보지 못한 역사적 기록을 가지고 있다. 이 분야만큼은 세계최고, 세계최초라는 수식어가 절대 자화자찬이거나 정부 홍보물이 아니다. 교통사고 사망률, 성인병 사망률, 사교육비 지출액, 술 소비량도 아니다.

그것은 바로 21세기의 쌀이요, 석유요, 철강인 'I.T.(Information Technology)'이다. 인터넷, 통신, 정보산업과 문화에 있어 놀랍게도 우리는 세계최고이다. 월스트리트 저널의 사설은 한국이 세계최고, 최강의 I.T산업 인프라(기반)를 구축하고 있다고 했다. 이것은 석유 매장량보다, 다이아몬드 매장량보다, 쌀 생산량보다 더 중요한 말이다.

이것이 바로 우리다.
— 세계최고의 인터넷 보급률
— 세계최고의 인터넷 사용률
— 세계최고의 무선통신 보급률
— 세계최고의 무선통신 사용 시간
— 세계최고의 초고속 인터넷망 보급률
— 세계최고의 온라인 증권 및 뱅킹 사용률

이것은 미국, 영국, 프랑스, 독일, 일본도 아닌 한국 얘기다.

너무나 못 살아 남을 배려할 수도 없었고 그저 빨리빨리 서두르고 대충대충 하던 한국이 가장 정확하고 가장 진보하고 가장 가치있는 산업이라는 I.T 분야에서 거두고 있는 역사적 타이틀이다.

이제야 이름값을 하나 보다. — 국가명 중, 한자로 큰 '대(大)' 자는 우리나라만 사용하고 있음

셋 : Bravo My Life, 이제 우리 차례다.

정말 눈부시게 성장하는 네트워크마케팅도 디지털 경제체제 아래
서는 다시 한번 그 유통 방법과 미래의 기회 제시 사항들을 점검해봐
야 한다. 증권, 보험, 은행, 심지어 자동차업계도 상품은 변하지 않아
도 유통경로의 변경 ─ 오프라인에서 온라인으로 ─ 을 통해 거듭나
고 있으며 경쟁력을 높이고 수익 개선을 시키고 제품 원가를 낮추고
있다. 따라서 이제 온라인, 디지털, 인터넷이란 멋이 아닌 생존요건
이 되어버렸다.

이제 우리도 명함을 다시 제작해야 할지도 모른다. 네트워커에서
인터워커로 말이다. 오프라인 비즈니스에서 온라인 비즈니스로, 개
인홈페이지는 기본이겠죠.

누가 물으면 '정보사업'을 한다고 할지도 모른다.

해리 포터가 빗자루를 타는 장면보다 더 황홀한 얘기다. 누구나 한
번쯤 하고 싶은, 특히 젊은이들의 동경의 대상인 벤처업종을 한다뇨.

기술, 아이디어, 자본이 없어 어쩔수 없이 택한 것이 네트워크마케
팅인지도 모르는데 이제 감히 엄두도 못 내던 I.T 산업의 주역이 될
수 있다니. 그래서 세상은 오래 살고 볼일인가 보다.

Top Leader 12

유 인 숙 | 다이너스티 다이너스티

1964년, 경기도 양평에서 5남 2녀 중 막내로 태어남.
1995년, 심봤다 찜질방을 운영하면서 생활에 어려움을 겪기 시작.
1998년 8월 3일, 다이너스티를 만나
1999년 9월, 다이너스티 최고직급인 다이너스티 1호로 탄생.
2000년 2월, 다이너스티 사업발전위원회 1대 회장을 역임.
2001년 5월, 건국대학교 네트워크 CEO 과정 2기 졸업.

"

나는 아무래도
이 세상에서 보잘것없는
여행자에 지나지 않는 듯하다!
너희들이라고 과연 그 이상일까.

"

괴테 「젊은 베르테르의 슬픔」
요한 W. V. 괴테(1749~1832);
독일의 시인, 문학가, 과학자, 정치가

"두 마리 토끼를 쫓다가는 한 마리도 못 잡는다."

「하나에서 열까지 '이 정도면 완벽하다' 라는 시점에서 시작하려면 언제까지 아무 일도 할 수 없다」 이것은 어느 철학자의 〈철학적 인간학〉에 나오는 한 구절로서 요리조리 변명만 하며 좀처럼 행동하지 않는 사람을 질타하는 말이다. 성공하는 사람은 자신이 하고자 하는 일을 곧바로 실행에 옮긴다. 1998년 8월 21일, 무더운 여름날 역삼동 뒷골목 식당에서 짧은 시간 정보를 받는 순간, 가슴이 뜨거워졌다.

당시 내가 처한 환경은 절망 그 자체였다. 사업을 실패하고 나니 재기하기가 너무 힘들었다. 그러나 하나님께서는 내게 다이너스티를 만나게 해주셨고 이 땅의 가난한 자들을 위해 다이너스티를 뿌리내리게 하셨다. 그 날 이후, 나는 우리집 아파트 거실에 교자상 하나를 펴고 다이너스티 정보를 전달하기 시작했다.

현재 다이너스티의 초고속 성장과 더불어 나 역시 시간과 경제의 자유를 누리고 있다.

전국에서 다이너스티 정보 전달을 위해 최선의 노력을 기울이는 모든 다이너스티 가족에게 깊은 감사를 드린다.

실패의 원인은 자신에게 있다

성공의 가장 중요한 핵심은 실패했을 때, 그 원인을 자신에게서 찾는 것이다. 원인을 찾는 동안 스스로 잘못된 점을 발견하게 되고 반성할 기회를 갖게 된다.

'성공은 또다른 성공을 유도한다' 라는 격언이 있다. 이 말의 의미는 '어떤 하나의 일을 성공하면 그 체험이 자신감으로 변해 다음 성공을 부른다' 는 것이다. 큰 일이 아니더라도 좋으니, 우선 눈앞의 목표를 달성한 후, 성공 체험의 자신감을 갖고 나서 앞으로 전진하는 것이 현명하다. 눈앞의 목표를 달성하게 되면, 마음은 더 큰 목표를 계획하게 된다. 왜냐하면 '전에도 최선을 다하니 성공하더라. 그런 일도 해냈으니 이번에도 반드시 성공할 것이다' 라고 적극적으로 생각하기 때문이다. 지난 번의 성공 체험이 다음 목표의 달성 에너지가 되는 것이다.

'실패는 성공의 어머니' 라는 교훈이 있다. 실패했을 때, 그 실패를 어떻게 활용할 수 있을까? 이 때 남의 탓으로만 돌린다면, 결코 좋은 결과를 얻을 수 없다. '이 실패는 잘못된 내 방식 탓이다' 라고 생각한다면, 여러 각도에서 반성할 기회가 주어진다. 그러므로 똑같은 실패는 저지르지 않게 된다.

우유부단한 성격을 버려라

어떤 행동을 실행해 실패하는 것보다 자신의 우유부단한 습관을 두려워하라.

수영을 배울 때, 겁을 내며 발을 바닥에 계속 붙이고만 있으면, 물에 뜰 수가 없다. 마음을 강하게 먹고 발을 떼야만 뜰 수 있다. 또한 원하는 방향으로 헤엄쳐 나갈 수도 있다.

우유부단한 사람은 실패가 두려워 언제까지나 발을 떼지 않는다. 다시 말해, 좀처럼 '결단' 을 내리지 못 한다. 결단이란 어느 한 쪽을 버리는 단호한 결심이다. 결단이 빠른 사람은 자신의 마음을 정한 즉시 그것을 최선의 방법으로 여기고 행동으로 옮긴다. 그리고 다음 순간에는 그 일에서 '한 걸음' 옮겨 다음 일로 마음을 돌린다.

우리에게 주어진 일생의 시간은 무한한 것이 아니므로 많은 일을 하려면 결단이 필요하다. 필요없는 것은 과감히 버리고 빠른 결단을 내려 실천하는 습관이 성공의 포인트이다.

'실패하면 어쩌나' 라는 불확실한 말은 하지 말자. 자신이 결단을 내린 이상, 의심이나 불안은 안 된다. 그리고 자신의 배후에 '피할 길' 은 없다고 생각하는 것이 중요하다. 피할 길을 만들어 두고 실패하면, 그 곳으로 도망가면 된다는 생각은 대단히 잘못된 것이다.

피할 길을 만들어 둔다는 것은 이미 실패를 예상하고 있다는 것이다.

자신을 존경하는 습관

스스로 자신을 존경하라. 자존심을 잃은 사람은 발전을 기대할 수 없다.

스스로 자신을 지배할 수 있다는 말은 '자신의 뜻대로 살아갈 수 있음' 을 의미한다. 그런데 그것은 의외로 간단하다. 자신을 지배하기 위해 밟아야 할 첫 단계는 '자신을 존경하는 마음' 을 갖는 것이다. 자존심을 잃은 사람은 누구든 자신의 진정한 주인이 되기를 기대할 수 없기 때문이다.

이 자존심의 손상이 사람들의 발전을 저해하고 있다. 이런 사람들은 무의식적으로 자신들은 이 세상에서 좋은 기회를 부여받을 자격이 없는 것으로 여기고 있다. 그들은 성공하기 위해 나름대로 애처로운 시도는 해보지만 그 때마다 실패하고 만다. 그리고 자신은 행복하다든가 성공이 불가능하다고 체념하고 만다.

다른 사람이 우리에게 잘못에 대한 용서를 구한다면, 아마 대부분은 기꺼이 용서해줄 것이며 자신의 잘못 또한 다른 사람으로부터 용서받기를 바랄 것이다. 그런데 이 용서에 대해 단 한 가지 예외인 사람이 있다. 그것은 다름아닌 바로 우리 자신이다. 자신을 용서해야 한다는 것이 이상할지 모르지만 나 역시 다른 사람의 일부임을 인식해야 한다. 그리고 만일 다른 사람을 용서하는 것이 옳은 일이라면 자신을 용납하는 것 또한 옳은 일이다. 그러므로 자신을 지배하는 첫 단계는 자신에 대해 품고 있는 악의에 찬 마음이나 비관적인 생각을 깨끗히 제거하는 것이다. 평소 자기능력을 계발하기 위해 최선을 다해야 한다.

아름다움을 창조하는 사람

시작하는 삶은 의욕이 있고 매사에 도전적이다. 어떤 일이든 해낼 수 있다는 자신감과 야망이 있기 때문에 이들에게 두려움이란 없다.

첫째, 도전하는 사람이 아름답다

도중에 중단하는 사람도 있고 끝까지 의욕에 불타는 사람도 있다. 우리는 새로운 일에 도전하는 사람을 아름답다고 말한다. 늘 제자리에 머물기만 하고 더이상 발전하지 못 하는 것은 스스로 무의미하고 타인의 눈에는 더더욱 의욕없는 자로 비칠 뿐이다.

둘째, 꿈이 있는 사람이 아름답다

희망과 미래가 있는 사람의 눈은 반짝인다. '나는 앞으로 어떻게 될 것이다', '나는 무엇을 소망한다' 등등 매일 끊임없이 미래를 상상하고 설계한다. 이렇게 꿈이 있는 사람은 아름답다.

셋째, 사랑이 있는 사람은 아름답다

사랑하지 않는다면, 그는 메마른 사람이다. 사람과 사물을 좋아하고 늘 좋은 것이 많은 사람은 행복하다. 반면 사물도 싫고 보는 것도 귀찮은 사람에게는 행복이란 것이 없다. 사랑이 있어야 봉사정신도 생기는 것이고 봉사할 줄 알아야 늘 자신에게 만족하며 행복을 찾는다.

넷째, 시작하는 사람이 아름답다

시작이 반이라는 말이 있다. 시작하는 사람은 의욕이 있고 매사에 도전적이다. 어떤 것이든 해낼 수 있다는 자신감과 야망이 있기 때문에 두려움이 없다.

다섯째, 마음 속에 즐거움이 있는 사람이 아름답다

우리는 뭔가 신나고 기대되는 것이 있을 때, 즐겁다. 남이 나를 알아줄 때나 목표를 성공적으로 완수했을 때, 미지의 세계를 여행하는 기회가 주어졌을 때, 우리는 설레는 기대감으로 즐거워진다. 이렇게 매사가 즐거운 사람은 그 마음이 밖으로 표출되어 피부는 윤기 있고 표정은 생동감 넘치며 눈은 빛난다.

하고자 하는 것은 그 자리에서

어느 분야의 사람이든 두 가지 유형으로 나눌 수 있다. 하나는 '성공자' 그룹이며 또 하나는 '성공하지 못 하는 사람들' 그룹이다. 양자를 구분하는 것은 바로 '행동력'의 차이다. 성공자들은 모두 행동이 적극적인 반면, 성공하지 못 하는 사람 즉, 아무리 세월이 흘러도 역경에서 헤어나지 못 하는 사람은 소극적이다. 이것의 차이는 정말로 '성공'에 결정적인 역할을 한다.

소극적인 그룹의 사람들은 여러 면으로 변명이나 하면서 자신의 처지에서 새로운 약진을 도모하려고 하지 않는다. '아직은 완벽하나

할 만큼의 준비를 못 했기 때문'이라고 변명하며 행동에 옮기지 않는다. 그들은 할 수 없는 이유를 나열하는 데는 명인이다. 적극적인 사람과 소극적인 사람들의 차이는 모든 행동에서 나타난다. 적극적인 사람은 그 자리에서 처리하는 것을 항상 염두에 두고 그것의 부산물로 신뢰와 자신감을 얻게 되며 나아가 부도 얻는다.

자신의 일에 적극적이 되시길 바란다.

"하찮은 최초의 발자국이 운명이나 인생을 바꾼다"

야구에서 아웃과 세이프의 차이는 불과 20센티미터 이내라고 한다.

'한 걸음의 차이'도 없는 매우 근소한 차이이다.

2할대 타자와 3할대 타자의 연봉은 몇 배 차이가 난다. 그러나 야구 내용에 있어서 3할대 타자는 10번의 타격 기회 중, 단 하나의 안타를 더 치고 있는 것에 불과하다. 2할대 타자보다도 10%만 분발하고 있음에 지나지 않는다.

프로는 이 근소한 차이에 생명을 걸고 있다. 여러분은 이것이 프로야구 세계에서 일어나는 일이니까 자신과는 관계없는 것으로 생각해서는 안 된다. "나는 정말 내 일에 최선을 다하고 있는가?" 진정으로 반성해 보아야 한다. 그 최선이란 결코 지금까지보다 몇 배나 열심히 하라는 얘기가 아니다. 지금보다 10%만 더 노력해 보자는 것이다. 일보전진의 전력을 더 기울인다면, 성공을 향해 한발 앞서갈 수 있을 것이다. 사람과 사람의 차이도 근소하기 짝이 없다.

그러나 그 근소한 차이에는 중요한 의미가 있다. 대학입시의 합격과 불합격은 약간의 점수차이지만 그 약간의 차이가 그 사람의 운명이나 인생을 바꿔놓을 수가 있다.

인생의 게임에서 정상으로 가는 경주의 성공과 실패의 차이는 매우 사소하다. 행복과 불행의 차이, 판매를 하는 것과 못 하는 것, 챔피언이 되는 것과 못 되는 것은 종종 '인치' 의 단위로 측정되고 있다. 그러나 승자와 패자의 보상의 차이는 엄청나게 크다.

자세의 눈

목표가 당신의 마음에서 사라질 때, 그 빈자리에 삶의 장애물이 당신의 마음을 채우게 될 것이다.

여러분이 이미 팔아버린 물건에는 수수료가 하나도 없다. 당신이 이미 가 본 여행은 재미가 없고 이미 승진한 자리에는 관심이 없다. 인생게임에서 이미 해낸 것은 스릴이 없다. 그 스릴은 목표 달성의 과정에서 온다. 그리고 대부분의 성취와 실패의 차이는 올바른 정신자세에 있다.

자세에는 많은 눈이 있다. 여러분 자신의 자세를 가져라. 여러분이 학점을 따기 위해 공부하는 학생이라고 가정해보자. 학점은 딸 수 있을 것이다. 그러나 지식을 얻기 위해 공부한다면, 더 좋은 성적을 받을 것이며 동시에 훨씬 더 많은 지식을 얻을 것이다.

만일 여러분이 단지 월급만을 위해 일한다고 가정해보자. 여러분은 그것을 받을 수 있다. 그러나 그 액수는 적을 것이다.

만일 여러분이 책임을 맡은 회사의 개선을 위해 일한다면, 여러분은 더 많은 월급과 동료들의 존경을 받고 개인적인 만족감도 얻을 것이다. 만일 여러분이 세일즈를 하려고 노력한다면, 더 많이 팔 것이고 그 과정에서 자신만의 노하우를 쌓게 될 것이다.

인생에서의 긍정적인 자세는 여러분을 틀림없이 성공으로 이끌 것이다.

처음부터 안 된다고 포기하지 말라

무엇때문에 무엇이 안 된다고 처음부터 결정짓는 것은 자신을 미리 포기하는 것과 같다.

커피를 마시면, 밤새 한숨도 못 잔다는 사람이 있다. 이것은 우선 그가 커피를 마시면, 흥분한다고 굳게 믿고 있는 것이 첫 번째 원인이다. 그리고 "잠을 못 잔다"라고 마음 속에서 이미 결정내렸기 때문이다. 그런 마음만 먹지 않는다면, 사실 편히 잠들 수 있을지도 모른다. 그 반대인 사람도 있다. "자기 전에 커피를 마시지 않으면 잠이 안 온다"라는 사람이다. "마시면 안돼"라고 결심한 사람의 입장에서는 정말 믿기지 않는 일이지만 두 경우 모두 사실이다.

누구든 '기분'에 좌우되고 있음은 명백한 사실이며 이것은 '자기암시'가 일으키는 작용이다.

"사람들 앞에서 이야기하려면 떨려 입이 떨어지지 않는다"라고 믿는 사람들은 분명 지금까지 사람들 앞에 나섰을 때, '떨렸던' 경험이 있었기 때문에 지레 결론을 내려버린다. 매사 이런 식으로 생각한다면, 자신의 능력을 반 정도밖에 발휘할 수 없다. 다른 사람들은 침착히 조리있게 이야기하고 있는 것 같지만 사실 모두 떨고 있는 것이다. 그것을 상대방이 모를 뿐이다.

인간에게는 개체보존의 본능이 있다고 한다. 그 중에는 집단에 대한 본능이 작용한다고 한다.

이것은 인간의 본능이므로 누구에게나 나타나는 증상이다.

커피를 마시면 잠이 안 온다든가 대중 앞에서 떨리는 것 등, 처음부터 '안 된다'라고 결정짓는 것은 대단한 손해임을 명심해야 한다.

작은 인연도 소중히 여겨라

소인은 연분을 만나도 연분인지 모르고 범인은 연분인지 알지만 연분을 살리지 못 하며 대인은 소매를 스치는 작은 인연도 살린다고 한다.

"소매를 스치는 사소한 만남까지도 살리는 것이 중요하다"라는 이 말은 '인맥' 이야말로 무엇보다 소중한 재산임을 강조하고 있다.

"돈 떨어지면 친구도 떨어진다"는 이야기가 있다. 이것은 돈이나 지위를 목적으로 사귀는 사람들의 이야기이다. 인간의 가치란 그 사람의 '인격' 이다. 그 인격은 돈 이상의 가치를 낳는다. '게는 자신의 껍질과 비슷한 구멍을 판다' 라고 한다. 인간도 마찬가지다. 자신이 판 구멍의 크기가 그 사람의 '그릇' 의 크기가 아닐까?

'그릇' 이 큰 사람은 예외없이 겸허하다. "3명이 가면 반드시 내 스승이 있다"라는 공자의 말처럼 나 이외의 모든 사람이 내 스승임을 깨닫게 하는 말이다. 같은 동반자인 2명에게서 배울 점이 반드시 있기 때문이다.

인생 행로에서 자신의 스승으로 받들 만한 사람은 도처에 있다. 단지 그것을 깨닫지 못 하기 때문에 자신에게는 스승이 없는 것으로 속단해 버리는 것 뿐이다.

공자는 "누구에게든 그 사람 나름대로의 천분이 있다"라고 했는데 이는 인간의 개인적인 존엄성을 나타내는 말이다.

네트워커 여러분!

마음을 겸허히 하고 주변의 말

에 귀 기울여보자! 소매를 스치는 정도의 인연도 소중히 여기다 보면 우리의 스승이 내 주변 곳곳에 있음을 깨달을 것이다.

하나부터 시작하자

셰익스피어도 처음부터 자기가 위대한 극작가가 되기 위해 목표를 세운 것은 아니었다. 작품을 하나하나 다듬다보니 그렇게 된 것이다.

우리는 무슨 일을 벌이기 전에 성대한 출발을 하려고 한다. 차근차근이라는 말보다는 일순간에 모든 것을 해결하려는 습성이 있다. 출발점에 모든 기운을 쏟아붓고는 조금이라도 계획한 길로 가지 않으면, 낙심하고 좌절하는 경우도 있다. 지극히 작은 일부터 무시하지 않고 시작할 때, 개인의 운명을 뒤바꿔놓고 역사를 변화시킬 수 있다.

이런 대표적인 예로, 어느 선교사의 이야기가 있다.

1895년, 대구에서 선교활동을 하던 한 외국인 선교사가 본국을 방문한 후, 조선으로 사과씨 한 개를 가져와 자기집 뜰에 심고 정성껏 가꾸었다. 4년의 세월이 흐른 후, 그 나뭇가지에 꽃이 피고 열매가 맺혔는데 그 열매는 무척 달고 맛있는 사과였다. 그 후 사과씨는 사람들 손길을 통해 대구 일대로 퍼지게 되었다. 그리하여 오늘날 사과! 하면, 대구가 떠오를 정도로 유명하게 된 것이다.

그러니까 대구 사과가 오늘날 이렇게 유명해진 것은 이처럼 작은 한 알의 사과씨로부터 비롯된 것이다. 기적이나 큰 일은 아주 작은 일에서 시작되고 그 일의 진행 중에는 큰 성과가 이루어질 것으로 기대하는 것은 아니다.

작은 일을 무시하고는 결코 위대한 일이 성취될 수 없다. 위대한 등

산가도 한 걸음부터 시작해 산을 정복한다. "진정한 용기란 쓰러지지 않는 것이 아니라 다시 일어나는 것이다"

누구든 어린시절에 보물찾기를 해본 기억이 있을 것이다.
우리가 사는 삶은 그 때 해본 보물찾기와 비슷하다.
누가 더 열심히 보물을 찾았는가에 인생의 성패가 달려 있다.

오늘날 급변하는 환경에 능동적으로 대처하고 업무수행 능력을 향상시키기 위해서는 과거와 똑같은 생각이나 행동으로는 살아남기 어렵다. 즉, 누구든 "이 사회에 적응하지 못 하면, 결코 살아남지 못 한다"라는 적자생존 법칙을 재삼 확인해야 할 것이다.

변화하는 자만이 승리한다

이 사회에 살아남으려면, 이 세계가 요구하는 사고방식, 지식, 태도, 습관 등을 갖춰야만 한다. 막연히 남의 뒤를 따라가거나 남에게 의존하는 생활태도는 자신을 낙오자로 만들어 도태의 무덤에 들어가게 만든다. 어디까지나 자신의 삶은 자기손으로 일궈나가며 개척해야 한다. 그러려면 적극적으로 자신의 변화를 시도해야 한다.

변화를 위한 5가지 기본 전제
1. 자신의 현위치를 냉정히 파악해야 한다.
2. 환경변화 적응력을 키워야 한다.
3. 자신의 일에 혁신적인 방법을 동원해야 한다.
4. 업무에 대응하는 자기계발을 향상시켜야 한다.
5. 자신감을 갖고 잠재력을 최대한 계발해야 한다.

효과적인 리더십을 위하여

조직을 이끄는 방향감각, 리더로서의 정신자세, 파트너에 대한 기본자세가 올바르게 되어 있어야 보다 효과적인 리더십을 발휘할 수 있다.

1. 올바른 방향감각으로 확실한 방향을 설정해야 한다.
   - 조직의 기본방침에 어긋나서는 안 된다.
   - 조직의 각종 시책을 충분히 이해해야 한다.
   - 조직을 둘러싼 환경 변화에 민감해야 한다.
   - 조직사회에 대한 강력한 책임감을 지녀야 한다.
   - 자신의 책임과 역할을 자각해야 한다.

2. 리더로서의 정신자세
   - 사명감을 지니고 신념을 가져야 한다.
   - 어떤 목표도 항상 도전하는 자세를 지녀야 한다.
   - 때로는 침착하게 감정을 억제할 수 있어야 한다.
   - 자신의 양심에 항상 거리낌이 없어야 한다.
   - 자신의 언행에 성실하고 항상 겸허해야 한다.
   - 전문적인 능력과 일반교양을 지니고 표현력 · 설득력이 몸에 배어 있어야 한다.

3. 파트너에 대한 기본적인 자세
   - 항상 큰 목표를 향해 전진하고 파트너에게 가치를 이해시킬 것.
   - 솔선수범하고 노력할 것.
   - 파트너에게 일의 기쁨과 삶의 보람을 느끼게 하는 데 노력할 것.

- 파트너에 대해 애정을 갖고 항상 흥미, 관심, 호의를 보일 것.
- 파트너의 실패를 자기탓으로 돌리고 파트너의 장래성을 생각하면서 지도할 것

이야기하는 버릇과 성격

이야기하는 포즈는 사람마다 다르다. 손으로 코를 누르는 사람, 제스처를 섞는 사람, 침 튀기는 사람 등등 각기 다른 버릇마다 그 사람의 성격이 숨어 있다.

1. 손동작을 섞어가며 이야기하는 사람
남자라면 얼마 동안 응석받이로 자기 의견에 반대되는 말에는 화를 내기 쉬운 타입이다. 여성으로 이런 사람은 너그럽고 활동적인 사람이다.

2. 코나 입 언저리에 가끔 손을 대고 이야기하는 사람
남녀 모두 내성적인 사람이다. 내심 호감을 가지면서도 입밖으로 이야기하지는 못 하는 성격이다.

3. 팔짱을 끼거나 주머니에 손을 넣은 채 이야기하는 사람
상당히 자신감 있는 사람으로 얼마 동안 우쭐대는 기질이 있다. 사람을 가려 사귀며 친구도 한 쪽으로 편중되어 있다.

4. 이야기를 하면서 낙서하는 사람
이 타입은 한 가지 일에 몰두하기 쉬운 성격이다. 또한 고민이나 생각할 일이 있으면 마음을 차분히 가라앉히기 위해 무심코 낙서하는

사람도 있다. 이 타입은 보수적이어서 새로운 것은 일단 경계한다.

5. 머리를 긁거나 머리카락을 매만지는 사람

상당히 너그럽고 부드러운 성격이다. 이 타입은 옳지 않은 일이나 남에게 부담을 주는 일은 못 하는 곧은 성격이다.

6. 크게 웃는 사람

밝고 명랑하고 매우 사교적인 사람이다. 그러나 개중에는 입만 웃고 눈은 웃지 않는 조작된 웃음도 있다. 호탕함을 보여주기 위한 것이나 본심은 의외로 줏대가 약한 사람이다.

7. 눈동자를 자꾸 움직이는 사람

신경질적이고 모든 일에 소심한 성격. 만사에 자신감이 없어 심적 동요가 심한 편이다.

미국의 어느 경매장의 자전거 경매에서 있었던 일이다. 12세 정도의 소년이 경매장 맨 앞줄에 서있었다. 첫 번째 자전거가 경매에 붙여졌을 때, 그는 가장 먼저 5달러로 값을 매겼다. 그러나 자전거는 당연히 소년보다 훨씬 높은 가격을 매긴 사람에게 돌아갔다.

몇 대의 자전거가 경매에 붙여졌지만 그 때마다 소년은 5달러를 부른 후, 더이상 값을 올리지 않았다. 휴식시간이 되자 경매인은 소년에게 값을 좀더 올리면 좋은 자전거를 살 수 있었는데 왜 번번이 놓쳤는지 물었다. 소년은 5달러밖에 없다고 말했다. 경매가 다시 속개되고 몇 대의 자전거가 경매되었지만 소년은 여전히 5달러를 외쳤다.

시간이 흘러 경매가 파장에 가까워졌을 때, 진짜 멋진 자전거가 경매에 붙여졌다.

그가 여전히 5달러를 외치자 경매인은 더이상 경매를 진행시키지 않고 그냥 조용히 그 소년에게 낙찰되었음을 말했다.

경매장에 모인 사람들은 이 뜻밖의 결과에 모두 박수를 보냈고 소년은 환히 웃었다.

"진정한 용기란 쓰러지지 않는 것이 아니라 다시 일어서는 것"이란 말이 있다. 만일 소년이 몇 번의 실패로 경매를 중도에 포기했더라면, 그 멋진 자전거를 얻을 수 있었을까?

인내란 실패와 좌절을 겪으면서도 성공을 위해 다시 차근차근 준비하는 과정에서 비로소 진정한 결실의 모습을 찾을 수 있다.

네트워커 여러분, 어떤 판단을 내리기 전에 진실과 인내를 얼마나 가지고 그 일에 임했는지 한 번쯤 생각해보는 것도 여러분의 지혜일 것이다.

근면의 승리

시간을 소중히 생각하는 습관을 가지고 그 시간에 무엇을 할 것인

지 미리 생각하고 활용하는 사람은 시간은 돈이기 이전에 자기 인생 그 자체임을 알고 있기 때문이다.

슬기로운 사람의 7가지 특징

〈탈무드〉에는 대화로 슬기로운 사람과 바보를 구분하는 7가지 특징을 들고 있다.

첫째, 슬기로운 자는 자신보다 지혜로운 사람 앞에서는 말을 하지 않는다.

둘째, 슬기로운 자는 상대방의 말을 끊지 않는다.

셋째, 슬기로운 자는 요점만 물으며 요점만 답한다.

넷째, 슬기로운 자는 먼저 말할 것을 먼저 말하고 나중에 말할 것을 나중에 말한다.

다섯째, 슬기로운 사람은 자신이 모르는 것을 모른다고 말한다.

여섯째, 슬기로운 사람은 옳은 것은 옳다고 말한다.

일곱째, 바보는 그 반대이다.

Top Leader 13

이 경 희 | 암웨이

가정주부로 말레이시아에서 암웨이 제품을 만남.
1991년 사업 개시와 동시에 회원 등록.
현 ABC의 공동창설자.

66

만족은 철학자의 돌이며
그것이 스치는 모든 것을
황금으로 바꾼다.

99

프라 「구노모로지아」
토마스 프래(1608~1661);
영국의 신학자, 잠언가

"갖고 싶고, 하고 싶고, 되고 싶은 것"

나는 100명의 다이아몬드를 배출하는 네트워커의 꿈을 키워가고 있다. 100명의 다이아몬드가 내 파트너라면, 더 보람 있겠지만 아니라도 좋다. 제게 오시기 바란다! 도울 수 있는 일이라면 마다하지 않겠다.

나는 꿈많은 섬 소녀에서 평범한 가정주부로 가족과 함께 말레이시아에서 생활하던 중 암웨이 제품을 만났다. 충실한 소비자였던 1991년 당시, 한국 암웨이 사업 개시와 동시에 회원으로 등록, 리더로 성장했다. 현재는 ABC의 공동 창설자이기도 하다.

무엇이 되고 싶었나요? 자선사업가? 교육가? 배우? 언론인? 정치가? 의사?

그 꿈이 그대로 이루어졌는가? 그렇다면 그 꿈이 얼마나 강렬했는가?

꿈을 이룬 사람들에게는 구체적인 꿈이 있었다. 꿈을 이루기 위해서는 행동이 따라야 하기 때문이다. 우리에게는 현실이 중요하지만 보다 중요한 것은 미래이다. 즉, 현재의 위치보다는 향해 가고 있는 위치가 더 중요하기 때문에 우리에게는 꿈이 중요하다. 따라서 우리는 그 사람의 꿈의 크기로 그의 그릇 크기를 잴 수 있다.

기억하는가?

기억하는가? 꿈많던 어린시절을. 저 멀리 하조도 산길을 달리며 벼랑밑 파도가 닿는 곳에서 굴을 따던 섬마을 개구쟁이 소녀의 꿈을 잊지 못 한다.

우리 모두는 꿈꾸는 재능이 있었다. 그런데 그 꿈은 어찌되었나? 이제는 퇴색한 것인가?

5년 전의 당신의 꿈은 무엇이고 지금 그대로 되어 있는가? 혹시나 했더니, 역시나인가? 그렇다면 5년 후를 위한 당신의 꿈은 어떤가? 당신 자신을 위한 꿈, 가족을 위한 꿈, 일가친척, 동창, 친구, 교회 등 당신이 속한 집단의 꿈들. 혹시 당신의 5년 후는 바로 5년 전에 꿈꾸었던 오늘의 되풀이는 아니겠는가? 아니면 꿈꾸는 그대로 멋진 미래인가? 그렇다! 꿈은 그대로 이루어질 수 있다.

나의 간절한 꿈은 여러분이 멋지게 꿈을 이루는 것이다. 5년 후, 우리는 지금의 꿈을 성취하고 가족, 친구들과 여유로운 삶을 즐기게 될 것이다.

꿈의 불씨를 찾아

어느 보험사는 죽은 사람에 대한 보험금 지불을 거부했다. 그가 생존시 활동이나 꿈이 전혀 없었으므로 '살아 있어도 죽은 것과 같은데 죽어서 무슨 변화가 있겠는가?' 라는 이유다.

죽은 사람은 꿈이 없다. 이 시대에 꿈이 죽은 사람들이 너무 많다. 또 그 꿈이 죽어가고 있다. 아직 불씨가 남아 있다면, 꺼져가는 꿈의 불씨를 되살려야 한다.

① 흔들어 대기

나는 매일 10명 이상에게 전화한다. 반가워하는 사람, 겨우 응하는 사람, 없다고 피하는 사람, 다시 전화하면 고발하겠다는 사람 등 무척 다양하다.

아주 작은 불씨만 보여도 나는 깨어나라고 흔들어댄다. 가끔 다 탄 재가 다시 기름이 되어 활활 타오른다. 그렇게 깨어날 수만 있다면, 불꽃을 살리기 위해 여기저기 간절하고도 격렬한 기도를 계속할 것이다.

② 불꽃 피우기

그래서 자면 안 된다. 깨어 있어야 한다! 성가셔도 끊임 없이 자극을 통해 꿈을 전할 것이다. 내가 보고 성공한 기회를 다른 사람에게 전해야 한다는 사명감이 있으므로 나는 꿈의 부흥사이다. 덮인 불씨를 찾아 뒤엎을 수만 있다면, 불꽃은 핀다. 여기 입증된 성공법이 있다. 성공에는 성공의 원인을 제공해야 한다. 믿음이 신뢰로 바뀌고 다시 확신으로 자리잡는 법이 있다. 확신이 서는데 행동하지 않는 사람은 없다.

③ 미래로의 에너지

프로이드에 의하면, 우리에게는 의식과 잠재의식이 있는데 마치 빙산과 같아, 수면 윗부분은 의식이고 수면 아래 잠긴 부분은 잠재의식이라고 한다. 그런데 잠재의식이 의식보다 훨씬 더 크다는 것이다. 따라서 잠재의식이 우리를 지배하는 힘이 더 큰데 이 잠재의식은 꿈과 현실을 구분하지 못 한다. 꿈은 우리의 생각을 지배하고 우리의 미래는 생각한 대로 틀을 잡는다.

우리 ABC 그룹은 '당신의 미래는 당신의 생각대로 이루어진다'를 그룹 슬로건으로 정했다. 꿈이 있는 사람은 꿈에 대응하므로 꿈은 단순히 꿈 자체만이 아닌 미래를 향한 원동력 즉, 우리를 미래로 옮겨 주는 로케트 에너지가 된다. 성공을 향해 가다보면 여러 난관을 만나게 되는데 이 때 꿈이 극복하는 힘이 된다. 우리가 1991년 이래, 그 많은 언론의 공격을 감내할 수 있었던 힘도 알고 보면 꿈이었다.

꿈의 형상화

형태가 없는 꿈은 붙잡기 어려우므로 유형화해야 한다. 유형화는 갖고 싶은 것, 하고 싶은 것, 되고 싶은 것 외에도 보여주고 싶은 것 등 여러 가지가 있다. 그 중, 갖고 싶은 것, 하고 싶은 것, 되고 싶은 것을 기본으로 형상화한다. 유치해도 신경쓸 필요없다. 나만의 비밀이니까. 또 꿈도 끊임없이 발전하므로 고상하고 멋있어진다.

① 갖고 싶은 것

갖고 싶은 것은 주로 물질적인 것들로 기본적인 의.식.주의 해결과 고성능 컴퓨터, 벤츠 자가용, 헬리콥터, 요트, 골프 회원권, 드림 하우스 등이 있다. 나는 한껏 욕심내 BMFT(Big Money and Free Time) 즉, 하고 싶은 일이 돈 때문에 방해받지 않을 만큼의 돈과 자유로운 시간 사용의 부자가 되는 것이 꿈이다.

② 하고 싶은 것

하고 싶은 것은 일반적으로 봉사(노인, 장애인, 고아, 영세민, 종교행사 대상 등등), 예술활동(음악, 미술, 연극, 무용, 문학 등), 운동(골프, 테니스, 등산 등), 여행 등이 있다. 나는 적게는 암웨이 다단계 판매원 – 개인적으로 좋아하는 명칭이 아니므로 개명할 것이다. – 크게 보면 다단계를 사랑하는 다단계산업인이다.

나는 한없는 자부심과 책임을 느낀다. 모든 사람에게 꿈과 기회를 주는 이 산업이 노력하지 않고 쉽게 돈을 벌려는 사람들에게 꿈을 도둑맞아 그 성장과 사회에 대한 기여의 기회를 상실해서야 되겠는가? 따라서 나는 다단계 산업을 지키고 다단계 산업이 올바로 인식되고 건전하게 성장할 수 있도록 기여하고 싶다.

③ 되고 싶은 것

많은 사람들은 신데렐라, 정치가, 사업가, 자선사업가 등을 꿈꾼다. 보통은 나름대로의 우상(모델)을 정하고 따르고자 노력한다.

오늘도 웨스트포인트의 사관생도들은 2차세계대전의 영웅, 패튼 장군을 가슴에 안고 훈련에 임하고 있으며 독일 롬멜 장군과 대치했던 패튼은 가슴 속에 알렉산더 대왕을, 또 알렉산더는 헤라클레스를 가슴에 안고 있었다.

나는 내 스폰서이신 미세스 간 다이아몬드와 업라인인 후하우켄 크라운을 가슴에 안고 있다. "라인별로 튼튼한 Tap Root를 확보하게 하라"

각 라인별로 튼튼한 Tap Root를 확보한 리더의 사업기반은 굳건하다. 또 각 라인의 리더로 하여금 자신의 각 계열별로 Tap Root를 갖도록 복제시키면 반석처럼 굳건한 기반이 될 것이다.

계획 단계를 거쳐 사업설명(Show The Plan; STP)과 후속관리(Follow Through)의 행동 단계로 진입하는데 행동 단계의 첫 단계는 STP이다.

STP는 전화접촉, 만남과 접촉용 도구 활용으로 유망고객을 접촉한다. 다음으로 프리젠테이션의 컨텐츠가 중요하며 발표자의 자세가 참석자의 감동과 의사결정에 결정적 역할을 한다. '미팅 후 미팅'을 통한 의사결정과 결의로 마무리한다. 그리고 소개 시스템을 통한 끊임 없는 새로운 사람과의 만남을 유지할 수 있다. 장자 찾기와 위스·뎁스(Width & Depth) 미팅 등의 제반활동을 진행 내용에 포함시킨다.

1) 유망고객 접촉

유망고객 접촉은 우선 전화로 이루어진다. 전화 접촉을 통해 약속을 정한다. 접촉이 이루어지면 그 접촉이 재접촉으로 이어지고 회원등록으로 발전하도록 만남의 효율성을 증폭시켜야 한다. 이를 위해, 적절한 접촉용 도구를 개발해 사용한다.

① **전화 접촉** : 접촉대상자 명단을 활용해 매일 10명과의 통화를 유지한다. 초기접촉은 인간적인 감정이 우러나게 하되, 메시지를 분명히 전해야 한다. 상대가 대화를 끌고가려 하지 않는 한, 짧게 말하도록 한다. 초기접촉의 평균 통화시간은 30초 정도이다. 전달할 메시지는 미리 간결하게 작성하고 상상으로 예행연습을 한다. 대화자별 카드를 만들어 통화 일시, 통화 내용 등의 데이터를 작성하고 발전시켜 나간다. 전화녹음장치 등 통신 시스템을 활용해 녹음 내용을 판단해 응답함으로써 장애를 받지 않고 계획 통화를 완수하도록 한다. 계획 통화가 끝난 후, 녹음 내용에 따라 중요한 순서대로 응답하면, 시간을 효율적으로 활용할 수 있다.

② **만남** : 전화를 통해 약속이 이루어질 수 있다. 약속을 이끌어내기 위해서는 호기심 유발 작전이 효과적이다. 시간 약속은 상대가 선택할 수 있도록 '화요일 오전 11시 또는 목요일 저녁 8시' 등 여러 가지 시간을 제시한다. 만나서는 상대에 대한 관심을 보여주는 FORM(Family, Occupation, Recreation, Message 즉, 가족, 직업,

취미, 메시지)에 따라 대화를 시작하면서 상대에 대한 정보를 수집한
다. 충분한 정보가 수집되면, 적절한 프로그램에 초대할 수 있다.

　③ **접촉용 도구** : 만남의 메시지를 보강할 수 있거나 다음 대화를
이끌어갈 접촉용 도구(컨택용 자료라고 함)를 활용하면, 효과적이다.
동기부여, 사업 기법, 새로운 패러다임 등 시대의 변화를 밝히는 책,
테이프, 소개용 CD 등의 자료를 대여해 다음 미팅을 준비한다. 또 인
터넷 홈페이지(ABC그룹 사이트는 http://www.e-biz.co.kr)나 음
성·문자 정보 시스템을 활용할 수 있다. 그룹별로 컨택용 자료를 체
계화하고 패키지화되어 있는 곳이 많으므로 상위리더들과 상의하기
바란다.

2) 프리젠테이션

　프리젠테이션에는 전달하려는 메시지 즉, 컨텐츠가 분명해야 한
다. 이 메시지가 인상깊게 전달되어 사업에 동참하게 하려면 발표자
의 자세 또한 매우 중요하다. STP는 프리젠테이션의 핵심이다. 그러
나 우리는 사업설명을 통한 회원 확보를 염두에 두고 활동하는 사전
접촉과 미팅 후의 미팅들을 포괄한 광범위한 의미로 STP를 정의하
고 있다.

　① **컨텐츠** : 만남이 이루어지면 사업 설명을 통한 기회 제공을 하
게 되는데 사업 필요성에 대한 인식, 꿈 터치, 사업성 설명, 취급 상
품, 사업구조, 성공 사례 등을 제시하고 사업에 동참하도록 초대한
다. 필요한 내용을 중요도에 따라 혼합해 설계한다. 컨텐츠 가치를
높이기 위해 다른 사람과 다르게, 설명이 단순하게, 정보가 빠르게
해, 가치와 독창성을 유지해야 한다. 자기체험을 접목시키면, 독창적

일 수 있다. 그러나 사실에 입각한, 책임질 수 있는 내용이어야 한다.

② **자세** : 프리젠테이션의 발표자의 자세는 내용 전달에 있어 대단히 중요하다. 사업 설명은 단순한 지식 전달이 아니다. 이 과정을 통해 회원 모집을 하는 것이므로 자신감과 열정이 함께 전달되어야 한다. 강한 자신감은 사업에 대한 의식화 수준의 이해가 있어야 한다. 사업을 해야 하는 이유가 분명해 웬만한 시련도 쉽게 극복할 수 있어야 한다. 의식화는 이해를 통해 관념적으로 무장하고 의식훈련을 통해 무의식 수준으로 연결(anchoring)되었을 때, 확고해진다.

③ **STP** : 프리젠테이션의 핵심은 STP이다. STP는 사업설명회뿐만 아니라 회원 확보를 목적으로 하는 사전접촉, '미팅 후 미팅'과 또 다시 이어지는 '미팅 후 미팅 후 미팅'을 포함하는, 더 넓은 의미로도 쓰인다. 사업설명이 끝나면, 동참 희망자의 결심을 촉진하기 위해 그룹 리더는 '미팅 후 미팅'을 통해 동참 희망자나 그들을 후원하려는 회원들을 도우며 동참자와 동참자의 후원자는 '미팅 후 미팅 후 미팅'을 가져 동참 축하와 간단한 환영의식을 갖는다.

3) 위즈 · 뎁스 미팅

사람의 연고에는 한계가 있다. 따라서 사람을 계속 만나기 위해서는 소개 시스템이 필요하다. 즉, 다른 사람의 연고를 활용하는 것이다. 다운라인으로부터 소개받은 사람들 중, 리더감이 되는 사람의 집에서 홈 미팅을 개최하고 참석자 중에서 다시 리더감을 찾아나가는 시스템을 '장자찾기'라고 한다. 구체적인 조직 확대를 위한 진행 내용은 수익성을 제고하는 위즈와 사업 기반을 다지는 뎁스로 구성된다.

① **소개 시스템** : 네트워크마케팅은 다른 사람이 아닌 사업자 자신을 위한 자기사업이다. 스스로의 책임과 권한으로 판매와 조직을 확장해나가는 사업이다.

이 사업을 전망있고 매력적인 것으로 받아들인다면, 본인의 사업 여부를 떠나 이 사업에 적합한 사람을 소개해줄 수도 있을 것이다.

② **장자찾기** : 네트워크마케팅에서는 리더를 발굴하면, 리더 스스로 사업을 추진하므로 사업자는 몇 명의 리더만 찾으면 된다(암웨이의 경우, 6명을 찾아내면, 성공의 꽃이라는 다이아몬드 직위에 오를 수 있다). 홈 미팅을 주선하고 다시 홈 미팅 참석자 중에서 가망성이 높은 사람을 찾아 반복하는 장자찾기를 지속한다. 가망성이 높은 사람의 기준은 고게더로 측정한다. 수익성 있는 사업을 전개하려면 라인의 폭(라인의 수)을 넓히는 위즈에도 뎁스 못지않은 노력을 해야 한다. 복제사업인 네트워크마케팅은 위즈가 복제되어야 수익성도 복제되어 실속있고 기초가 튼튼한 사업이 된다. "쇠는 달아오를 때 때려야 한다"

후속 조치를 위한 재접촉은 그 타이밍이 중요하다. 감동이 아직 생생히 남아 있는 상태에서 연결해야만 한다.

감동이 식으면 호응이 약해지며 한 번 식은 열기를 다시 덥히기는 쉽지 않기 때문이다.

더구나 세상에는 꿈을 훔치는 꿈의 도둑이 많다. 꿈을 도둑맞지 않으려면, 48시간 안에 재접촉을 해야 한다.

즉, '쇠는 달아오를 때 때려야 한다'.

사업 소개(설명)단계를 거쳐 피교육자가 회원등록 의향을 갖게 되면, 후속 조치가 따르게 된다. 후속 조치에는 후원과 카운셀링이 있으며 특히 재접촉은 48시간 안에 이루어져야 한다. 피교육자는 사업 안내인의 추천(가입신청서에 후원자 등록)을 받아 회원가입 신청을 하게 되는데 이 추천을 후원이라고 한다. 그러나 후원은 추천 행위 (회원모집 활동)에 국한되지 않고 추천에서 시작해 평생관계로 발전할 수 있다. 후원은 지도자감(후원 단계를 거치면서 드러남)의 회원 등록 후에 이어지는 후속 조치로 훈련과 동기부여, 리더십 배양 그리고 궁극적으로 평생 동반자로 이끌어가는 활동이다.

후원자인 스폰서는 후원 활동의 일환으로 피후원자인 다운라인을 상담하는데 이를 카운셀링이라고 한다. 카운셀링은 다운라인의 말을 들어주는 듣기와 관심 갖기 그리고 함께 해결책을 모색하는 활동 등을 말한다.

Follow Through는 일반적으로 사용하는 Follow Up과 다른 의미를 갖는다. Follow Up이 직접 후원한 프론트 라인에 대한 평면적인 후속 조치인 데 반해, Follow Through는 프론트 라인 그룹의 다운라인까지 관리함을 뜻한다. 즉, Follow Through는 특정인 대상의 후속 조치이기보다는 가능성이 높은 지도자감을 폭(Width)과 깊이(Depth)를 통해 찾아가는 과정이다.

꿈을 도둑질당하는 함정에 빠지지 않도록 주의해야 한다.

1) 후원

다운라인이 회원등록 신청을 끝내면, 네트워크 게임의 룰과 선수의 역할에 대한 오리엔테이션을 시작한다. 제품 교육과 기법 훈련을 시키며 동기부여를 고취시킨다. 성장 단계에 따라 사업을 이해시키고 기초 훈련 및 핀(pin)별 리더십 프로그램을 통해 리더십을 배양하며 사업 프로그램을 교류하고 협의해 친교를 맺는 등 평생 동반자가 되는 전 과정을 복제시킨다. 이 모든 것을 넓은 의미의 후원이라고 할 수 있다.

① **훈련과 동기부여** : 네트워크마케팅은 회사와 회원 간의 업무 분장에 의한 제휴 관계로서 회원은 판매를 전담하고 회사는 그 외의 모든 경영관리 업무를 전담한다.

네트워크마케팅의 독특한 유통 경로 때문에 제품 설명이 가능한 시스템 제품이 중심 제품이 된다. 즉, 네트워크마케팅에서는 경쟁력이 강한 핵심(core) 제품이 중심이 되어 유통망을 활용하는 협력제품(예, 암웨이의 원포원)과 제휴제품(예, QUIXTAR(http://www.quixtar.com)의 SONY 등 6만여 제품)으로 아이템을 구성한다. 회원에게 핵심 제품과 협력제품에 대한 제품 교육을 시키고 소비자조합 성격의 마케팅인 네트워크마케팅의 판매 기법을 훈련시킨다.

네트워크마케팅은 이해와 설득을 통한 마케팅이므로 설득 과정에서 예비고객으로부터 거부 당하는 경우가 있는데 이와 같은 도전을 극복하기 위해 지속적으로 동기부여가 되어야 한다.

② **리더십 배양** : 투자(돈)의 힘, 점포(견물생심)의 힘, 특허나 기술의 힘 등 본인의 노력 이외의 힘을 빌어 하는 다른 사업과는 달리, 네트워크 마케팅은 자본 투자나 점포, 사무실 없이도 의지와 노력만으로 사람을 조직해 네트워크를 만들어 마케팅하는 사업이다.

따라서 사업에 대한 철저한 이해가 전제되어야 한다. 마이웨이(my way)가 아닌 네트웨이(net way)를 따라야 한다. 네트워크마케터로서 기초 훈련을 받아야 하며 항시 기본에 충실해야 한다(Back to the basic!). 그런 후, 성장 단계에 따른 핀(pin)별 리더십을 전수한다.

예: 암웨이를 위한 제안 ―

- 등록 단계; 사업 설명과 등록 안내
- 3% 단계; 오리엔테이션과 진행 상황 점검
- 6% 단계; 기초 훈련과 진행 상황 점검
- 12% 단계; 홈 미팅 시작, MOVE UP 동기부여와 교양강좌
- SP 단계; 카운셀링 훈련, 교감 프로그램(리더 디너 참석 등)과 그룹 봉사(당번, 보조강사)
- 에메랄드 단계; 센터운영위원, 카운셀링, 출장강연과 SP 교육
- 다이아몬드 단계; 네트워크 구성, 디너 주최와 비전 제시

③ **평생의 동반자** : 복제와 리더십 전수를 통해 암웨이의 다이아몬드 정도의 리더로 성장하면, 그 그룹과 강사 초청(guest) 등의 교류를 하게 된다. 또한 그룹의 정책 결정, 교육 노선 선택과 랠리 또는 펑션(function) 등에 관여한다. 이 때 다이아몬드 그룹의 입장을 계열 차원이라고 하고 전체 그룹을 그룹 차원이라고 한다.

그 위에 사업을 떠나 평생친구로서 따뜻한 친교를 맺는 평생 동반자로 발전하는데 여기까지의 모든 과정을 후원의 범주로 볼 수 있다. 후원은 그룹 차원의 교류가 이루어진다.

2) 카운셀링

후원의 중요한 기능 중 하나는 카운셀링으로서 다운라인의 사업 진행 상황을 점검하고 애로사항을 청취해 해결책을 강구한다. 즉, 상대를 파악하기 위해 우선 들어야 하고 듣되, 상대에 대해 진심으로 관심을 가지고 들어야 하며 상대와 함께 해결책을 모색하는 과정을 카운셀링이라고 할 수 있다.

① **듣기** : 카운셀링은 듣기로부터 시작한다. 그러나 이 단순한 듯

한 듣기도 그리 쉬운 일이 아니다.

우리는 들을 때, 선택해 듣거나 들은 것을 곡해하거나 아예 자신의 소리만 듣기 쉽다. 따라서 있는 그대로 듣는 법을 익혀야 한다. 인내심을 가지고 들어야 한다. 도와주려면 들어야 하기 때문이다. 말할 기회를 주지 않아도 들어야 한다. 듣는 것만으로도 50%의 문제가 해결되는 것이다. 들어만 주어도 말하는 사람이 스스로 정리되기도 하고 감정표현으로 스스로 위로받기도 한다.

② **관심 갖기** : 아무리 훌륭한 해결책도 상대가 받아들이는 카운셀링이 아니면, 의미가 없다. 카운셀링에서는 상대가 주인공이기 때문이다. 상대방 관심에 눈높이를 맞춰야 한다. 따라서 상대에 대해 진정으로 관심을 갖는 것은 카운셀링에 있어 무엇보다도 중요하다. 관심 갖기는 자기 자신에게 국한되었던 우리의 관심을 주변사람에게 넓히는 것이다.

③ **해결책 모색** : 카운셀링의 목적은 해결책 모색으로서 충분한 정보를 확보할 때까지 마음을 여는 질문을 통해 말을 시키고 그 대답에서 얻은 정보를 평가해 문제 핵심을 파악한다.

카운셀링은 파악한 문제에 대해 일방적인 해결책을 제시하는 것이 아니라 상담자와 피상담자가 함께 해결책을 모색하는 것이다. 질문에 앞서 다운라인 조직도를 그리게 하고 조직 구성원의 사업 진행과 이에 대한 상대 의견을 묻는 데서 시작한다.

다운라인의 꿈과 목표를 확인하고 다운라인이 처해 있는 환경에 대한 분석과 다운라인이 가지고 있는 자원을 평가하는 것이 해결 방안을 도출하는 데 필수적이다. 그리고 상대의 자원을 어디에 얼마만큼 투자할 것인지 토론한다.

3) 48시간 안의 접촉

후속 조치를 위한 재접촉은 타이밍이 중요하다.

열기가 있어 내성이 강할 때는 바이러스에 감염되지 않지만 열기가 떨어져 내성이 떨어지면, 쉽게 감염되어 버린다.

① **재접촉** : 사업 진행시 다운라인과의 재접촉은 필수적인데 자연스런 재접촉을 위해 세심한 준비가 필요하다. 바둑 고수는 항상 팻감을 준비한다.

네트워크 마케터는 다운라인과의 재접촉을 위해 책이나 테이프를 빌려주어 회수를 명분으로 재접촉할 수 있는 팻감을 준비한다. 방문했을 때, 빌려줄 것이 없으면, 신발이라도 벗어두고 와야 한다고 한다.

그냥줘도 될 만한 자료도 빌려주는 것은 읽거나 들었는지 물어볼 기회를 얻을 수 있고 질문을 통해 다시 읽거나 듣도록 상기시키며 자료 회수를 위해 다시 만날 기회를 가질 수 있기 때문이다.

② **꿈의 도둑** : 미팅에서 감동받은 사람은 미팅 후에 만나는 사람에게 그 뜨거운 감동을 전하고 싶어한다. 하지만 충분히 훈련되어 있지 않으므로 횡설수설하기 쉽다. 이 때 '되지 않는 일'이라며 모처럼 일어난 꿈의 불꽃에 찬물을 끼얹는 사람들이 종종 있는데 그것은 이해를 못 하기 때문이다. 그는 사랑의 이름으로 꿈을 지워버리는 꿈의 도둑인 것이다.

시간이 지나면 열기가 떨어지고 꿈의 도둑에 저항하기 어려워진다.

③ **48시간 안의 재접촉** : 미팅에서 얻은 감동을 다음 미팅 때까지 유지해야 하는데 뜨거운 감동에 대한 자기성찰을 위한 시간이 필요하며 그 감동은 시간이 지나면서 약해진다. 서둘러도 안 되지만 열기

를 식혀서도 안 된다. 시기 선택이 대단히 중요하다.

이런 환경에서 불꽃이 살아 있으려면, 아직 달아있을 때 즉, 48시간 안에 때려야 한다.

Top Leader 14

이기홍 | 썬라이더

12년째 썬라이더 사업 중.
사업가 위주의 복제 시스템 개발 주력 중.
스폰서 이 준직 골든 매스터와 석세스 월드 그룹 운영.
액티브 라인의 리더.

> 격심한 희로애락은
> 그 감정과 함께
> 실행할 수 있는 힘까지도
> 없애버린다.

셰익스피어 「햄릿」
윌리엄 셰익스피어(1564~1616);
영국의 극작가, 시인

"성공의 요인은 완벽한 조건이 아니라 자신감이다."

크게 성공한 사람들은 완벽한 조건을 갖춘 사람들이 아니다. 제대로 된 정보(관련 서적, 모임 참석 등)를 통해 확신을 갖고 '나도 할 수 있다' 라는 자신감을 가져라. 성공은 뭔가 부족함을 느끼고 그것을 채우려고 열심히 노력하는 사람들의 몫이다.

잘 듣고(listen), 잘 설명하고(explain), 잘 도와주고(assist), 토론을 잘 하며(discuss), 객관적으로 잘 평가하고(evaluate), 책임(responsibility)질 줄 아는 사람을 리더(leader)라고 한다. 모두 중요하지만 그 중 가장 중요한 것은 상대방의 말을 잘 듣는 것(listen)이라고 한다.

나의 성공 요인 중 하나를 굳이 꼽으라면 상대방의 말에 귀 기울여준 것이라고 생각한다. 지금은 많이 달라졌지만 10여 년 전 썬라이더를 시작했을 당시만 해도 내성적인 성격에 표현력이 부족해 사람을 만나 얘기하는 자체가 부담스러워 '나같은 사람도 사업을 할 수 있을까?' 고민해본 적도 있지만 안 되는 것을 억지로 바꾸려고 하기보다는 내 장점을 찾아 계발하니 나름대로 성공한 것 같다.

내가 서두에 이런 얘기를 꺼내는 것은 크게 성공한 사람들은 완벽한 조건을 갖춘 사람들이 아니라는 사실을 말하기 위해서다.

자신을 남들과 비교해 자신을 과소평가하지 말자. 왜냐하면 우리는 모두 서로 다르고 특별한 존재이기 때문이다.

"큰 성공을 바라고 네트워크 사업에 뛰어든 사업자 여러분! 성공의 요인은 결코 조건이 아니다. 그것은 바로 나도 할 수 있다는 자신감이다"

인식 변화의 중요성

처음 사업을 시작할 때는 마냥 신나 열심히 하고 또 성과도 있어 하루하루가 즐겁기만 했다. 하지만 하면 할수록, '이건 아닌데…' 라는 생각이 자꾸 들었다. 그룹이 커질수록, 환자들만 늘어나고 나는 의사처럼 '당신은 어디가 안 좋으니까 우리 제품 중에서 무엇을 드십시오' 라고 하고 그의 건강이 조금 좋아지면 또 다른 환자를 데려와 섭취해야 할 것을 문의하고… 복제가 이 사업의 성공비결이라는데 개인적인 역량이 뛰어난 다운라인은 그룹이 커지지만 나머지는 바쁘기만 했다.

맞아! 시스템이 있어야 해! 그래야 복제가 되지. 의무감과 필요성을 느꼈다. 하지만 어디서부터 어떻게 해야 할지 엄두가 안나 막막하기만 했고 생각해낸 것이 개인역량의 부족같아 1주일에 하루 이상은 꼭 자기계발에 투자하기로 결심하고 관련된 교육이라고 판단되면 어디든 다녔다. 데일 카네기 코스, 카네기 LTM 과정, KLC의 성공하는 사람들의 7가지 습관과 시간 관리 프로그램인 타임 퀘스트, MBTI, 현실요법(RT), 교류 분석(TA) 등등…

배운 것은 바로 교육하고 적용하기를 반복해 완벽하진 않지만 이젠 거의 틀이 잡혔고 자신감도 많이 생겼다. 그룹 역시 몇 년 전과는 전혀 달라져 각 리더들의 생각이 얼마나 중요한지 새삼 실감하고 있다.

앞으로의 꿈은 시스템을 통해 우리 그룹이 미국을 포함한 전세계의 썬라이더 지사 중, 최대 그룹이 되는 것이며 반드시 그리 되리라 확신한다.

찰스 다윈은 '지구상에서 살아남은 생물은 힘이 세고 머리가 좋은 종이 아니라 변화에 잘 적응한 종' 이라고 하지 않았던가? 우리 그룹은 정말 하루가 다르게 변해가는 시대 흐름에 잘 적응했다. 앞으로는 아무 장애물 없는 성공대로를 힘껏 달려가기만 하면 된다. 석세스 월드 그룹 만세!

효과적인 사업 시스템

네트워크마케팅의 성공은 추천과 복제이다. 매일 사람을 만나 비전과 가치있는 소비를 알려주고 그 중 가망성 있는 사업자를 찾아 복제시키면 이 사업은 성공하는 것이다.

그러나 말처럼 쉽지 않다. 그래서 잘하는 사람의 방법을 체계화해 전하는 것이 바로 시스템인데 복잡하고 어려우면 아무 소용이 없다. 소개하는 이 시스템은 새로운 사람들에게 접근(추천)이 쉽고 신규가입자들도 새로운 사람들에게 쉽게 접근(복제)할 수 있다.

1. 판매원(salesman)이 아닌 이야기꾼(story-teller) 되기

예전에는 사람들만 만나면 제품 얘기를 하고 상대방은 조금 관심 갖는 척하다가 '다음에…' 라며 미루고 또 시도하고 또 실망하고….

요즘은 만나는 사람마다 관심을 갖고 또 내가 의도하는 대로 쉽게 제품을 구입하고 사업에도 동참하는데 그 이유는 내가 이야기꾼으로 바뀌었기 때문이다.

"요즘은 너무 신이 나 잠이 안올 지경이야. 썬라이더 사업 덕분에 38평에서 81평 아파트로 이사가"

"개인 공간이 필요해서 오피스텔을 분양받았어"

"지금 한 달 수입이 전 회사 연봉보다 많아"

"너 ○○씨 알지, 부업으로 썬라이더 사업 6개월째인데 이번에 수입이 100만 원이 넘었어, 그 뿐만 아니라 사업여행 보너스로 오는 12월에 보름 동안 미국 컨벤션에도 참가해. 너무 좋아하더라고"

"나 몰라볼 정도로 변했지? 캔데슨 화장품이 이렇게 나를 바꿔놨어! 요즘 거울보고 사는 게 내 취미야"

중요한 것은 정말 신나게 얘기하고 변화에 대해 구체적인 차이를 말하는 것이 좋다.

2. 왜 썬라이더인가?

나의 모든 것을 변화시킨 최고를 지향하는 썬라이더를 설명하는 것은 매우 중요하다.

A. 안정적인 회사

- 자체 사옥
- 최첨단 자체 제품 생산시설 보유
- 1982년부터 현재 31개국에서 지사 운영
- 전세계 100만 명 이상의 디스트리뷰터
- 반품률 최소기록 보유 회사(0.2% 이내)
- 한국 지사 사옥 구매 추진

B. 소유주의 전문성

- 약학자이자 초본학자인 첸 박사
- 의학박사인 오이린 첸 여사
- 연구와 개발: 독특한 제조법과 특별한 성분
- 재생 철학에 기초

C. 최첨단 생산시설

- 100만 평방피트에 달하는 생산시설 보유
- 엄격한 품질관리 및 고농축 공정

시작→세척→강화→분쇄→배합→추출→농축→유동 건조→완성
(수 파운드의 초본 원료 ⇒ 1파운드 고농축 초본 제품)

- 지속적인 연구 및 개발
- 원료에서 완제품까지 전 공정 자체 처리

D. 훌륭한 마케팅 제도(회사 SV의 38.5%)

- 공정하고 합리적인 제도
- 압축계산제(Roll-Up), SV 누적점수제
 ·한 달에 100SV 대체→EASY MONEY-소비자 개발장려금
 ·1주일에 한 명씩 추천→QUICK MONEY-수퍼 성과, 디렉터 성
  취, 여행 장려금
 ·훈련, 복제→BIG MONEY-리더십 계발, 자가용 및 주택 장려,
  이익 배당금
 ·안전성(secure)

복제의 잠재력과 제품의 대체개념에 대해 얘기해보면, 1주일에 한 명씩만 추천하고 각각 한 달에 100SV 이상만 썬라이더 제품으로 대체하면, 첫 달에 5명에 500SV. 두 번째 달에는 최소 2,500SV와 25명의 다운라인이 구축된다. 이렇게 6개월만 지속하면 디스트리뷰터 직급 이상이 되고 소득도 1천만 원 이상 된다. 그리고 이 때부터 훈련 복제에만 힘써도 수입은 배가한다.

3. 제품 실연을 통해 가치를 스스로 느끼게 한다

썬스마일 푸르트 베지터블 린스, 수퍼크린 등의 제품 실연과 스킨케어 및 퍼스널케어 제품을 이용한 산성도 측정은 매우 효과적이며 시각적인 프리젠테이션이다. 화장품 중, 클렌징 크림, 리플레니쉬 젤

과 핸드 앤 바디 로션을 한 쪽 손에 발라 다른 쪽 손과의 차이를 직접 느끼게 한다. 또한 사람들이 포춘 딜라이트나 캘리 등의 초본 음료 및 맛있는 식품류나 에너지 플러스, 내면의 아름다움을 도와주는 뷰티 펄 등을 직접 먹어볼 기회를 제공한다.

모든 제품은 재생 철학에 기초해 생산됨 - 의료행위 또는 의약품으로 홍보 금지.

4. 토크쇼(talk show)만 하지 말라

제품 판매는 사업의 가장 중요한 부분이다. 제품을 실연하고 바로 주문을 받아야 한다. 주문을 받지 않는다면, 이제까지의 수고가 헛될 것이다.

처음 고객을 초청한 사람들은 상대방의 부담감을 의식해 다음으로 미루려고 하는데 두 번째 미팅에 참석한다는 보장도 없고 또 참석하더라도 과연 쉽게 판매할 수 있을까?

모임 주최자는 제품 판매에 대해 당황하지 말라. 그들에게 수익을 창출할 훌륭한 기회를 선물하고 있는 것이다.

실제로 사업에 대한 확신이 별로 없던 사업자가 초대한 몇 분이 구매하는 것을 보고 자신감을 갖게 된 사례가 많다. 사람들이 처음 구매하기 좋은 제품으로는 썬팩 제품, 미니 스킨케어 및 퍼스널케어 세트 등이 있다. 주문서 작성은 본인이 하게 한다.

5. 사후관리 및 훈련

위와 같은 쉽고 효과적인 사업 시스템을 숙지한 후, 사후 관리가 매우 중요하다. 사업파트너들의 목표나 욕구를 발견해 이를 채우도록 노력해야 한다.

이들을 개인적으로 잘 알고 훈련시켜 썬라이더를 통해 자신들의 목표를 이룰 수 있도록 도와주는 과정은 매우 중요하다. 또 가능한 한, 모두가 모든 모임에 참석해 훈련받고 최신정보를 제공받는 것이 중요함을 명심한다. "네트워크마케팅도 음양오행의 원리에 의해 돌아간다"

나무는 흙에 뿌리를 내려 양분을 빨아들이고 흙은 물의 흐름을 막고 물은 불을 끄고 불은 쇠를 녹이고 쇠는 나무를 자르듯이 성공한 사람들의 모습을 보고 사업 방법을 확실히 알 때(木) 추천(土)을 잘할 수 있는 등, 성공의 길로 들어설 수 있다.

우리 네트워크마케팅의 성공 요인은 추천(recruiting)과 복제(duplication)임을 누구나 알고 있지만 생각만큼 쉽지 않아 쉽게 떠나는 사람도 많다. 그래서 트레이닝과 지속적인 관리가 필요한데 부끄러운 얘기지만 초기에는 개념 파악도 안 되어 시행착오도 많이 겪었다.

직장생활을 하던 1989년에 정보를 처음 접했는데 그 당시, 일본인이 나와 마루치 레베루(マルチ－レベル; Multi Level Marketing) 마케팅이라고 하는데 영어인지 일어인지조차 구분하지 못 했다. 서점에서 관련서적 하나 구해 볼 수 없어 사업방법은 물론, 자신에 대한 확신도 제대로 없어 '사람들을 만난다'는 생각은 엄두도 못 냈다.

그 때 테이푸 첸 박사(썬라이더 소유주)의 강연을 듣게 되었는데 "지금 여러분이 사람들에게 부끄럽다고 생각되는 부분이 5년만 지나면 자랑스러워지고 5년이 더 지나면 누구나 부러워하는 시대가 올 것이다"라는 말을 듣고 우리가 깨닫지 못한, 앞선 정보일 수도 있다는 생각을 겨우 가질 수 있었다.

하지만 그 방법은 잘 몰랐고 '오직 제품 좋다는 확신만으로 환자들 대상으로 처방하고…'는 했지만 이런 방식이 아닐 것이라는 생각은 끊이지 않았다. 그 후 많은 관련서적과 세미나를 통해 4~5년 전부터 개념이 정립되고 시스템을 통해 그룹이 성장해가는 것을 보면서 자신감이 생기기 시작했다. 이제는 이 사업이 너무 재미있다.

"여러분! 다른 어떤 사업이 초기에 경험과 자본은 물론 무지하고 자신감 없는 사람들을 성공시킬 수 있는가? 안정된 회사와 제품의 우수성, 합리적인 마케팅 플랜을 가진 회사만 제대로 선택한다면, 내 경험에 비추어 '이 사업은 황금알을 낳는 거위' 라고 자신있게 말할 수 있다."

마케팅으로 본 음양오행 시스템

재생 철학을 바탕으로 한 썬라이더의 초본 제품을 이해시키기에 음양오행 철학은 더없이 좋다. 그래서 사업자 대부분은 그 동안 수없이 듣고 얘기해왔다.

우리 그룹은 그것을 사업 시스템에 적용시켜 많은 사업자들이 쉽게 이해하고 그룹을 활성화시키도록 하고 있는데 이를 소개해본다.

추천: 먹어야 [土(비, 위장) / 소화기 계통] 살아갈 수 있듯이 우리 사업의 시작은 추천에서 시작된다. 굶다가 한 번 과식하는 것보다 조금씩 자주 먹으면 몸에 좋듯이 리크루팅도 넓고 얕게 하는 것이 좋다.

어느 책에서 '사람들이 새로운 정보 소화에 보통 5단계를 거치는데 처음에는 강한 부정, 약한 부정, 저울질, 약한 긍정, 강한 긍정— 이런 식으로 변해간다' 는 데 공감한다.

그러므로 날을 잡아 집중적으로 달려들기보다는 조금씩 호기심을 유발하며 서서히 접근하는 것이 효과적이다.

홈 미팅: 관심을 가지면 홈 미팅[金(폐, 대장, 피부)호흡기 계통]에 초대하는 것이 좋다. 집으로 초대해 사는 모습을 보여주면, 별로 친하지 않은 사람들도 경계를 푼다고 한다. 먼저 사업에 대해 얘기하고 이 사업을 통해 변화된 자신의 모습을 신나게 얘기해주는 것이 좋다.

사업에는 관심이 없고 제품에만 관심이 있으면, 쓰고 있는 제품으로 실연해주고 마지막에는 작은 용량의 패키지 제품을 권하는 것이 중요하다. 사업에 관심을 가지면, 마케팅 플랜에 대해 조금 언급하되, 수입의 %보다는 '이 정도 노력하면 얼마가 된다' 라는 식으로 금액을 말해주는 것이 좋다. 막연한 호기심이 홈 미팅을 통해 피부에 와 닿을 수 있다.

복제: 홈 미팅을 통해 제품을 애용하거나 사업에 관심을 가지면, 지사나 그룹 사무실 설명회나 라인 미팅[水(신장, 방광)순환기 계통]에 참석시키는 것이 좋다. 느낌으로만 와 닿던 것이 모임이나 설명회를 통해 확신을 갖게 되면, 나만 할 것이 아니라 가까운 주위사람들에게 알려줘야겠다는 욕구(순환=복제)가 일어난다. 하지만 내 생각과 달리, 주변사람들의 호응이 낮아 좌절하거나 의욕이 꺾일 수 있다. 그래서 지속적인 모임을 갖거나 책, 테이프 등을 통해 자기계발을 해야 한다.

리더십: 리더십[木(간장, 담낭)면역기 계통]을 배양하기 위해서는 심도 있는 리더십 트레이닝(심화학습)에 참석해 깊이있는 패턴을 배운다. 지사에서 주최하는 내셔널 컨벤션, 그룹의 리더십 세미나, KSLG(썬라이더 리더스 그룹) 주최 우수지도자 초청 세미나 등 모든 기회를 이용한다. 그 곳에서 성공한 리더들의 모습을 통해 '나도 할 수 있다' 라는 자신감과 '나도 저렇게 되어야겠다' 라는 욕구는 물론

대인관계상의 어떤 어려움도 극복할 수 있는 면역력을 기른다.

열정: 열정[火(심장, 소장, 삼초)내분비 계통]을 가지려면 미국 본사 개최 컨벤션에 참가하는 것이 좋다. 1년에 한 번, 여름에 개최되는 컨벤션에는 31개국, 3천여 명이 참석하는데 한 마디로 열정의 도가니이다. 각국 사업자들이 참석해 사업 노하우와 친분을 나누고 첸 박사 부부와 각국 최고 리더들을 통해 새로운 정보를 접하고 최신 사옥과 공장을 통해 안정적인 최고의 회사임을 확인하고 여행까지 하고 나면 사람들이 바라는 궁극적인 삶을 가슴으로 느끼고 돌아올 수 있다.

억지가 아닌 상생 상극의 원리로 사업을 하라

상생 원리로 흙(土) 속에서 각종 광물질(金)이 생기고 녹이면 물(水)이 되고 이것이 나무(木)를 적셔주고 나무가 서로 부딪쳐 불(火)이 나고 재가 되면 흙이 되듯이 추천을 해야 홈 미팅에 참가시킬 사람이 있고 그 중 관심있는 사람은 라인 미팅에 참석시키고 심화학습을 통해 리더가 나오고 리더들은 당연히 본사 컨벤션에 참석하고 다시 열정으로 추천하고….

꿈과 욕구

그러나 이런 모든 행동은 욕구(陰)에서 비롯된다. 또 욕구는 꿈과 목표(陽)가 있을 때, 일어난다. 음양이 서로 조화를 이루듯이 욕구가 있다는 것은 꿈과 목표가 있다는 것이고 꿈과 목표가 있다는 것은 욕구가 있다는 것과 같다.

어릴 때는 누구나 큰 꿈이 있고 그 꿈을 이루기 위해 열심히 공부하지만 자라면서 대부분은 그 꿈과 현실과의 괴리를 깨닫고 현실에 안 주하며 잊어버리거나 그 꿈을 슬그머니 주머니에 넣어두고 살아간다.

그래서 네트워크마케팅 정보를 처음 접한 대부분은 불가능하다라 는 부정적인 생각을 하거나 별로 의욕을 갖지 못 한다. 그래서 신규 사업자들에게 새로운 욕구를 불러일으키기 위해 꿈과 목표에 많은 시간을 할애한다.

이제 우리 석세스 월드 그룹의 꿈과 목표를 이루기 위한 실행 지침 을 소개하고자 한다.

1. 오거나이저(planner) 사용을 생활화하기
2. 스폰서가 추천하는 책을 매일 20분 정도 읽기
3. 오디오 테이프를 매일 한 번 이상 듣기
4. 비디오 테이프를 매일 한 번 이상 보기
5. 스폰서 주최 미팅에 반드시 참석하기
6. 전제품 사용해보기
7. 개인SV(100달러)를 매달 5일 이내에 달성하기
8. 프로스펙트를 하루 1명(한 달 20명) 약속하기
9. 사업자 간에 각자 부담(Dutch-pay) 하기
10. 물병(shaker) 가지고 다니기

이상의 10계명만 잘 실행하면, 성공할 수밖에 없고 실제로 인식만 바꿔도 성공한 사람들이 많다. 위의 실행 지침도 알고보면 나의 시각 (패러다임)을 달리 하는 것이라고 본다. '아는 것' 보다 더 중요한 것 은 '제대로 아는 것' 이다.

사람들은 보통 자신의 경험을 바탕으로 모든 것을 판단하기 때문 에 왜곡된 부분이 많다. 그래서 책이나 테이프를 통해 정보를 객관적

으로 판단하고 그것으로 인해 내 생각을 바꾸면, 내 행동이 바뀌고 내 행동을 바꾸면, 내 습관이 바뀌고 좋은 습관은 성공의 지름길이기 때문이다.

성공과 실패는 외부 요인이 아닌 나 자신에 달려 있는 것이다.

"시위를 떠난 화살(＝기회)은 돌아오지 않는다"

존 칼렌치는 네트워크 마케팅을 '세상에서 가장 위대한 기회'라고 했다. 그런데 그 기회는 앞머리만 있을 뿐, 뒤는 완전히 대머리이다. 지난 후에 깨닫고 잡으려 해봐야 손에 잡히는 것은 없다. 화살(기회) 은 시위를 떠나기 전에 잡아야 한다.

썬라이더를 포함한 네트워크 사업은 혼자 하는 것이 아니고 다양한 사람들과 만남을 통해 성장하는데 이제 그 중요한 인간관계에 대해 언급해 보고자 한다.

이 사업의 성공은 개개인의 역량도 중요하지만 각각의 역할 분담을 통해 얻는 효과가 훨씬 더 크다. 그래서 팀워크가 매우 중요한데 먼저 기러기를 통해 네트워커의 정신을 살펴보자.

팀워크(teamwork)

썬라이더는 팀워크 사업이라고 강조할 때마다 기러기의 습성에 대해 자주 얘기한다. 기러기들은 절대 혼자 날지 않고 무리지어 나는데 썬라이더 역시 강력한 팀워크를 기본으로 업라인이 다운라인을 올바른 지식으로 이끌고 일치단결하면, 전체 가족의 발전이 가능하다.

또 기러기는 자신의 이익을 위해 남을 공격하거나 해를 입히지 않는데 썬라이더 역시 타사, 타인을 비방, 공격하지 않고 가족 스스로 꾸준히 평화롭게 성장해간다.

기러기는 물위에서 자신의 아름다운 자태를 자랑하지만 우아하게 보이기 위해서는 물밑에서 쉴새없이 두 다리를 놀려야 한다.

약간만 쉬어도 그 아름다운 자태는 유지하지 못 한다.

썬라이더 가족 역시 항상 남이 보지 않는 곳에서 열심히 일해야 그 아름다움을 유지할 수 있다.

기러기의 습성(원칙): 조류학자, 벨로스코는 기러기의 독특한 행동을 연구해 습성(원칙)을 알아냈는데 네트워크 사업자의 정신 자세와 일맥상통하는 부분이 많다.

첫째: 기러기들의 날개짓은 제각각인데 매서운 찬바람을 안고 수 만 리 여행을 위해 선두에 선 대장의 날개짓에 따라 모두 가장 효과적인 날개짓을 한다. 한 마리 한 마리의 날개짓은 후미에게 상승기류(uplifting power)를 일으켜 혼자 나는 것보다 V자로 떼지어 날면 71%나 범위가 넓어진다고 한다. 즉, 1+1 〉 2인 것이다.

여기서의 교훈은 서로 차이를 인정하고 같은 목표와 방향을 가진 집단은 더 빨리 목적지에 도달할 수 있다는 것이다.

둘째: 한 마리가 무리에서 이탈하면 조직은 하강기류를 탄다. 또 무리에서 이탈한 새도 더 많은 바람을 받고 방향감각을 못 잡아 더 힘이 들어 결국 원대복귀를 하게 된다. 즉, 군림 〈 희생, 봉사, 배려라는 교훈을 얻을 수 있다.

셋째: 비행 중, 대장이 피곤하면 하늘로 치솟는다고 한다. 그 때 무리 중에서 가장 힘이 남아 도는 녀석이 함께 치솟아 공중에서 맞교대하고 피곤한 녀석은 바람 저항이 가장 적은 끝쪽으로 간다. 여기서의 교훈은 공동의 리더십과 상호의존을 통해 모두가 지도자도 되어 보고 쉬기도 하는 것이다.

넷째: 날면서 대열 속의 무리들은 가끔 소리를 지른다. 그 소리는

"야, 너 왜 날개짓을 그 따위로 해"라는 비난이 아닌 "너는 할 수 있어. 조금만 더 힘내"라는 격려의 소리이다. 여기서의 교훈은 우리가 하는 말은 사기 저하가 아닌 격려이어야 한다.

다섯째: 병들거나 총에 맞아 추락하면 앞뒤에서 날던 두 마리가 같이 내려와 끝까지 지켜준다. 추락한 새가 바로 죽으면, 그 무리에 바로 복귀하고 천천히 죽으면 뒤에 오는 다른 무리에 합류한다. 병세가 호전되어 회복하면, 세 마리가 V 형태를 만들어 다시 난다. 여기서의 교훈은 좋을 때나 나쁠 때나 동료들과 함께 한다는 것이다.

리더십(leadership)

20세기 산업 사회의 리더십과 21세기 지식정보 사회의 리더십은 다르다. 성장일변도 산업 사회는 내부단속만 잘하면 성장이 가능해 조정 경기의 리더처럼 일사불란하게 그룹을 움직이는 리더십이 필요했지만 오늘날의 리더십은 한치 앞도 내다볼 수 없는 외부환경에 대처할 수 있도록 각 래프팅(rafting) 구성원처럼 상황에 따라 대처할 수 있는 셀프 리더십(self-leadership)이 필요하다. 특히 네트워크 마케팅은 개인사업이면서 상호의존 팀워크 사업이므로 셀프 리더십이 꼭 필요하다. 다음은 리더의 자세와 행동이다.

사랑 : 부모가 자식을 사랑하듯이 파트너를 사랑으로 대하는 마음이 중요하다. 이 사업은 '상호의존성과 풍요의 심리' 로 다운라인이 성공해야 내가 성공하는 사업이다. 고양이가 쥐를 좋아하듯이 자신의 직급이나 SV(sales volume)를 위해 이용하는 마음으로는 성공할 수 없다.

충직 : 자신이 속한 회사 및 그룹에 대한 강한 자부심과 충직함이 필요하다. 자신의 이익만 생각하고 회사의 영업지침이나 사

업원칙들을 무시한다면, 서로 불신하게 되어 회사 경쟁력은 떨어지고 결국은 나의 피해로 돌아온다. 또 스스로 '우리 회사가 최고다', '평생사업이다', '1년 뒤에 얼마의 수입이 내 목표다' 등을 공언하다가 사업이 조금 힘들다고 경쟁업체에 가장 먼저 간다면(설령, 조건이 약간 좋다 하더라도), 리더가 아니다. 리더란 그룹을 위해 선교사적 사명감을 가져야 한다.

선교사 : 자기 일의 결과에 구애받지 않고 그 일을 사랑하며 누구에게나 전파한다. 목적은 돈이 아니라 남을 돕는 기쁨이다.

영업사원 : 자신이 한 일의 결과를 원하고 자기이익을 위해 필요하다면 회사도 옮기고 취급품목도 바꾼다.

장기성 : 봄에 논밭을 갈고 씨뿌리고 여름 내내 김매고 가을에 수확하고 기쁨을 누리는 농부 마음처럼 노력하는 자세와 기다리는 인내, 노력한 만큼의 대가에 대한 믿음이 있어야 한다. 오늘 흘린 땀방울이 1년 후, 10년 후에 보람과 영광으로 보상될 것임을 믿을 때, 어려움을 극복하고 계속 행진할 수 있다. 적은 노력으로 요행을 바라고 이리저리 옮겨 다니는 사람은 성공할 수 없다.

집중 : 갈 길은 먼데 이것저것 간여하다보면, 목적지는 언제 도착하겠는가?

옛날 현명하기로 소문난 왕에게 어떤 젊은이가 찾아와 집중에 대해 물었다. 그러자 왕은 갑자기 화를 내며 젊은이의 머리 위에 과일을 담은 쟁반을 올려놓고 고을을 한 바퀴 돌고 오라고 명령하고 만약 과일을 하나라도 떨어뜨리면, 그 즉시 참수당할 것이라고 했다. 젊은이가 돌아왔을 때, 고을에서 뭘 보고 왔는지 왕이 묻자, 그는 목이 달아날까봐 쟁반에만 집중한 나머지 아무 것도 못 봤다고 했다.

자신감 : 성공한 사람들의 공통점은 실패를 두려워하지 않는다는
    것이다. 성공은 용기와 자신감을 재료로 만들어진다.

본보기 : 항상 다운라인들에게 말로만 지시하지 말고 모범을 통해
    해야 할 것을 보여줘라. 사람들은 그들이 귀로 듣는 것을
    행동에 옮기는 것이 아니라 눈으로 본 것을 복제한다는 것
    을 명심하라. 내가 행하지 않는 것을 그들이 행할 것이라
    고 기대하지 말라.

분위기 연출 : 신나게 사업하는 모습을 보여줘라. 파트너들이 움직
    이지 않을수록, 내가 더 많은 사람을 후원하고 열정
    적으로 사업하는 모습을 보여줘라. 용광로가 되어
    필드에 나가 힘들고 위축된 파트너들의 마음에 불을
    지펴줘라.

긍정적 사고 : 긍정적인 마음 자세를 가지면 그것이 행동으로 나타
    난다.

행동 : 四柱(八字)不如相, 相不如心, 心不如行(아무리 사주팔자가
    좋아도 관상을 이길 수 없고 아무리 관상이 좋아도 마음을
    이길 수 없으며 아무리 마음이 강해도 행하는 자보다는 못
    하다).

의사소통 : 새로운 정보와 정확한 복제를 위해서는 1주일에 한 번
    이상 긴밀한 상담을 통해 사업을 전개해야 한다. 대부분
    은 문제가 생겨야 비로소 스폰서를 찾는다. 사전상담이
    야말로 좋은 결과를 만드는 지름길이다.

격려와 수상 : 하위 디스트리뷰터를 동기부여시키는 가장 좋은 방
    법은 그들의 노고와 성과를 인정해주고 격려와 상을

주는 것이다. 나는 한 달에 한 번씩 그룹 디렉터 이하 그룹의 20여 명에게 연락해 호텔에서 디렉터 정기모임을 갖는데 반응들이 좋다.

새로운 사업 정보와 신제품 출시를 알려주고 한 달 실적을 시상하고 소감을 발표하게 한다.

우리 인생에서 세 가지 돌아오지 않는 것이 있다.

첫째, 한 번 날아간 화살(세월)은 돌아오지 않는다

그러므로 오늘에 충실해야 한다.

어제는 역사이고 내일은 미스터리이며 오늘은 선물이다. 그러기에 우리는 현재(present)를 선물(present)이라고 말한다.

둘째, 한 번 뱉은 말은 돌이킬 수 없다

특히 남에게 상처가 되는 말 한 마디로 원수지간이 된다. 우리 네트워크 사업은 인간관계에서 이루어지므로 정말 조심해야 한다.

셋째, 기회이다

존 칼렌치는 이 네트워크마케팅을 '세상에서 가장 위대한 기회'라고 했다. 여러분 앞에 다가온 좋은 기회를 꼭 붙잡고 여러분이 원하는 행복한 삶을 누리길 진심으로 바라는 바이다.

이 길 재 | NSE 블루다이아몬드
항공대 졸업.
1981년, 공군 ROTC 전역.
국민은행 15년 근무.
1996년, 뉴스킨 가입.

> 66
>
> 허영은 사람이 지니고 있는 수많은
> 미덕의 원인이다.
> 최대의 허영은 존경받고 있다고
> 생각하는 것을
> 즐기는 자들의 허영이다.
>
> 99

피네로 「유명한 에비스미스 부인」
아더 피네로(1855~1934);
영국의 극작가

"네트워킹은 확률게임, 많이 만나자."

사람 만나기를 끊임없이 반복하다 보면 어느덧 그룹은 확장되고 성공자 대열에 선 자신을 발견하게 된다. 그러므로 네트워크마케팅 세계에서 성공하고자 한다면, 사람 만나기가 즐거워야 한다.

1996년 2월, 15년 간 다니던 국민은행을 사직했다. 날마다 똑같이 되풀이되는 업무, 고객들과의 마찰, 직장상사와의 갈등, 능력을 최대한 발휘할 수 없는 직장 분위기 등으로 나날이 쌓여만 가는 스트레스는 폭발직전이었다. 그래서 직장을 그만두고 뭔가 해보려고 이것 저것 알아보기 시작했다.

연월차 휴가를 내 보험사도 알아보고 정수기와 학습테이프 판매도 해보았다. 다른 업종도 알아보았다. 그러나 돈이 될 만한 것을 찾기는 어려웠다. 그러던 중 절친한 친구의 권유로 오락실을 운영하게 되었다. 자본이 모자라 뜻을 같이 하는 친구 4명이 동업하게 되었는데 생각만큼 매상이 오르지 않았다. 개업 한 달이 지나자 우리 가게와 똑같은 오락실이 여기저기 생겨나 매출이 뚝 떨어졌다.

오락실 운영비 대출금 이자 내랴, 월세 내랴, 직원들 월급 주랴, 정말 정신이 없었다. 날이 갈수록 적자는 눈덩이처럼 불고 가게는 팔리지 않아 애간장을 태웠다.

그래서 또다른 사업을 물색하기 시작했다. 그러다가 서점에서 우연히 네트워크 관련 서적을 읽게 되었고 그 한 권이 내 운명을 바꾸었다. 뭔가 새로운 것에 대한 열망과 호기심은 나로 하여금 주변을 돌아보게 했기에 네트워크에 관한 책이 마음에 와 닿았다.

사회적인 고정관념과 진정한 애국

대학과 대학원 시절 경영학을 전공했기에 새로운 개념의 네트워크 마케팅에 대한 이해가 빨랐다. 21세기의 신유통 시스템에 관한 서적을 손에 닿는 대로 읽으며 만난 것이 뉴스킨 사업이었다. 동시에 오락실도 다른 사람에게 넘겼다. 물론 엄청난 손해와 막대한 빚도 지게 되었다. 하지만 마음의 짐을 벗어던지게 되어 얼마나 홀가분했는지 모른다. 뉴스킨에 대한 매력 때문에 잠을 설치는 적도 부지기수였다.

처음에는 잘 알지도 못 하면서 오로지 열정 하나만으로 뛰어들었는데 사업을 진행해보니 그게 아니었다. 가장 큰 문제는 취급품목이 외국제품이라 대부분의 소비자가 거부감을 갖는 것이었다. 그리고 당시 피라미드로 오해하는 소비자가 많아 네트워크에 대해 설명하느라 많은 시간을 보내야 했다.

국산품 애용만이 애국이라는 사회적 고정관념은 뛰어넘을 수 없는 벽처럼 보였다. 그러나 혼신의 힘을 다해 어떤 것이 진정한 애국인지 설명하면 대개는 알아들었다. 지금과 같은 교육 시스템도 없던 때라 집에서 사업설명과 제품설명을 병행했다. 끊임없이 아는 사람에게 전화했고 스폰서 지시대로 초청에 초점을 두면서 사업을 진행했다.

조 지라드의 '1 대 250의 법칙'

처음 네트워크 사업을 전개할 때, 가족의 반대로 위축되기도 했다. 지금도 그렇지만 이 사업은 가족사업이기 때문에 가족의 협조 없이는 성공하기 힘들다. 가족이 이해하고 제품을 사용할 때, 소비자의 신뢰를 얻을 수 있기 때문이다.

많은 네트워크마케팅 회사들이 나름대로의 성공 시스템을 갖고 있지만 공통된 의견 중 하나는 '사람들을 많이 만나라' 라는 것이다. 물론 여기에는 무조건이 아닌 체계적이고 계획적인 만남이 이루어져야 함을 내포하고 있다.

정상적인 20세 이상의 성인은 1인당 250명 이상의 관계성 있는 인물이 주변에 있게 마련이다. 이것을 우리는 '1 : 250의 법칙' 이라고 부른다. 과거 미국의 자동차 판매왕으로 이름 떨친 '조 지라드' 가 발견한 법칙이다.

나는 이런 법칙도 모른 채 무조건 사람들과의 만남을 시작했다. 1996년, 사업 초기만 해도 네트워크마케팅에 대한 인식이 보편화되지 않아 일방적인 사업전달에만 급급해 튼튼한 소비자 구축에는 별 신경을 쓰지 않았다.

지금 생각하면 얼마나 잘못된 행동인지 모른다. 튼튼한 소비자 구축과 더불어 사업 진행이 네트워크마케팅 성공의 지름길임을 뒤늦게야 알게 되었다. 먼저 예상고객을 많이 만나는 방법을 연구해 사업 전개에 사용했다.

예상고객을 많이 만나는 방법

첫째 : 학연, 지연, 혈연을 최대한 활용하는 이른바 'Warm 마케팅' 기법을 활용했다. 이 때 유의점은 리스트 작성의 선입견은 금물이라는 사실이다. 이 사람은 하지 않을 거야, 이 사람은 소비자도 안될 거야 등등 상대방에 대한 부정적인 생각을 전혀 하지 말아야 한다.

많은 성공자들의 이야기를 경청해보면 본인의 생각과 달리 큰 그룹은 전혀 예상하지도 않은 사람들임을 쉽게 알 수 있다. Warm 마케팅에 대해서는 의견이 분분하지만 네트워크마케팅은 성격상 가까운 친지나 이웃에게 사업을 우선적으로 전달하는 경우가 좋을 것 같다.

가끔 가까운 사람들은 소비자로서 제품애용자가 되고 먼이웃이나 친구는 사업자로서의 리크루팅이 훨씬 쉬울 때가 많다.

둘째 : 전혀 연고가 없는 사람들을 대상으로 리크루팅하는 "Cold 마케팅"기법을 활용하기도 했다. 세계적인 네트워크마케팅 비즈니스 성공자인 마크 야넬 목사는 주로 공항, 터미널, 공원, 길거리 등에서 명함을 나누어주면서 사업을 진행했다.

시골 작은 교회의 목사로 시간 날 때마다 전단지와 명함을 돌렸는데 하루 30여 명을 접촉한 결과, 한 달 후, 디스트리뷰터 등록 6명(확률 150분의 1), 예비사업자 1명 탄생(확률 900분의 1), 본인과 같은 완벽한 사업자는 2개월에 1명 나왔다는 것이다.

Cold 마케팅의 장점은 인적자원이 무궁무진하다는 전제하에 이루어지기 때문에 거절당하더라도 자존심이 상하지는 않았다. 단점이라면 두둑한 배짱과 용기가 부족한 사람은 시도하기가 어렵다는 데 있지만 네트워크를 1년 이상 하다 보면 용기가 생겨 전혀 아무렇지도 않게 된다.

내 경우는 엘리베이터에서 우연히 만난 분을 리크루팅해 사업자가 되도록 했다. 또다른 그룹은 친구를 리크루팅하러 나간 커피숍에서 만나게 되어 사업파트너가 된 경우로 그 50대 신사분은 친구 옆자리에 앉아 내 사업 소개를 듣고 사업을 하게 되었다. 그런데 정작 열심히 사업하는 분은 50대 사장님이 소개한 분이라는 것이다.

셋째 : 잘 아는 사람을 통한 소개 마케팅, 일명 Referral 마케팅 기법도 활용했다.

이는 상호간 부담이 없으며 Warm과 Cold 마케팅의 중간 형태로 사업자나 소비자를 소개받는 형태이다. 평소 인간관계가 좋은 선배나 후배, 친인척의 연고를 바탕으로 소개받는 기법이다.

유의할 점은 소개시켜 준 분에 대해 결례가 되지 않도록 최대한의 예의범절을 지켜야 한다는 것이다. 나 역시 사업 초창기 시절, 무관심했던 아내로부터 사람을 소개받아 지금은 비교적 큰 그룹을 형성하고 있다.

그런데 이렇게 많은 사람들을 만나다 보면 여러 부류의 사람을 만나게 된다. 이들을 유형별로 분석할 줄 아는 안목이 필요한데 그 유형은 대개 5가지이다.

리크루팅 대상의 5가지 유형

첫 번째 유형은 무관심형이다. 이들에게는 가끔 안부나 묻고 끈끈하게 인간관계만 유지하는 것이 상책이다.

두 번째 유형은 네트워크마케팅에 대해 부정적인 사고방식을 가진 사람이다. 이 경우, 성공할 때까지 가급적 접촉을 삼가는 것이 좋다. 잘못하면 내 꿈마저 앗아갈 수 있기 때문이다.

세 번째 유형은 제품만 쓰겠다는 소비자형이다. 단순소비자로서 제품만 쓰려는 경우로 이런 소비자를 꾸준히 잘 관리만 하면 언젠가는 부업자가 될 소지가 충분하므로 수시로 전화와 각종 제품관련 카탈로그, 회사 공지사항이 수록된 서신을 보내는 것이 효과적이다.

네 번째 유형은 부업형이다. 이 경우, 그를 주 1, 2회 그룹 미팅이나 회사교육 등에 참가하도록 도와주고 격려를 아끼지 않는다.

다섯 번째 유형은 전업가형이다. 이 경우, 각종 교육 시스템에 참
가시켜 리더로서의 자질 향상에 주안점을 두고 나중에
는 강사로서 활동할 수 있도록 지원을 아끼지 않는다.
"형제라인을 사랑하자!"

라스베가스의 형제라인이 발벗고 나서 그 곳의 내 다운라인을 지
원해주고 있다. 물론 나도 그의 다운라인을 국내에서 지원해준다. 이
것이야말로 네트워크 세계에서의 윈-윈(win – win) 게임의 매력 아니겠
는가!

1996년 1월, 정들었던 15년 간의 은행생활을 마감하고 퇴직하자마
자 2월 8일, 뉴스킨 디스트리뷰터로 신규 등록했다.

불행인지 다행인지 내게 뉴스킨 사업 정보를 알려주는 스폰서가
없었기에 물어 물어 현재의 스폰서인 김 범준 사장님을 처음 만난 지
도 6년이 넘었다.

사실 제 1대 스폰서가 있었지만 내가 너무도 열정적으로 사업을 하
니까 가끔 주요 정보만 줄 뿐, 별 신경을 쓰지 않았다. 말하자면, "언
제 김 범준 사장의 세미나가 있으니 꼭 참석하라"라고 전달만 해줄
뿐이었다.

뉴스킨 사업에만 전념하게 된 것은 1년 2개월 후

1996년 2, 3월 두 달은 은행 재직시 개업해 적자에 허덕이던 오락
실 사장으로 또 뉴스킨 디스트리뷰터로 두 가지 사업을 겸업하던 때

이다.

사업 초기, 이 두 달 동안 주로 과천의 집과 영등포 오락실내 사무실에서 친구, 선후배를 초청해 잘 알지도 못 하는 사업과 제품에 대해 주 3, 4회 직접 설명회를 개최했다. 그러나 곧 한계에 부딪칠 수밖에 없었다.

1996년 4월 5일, 드디어 만성적자에 허덕이던 오락실을 매각하게 되는 시점에서 김 범준 사장님이 사무실을 오픈한다는 소식을 접하게 되었다.

약 1년 반 동안 적자에 허덕이던 가게를 처분하고 나니 속이 후련했고 정말 뛸 듯이 기뻤다. 적자야 어떻게 되었든 오직 뉴스킨 사업에만 전념할 수 있다는 것만 해도 다행이었다.

1996년 4월 초부터 매일 사무실로 출근하기 시작해 약 6개월 동안 거의 하루도 빠지지 않고 유명강사(주로 호주 교포)들의 심도 있는 강의를 접하게 되었다. 이 때부터 스폰서보다는 형제라인인 선배사업자와 강사님들의 고마움을 절로 느끼게 되었다.

1대 스폰서는 내게 신경도 쓰지 않았고 2대 스폰서인 김 범준 사장님은 워낙 크게 성공하신 분이라 직접 도움을 청하기엔 너무 어렵고 힘들었다. 이 때부터 나의 뇌리에는 형제라인과의 끈끈한 교류를 통해 성공 노하우를 찾겠다는 강렬한 생각이 들기 시작했다.

형제라인 특히 선배사업자와 좋은 관계를 유지하기 위해서는 "내 자신이 모든 디스트리뷰터에게 감탄사가 나올 정도로 잘해주어야겠다"라는 생각에 틈날 때마다 혼신을 다해 라인에 상관없이 사업 비전과 동기부여 등 내가 알고 있는 모든 지식을 전달하기 시작했다.

다른 사장님들이 세미나 하기 싫어하는 시간대 또는 펑크난 세미나를 때우며 헌신적으로 최선을 다한 결과, 많은 선배사업자들이 도와주었고 좋은 정보도 수시로 접하게 되었다.

오늘의 나를 만들어준 형제라인의 도움

사업을 진행하면서 가슴아팠던 몇 가지 사례를 소개해본다.

1996년 사업 초기, 내 라인은 거의 없었으나 사업에 대한 열정은 누구못지 않아 서울뿐만 아니라 인천과 경기도에도 뉴스킨 사무실을 운영하고 있다는 소식만 들으면, 뛰어가 배우고 싶은 충동이 자주 일어나곤 했다.

그런데 가는 곳마다 입장 사절이었다. 어느 그룹을 막론하고 "스폰서가 누구냐"라고 물으며 싸늘하게 대하는 게 아닌가! 속으로는 무척 서운했지만 '성공'을 위해 "이 쯤이야!"하면서 훗날을 기약했다.

내가 읽은 많은 네트워크 비즈니스 관련 서적을 보면, 형제라인에 대한 사랑과 감사, 스폰서에 대한 고마움을 전제로 한, 사랑의 실천 운동이 곧 네트워크 비즈니스의 성공 비결인데 현실은 그렇지 않았다.

요즘 네트워크 업계 현실을 보면 스폰서에 대한 고마움은 어느 회사 디스트리뷰터이든 그런대로 잘 정착되어 가는 분위기다. 그러나 형제라인의 중요성에 대해서는 아직 인식이 부족해 아쉽다. 다행히 내가 몸담고 있는 회사는 의식있는 사업자들의 자발적 모임 등으로 배타적이거나 폐쇄적 사업운영 방식이 거의 사라졌으니 천만다행이다.

약 2년 동안 사업 진행을 열심히 하다 보니 어느 정도 그룹이 형성되어 1998년부터 '매직 파워 그룹'을 출범시켰다.

오늘의 '나'를 있게 한 원동력은 형제라인의 도움이었기에 그룹 좌우명을 "형제라인을 사랑하자!"라고 정해 오늘에 이르고 있다. 부족하기는 하지만 지난 6년 간 몸으로 실천하다 보니 다행히도 그룹 내 리더들끼리도 우애가 돈독하게 되고 타그룹에서 부러워할 정도의 독특한 그룹 문화를 창출하게 되었다.

스폰서는 유한하나 형제라인은 무한하다

지난 6년 간 수많은 뉴스킨의 성공자, 특히 해외에서 왕성한 활동을 펼치는 외국인 사업자들의 국내초청 세미나 내용을 청취해보면, 형제라인의 중요성에 대해 자주 강조하곤 한다.

특히 뉴스킨의 최고직급자인 마크 야넬 목사는 성공의 4대 원칙 중, 형제라인과 성심 성의껏 도움을 주고 받으라는 것이다. 네트워크 비즈니스 성공자란 라인에 상관없이 심지어 회사를 초월해 모든 사람으로부터 존경받을 때, 진정한 성공자가 아닐까?

사업을 진행하다 보면 스폰서의 도움을 받기 어려울 때가 있다. 이럴 때 많은 디스트리뷰터는 스폰서에 대해 서운한 감정을 갖게 되고 심지어 비난하는 경우도 있는데 이는 독립적인 자영사업가로서의 자세가 절대적으로 미흡할 뿐만 아니라 네트워크에 대한 정확한 맥을 모른다고 볼 수 있다.

국내 많은 회사의 디스트리뷰터도 교차 지원(Cross-Sponsoring) 방식을 활용할 것을 권한다.

4가지 라인 활성화 방법

다음은 형제라인과 우호적인 교류를 통한 그룹 매출 및 라인 활성화 방법, 몇 가지를 소개해본다.

첫째, 모든 이에게 항상 밝은 얼굴로 힘차고 긍정적이며 자신감 있는 태도로 대하라는 것이다. 사업을 하다 보면 형제라인이 다가와 자신의 다운라인을 소개할 경우가 하루에도 수십 건 있게 된다.

이 때 위와 같은 방식으로 "참 좋은 사업(제품) 만나셨습니다. 스폰

서 분도 아주 훌륭하신 분입니다. 열심히 하십시오. 저도 힘껏 도와
드리겠습니다"

이 얼마나 멋진 말인가! 이런 말을 하루에 10번만 해보라. 자기도
모르는 사이에 라인은 활성화되고 그룹 매출은 쑥쑥 올라갈 것이다.

둘째, 사업 진행 시 취득하는 주요 정보나 자료는 형제라인과 공유
하라는 것이다.

원만한 인간관계 형성 방법 중 하나가 'Give and Take' 즉, 먼저
주고 나중에 받는 것이다.

그런데 많은 분들은 Take만 하려고 하고 Give는 Give Up(포기)하
니 어찌 이런 그룹의 분위기에서 항구적인 발전과 성장을 기대하겠
는가?

셋째, 라인과 그룹에 상관없이 하이핀 또는 선배사업자에게 최선
의 예우와 찬사를 보내라. 음해성 비난은 절대 금기사항이다.

인간에게는 누구나 허물은 있게 마련, 그러나 성공자에게는 그 만
큼 피땀어린 노력이나 남다른 열정이 있었기에 성공했으리라.

찬사와 갈채를 보낼 때, 그룹의 '기'는 상승하고 그렇지 않을 경우
에는 그룹 자체가 순식간에 사라지는 것을 수없이 봐왔다.

넷째, 형제라인 상호간의 장점을 최대한 살려 사업의 시너지 효과
를 극대화시키는 전략을 구사하는 것이다.

사업을 하다 보면 어떤 리더는 사업성이 강하고 또다른 리더는 제
품에 강한 반면, 어떤 리더는 동기부여에 강한 경우, 이 세 명의 리더
가 합심해 하나의 이벤트를 연출한다면, 세 그룹 모두 활성화되어 결
국은 조그만 파이가 거대한 파이가 되는 것이다.

이상에서 기술한 4가지의 형제라인 교류를 통한 그룹 확장 방법을 실제 적용해보면 자신도 모르는 사이에 매출은 올라가고 더 중요한 끈끈한 인간관계가 형성되어 조직이 생동감있게 움직이는 것을 금방 느낄 수 있다.

은행생활 15년 동안 나를 괴롭혔던 것 중 하나는 승진하기 위한 동료직원 간의 치열한 경쟁으로 자존심은 찾기 힘들고 심지어 본의와는 다르게 온갖 수단과 방법으로 아부까지 했다.

그러나 우리의 세계는 남을 열심히 도와주어야 내가 성공할 수 있는 시스템이기 때문에 더욱 매력적이다.

각박한 현대사회를 살아나가는 데 있어 이런 시스템은 종교 외에는 없을 것이다. 그래서 나는 네트워크마케팅을 사랑하고 뉴스킨 비즈니스를 사랑한다. "성공의 왕도는 책, 테이프, 미팅의 생활화에 있다." 성공자의 사고, 언어, 행동 등의 복제가 성공의 지름길이다. 이를 위해 가장 현실적인 방법은 카세트 테이프 청취이다. 회사에서 제공하는 테이프도 좋고 본인이 직접 녹음해 듣는 것도 좋다. 그러나 더 좋은 방법은 스폰서가 권하는 테이프를 듣는 것이다. 네트워크마케팅에 처음 입문하신 분들의 한결같은 질문은 "어떻게 하면 빨리 성공할 수 있는가?"이다. 학문에 왕도가 없듯이 네트워크마케팅에도 왕도는 없다. 입문 초기의 수많은 네트워커들은 서너 번 사업 설명을 듣고는 별다른 지식도 없이 필드를 누비고 다니는데 대부분이 싸늘한 현실벽에 부딪히다가 결국, 사업을 너무 쉽게 포기하는데 실로 안타깝다.

여기서 잠깐 일반사업과 네트워크 사업을 비교해보자.

일반사업은 자본과 기술, 점포, 종업원 등이 필요해 시작하기도 어렵지만 일단 시작하면, 발을 빼기도 어렵다. 나의 경우, 1994년, 직장

동료 세 명과 함께 영등포에서 청소년 오락실을 개업한 바, 사전 시
장조사, 자금 조달, 점포 구입, 종업원 모집, 인테리어 공사, 오락기
기 선정 등 꼬박 5개월이나 걸렸다.

개업 후 채 1년 전에 적자가 누적되어 도저히 견디기 힘들어 가게
를 부동산업소에 내놓았다. 적임자는 나타나지 않고 또 나타나도 권
리금을 턱없이 낮추는 것이었다. 결국 2년 만에 엄청난 손해를 감수
하고 1996년 4월에 처분했다.

보라! 대부분의 사업이란 이런 것이다. 그러나 네트워크 사업은 무
자본에다 특별한 기술이 없어도 되며 무점포, 무종업원 사업에다 3,
4년 꾸준히 열심히만 하면 고소득을 평생 보장받을 수 있지 않은
가!(단, 회사의 재무 구조 등이 튼튼해야 함). 그러다 보니 많은 사람
들이 들어가기도 쉽게 하고 포기도 쉽게 한다. 지난 6년 간 쉽게 포기
하는 분들의 공통적인 현상은 책을 멀리하고 미팅 참석을 꺼리고 자
기계발에 게으른 것이다.

네트워크마케팅의 역사는 불과 50여 년밖에 안 되나 그 동안 수많
은 성공자, 백만장자를 배출해냈다. 그들에겐 공통적인 특징이 있으
니 바로 책, 테이프, 미팅의 생활화였다. 이는 국내의 많은 성공자들
도 마찬가지다. 하나씩 예를 들어보자.

1. 책 – 독서의 생활화

네트워크마케팅은 특성상 사업안내자, 소개자(스폰서) 없이는 사
업 전개가 불가능하다. 스폰서는 사업과 제품, 보상 체계를 친절히
알려주기는 하나 완벽히 자기것으로 만들기엔 부족하다. 따라서 관
련 서적을 스폰서나 성공한 사업자들에게 추천받아 읽어보기를 권한다.

나의 경우, 입문 초기에는 주 1회 이상 대형서점에 가서 뉴스킨 관
련 서적은 모조리 구입해 두세 번은 독파했다. 피부관리, 유통, 미래

학 등 닥치는 대로 읽었다.

책을 읽을수록, 사업에 대한 확신과 자신감이 넘쳤다. 특히 네트워커의 필독서인 불후의 명저, 〈제 3물결 네트워크마케팅의 새 시대〉(저자: 리차드 포)는 내 인생에 있어 삶의 전환점을 확실히 가져다준 고마운 책이다. 모든 분에게 추천한다. 동기부여 관련 서적도 읽었다.

초기사업자가 책을 선정할 때, 유의점은 반드시 스폰서나 성공하신 분들의 추천을 받는 것이다. 시중서점에는 네트워크마케팅을 이해조차 못한 채 사업을 포기했거나 사업 파트너인 회사를 잘못 만나 사업을 망친 사람들이 자칭 우리 사업의 도사인 양 넋두리를 써놓은 책들도 가끔 있기 때문이다.

2. 테이프 – 특히 카세트 테이프 듣기

어느 사업이든 성공을 위해서는 '전념해야 하고 심지어 미쳐야 한다' 라는 말이 있다. 우리 사업도 마찬가지다. 많은 네트워커들이 성공을 갈구하지만 거기에 비해 집중적인 시간 투자나 전력투구가 없다. 성공하려면 성공자의 사고, 언어, 행동 등을 복제해야 한다. 그러기 위해서는 항시 성공자 곁에 있어야 한다.

그러나 현실적으로 어려우므로 그 대안으로 테이프 듣기를 권하는 것이다. 대부분 자동차가 있으니 차 안에서 중요한 테이프를 들을 기회가 많아 다행이다. 차가 없으면 소형 카세트를 구입해 버스나 지하철에서 수시로 들어라. 그것이 성공의 지름길이다.

대체로 소중한 시간을 할 일 없이 낭비하는 사람들이 얼마나 많은가. 네트워커가 아니더라도 시간은 곧 금이다. 일상생활에서 허드레 시간이 얼마나 많은가. 이런 시간들을 최대한 활용해 테이프 듣기를 생활화하면 주위의 부정적인 사람들로부터 본인의 소중한 꿈을 뺏기지는 않을 것이다.

3. 미팅! – 처음에는 참석, 나중에는 주관하라

내 체험에 의하면, '네트워크 마케팅은 매우 쉽고도 편한 사업'이다. 일반사업에서 약 1억 원을 투자해 월 300만 원의 순이익이 나면 성공했다고 본다. 반면, 거액의 투자가 필요없는 네트워크 사업에서는 월 100만 원 소득만 올려도 대성공이다. 이런 사업을 성공적으로 이끌기 위한 중요한 투자는 각종 미팅이나 세미나 등에 참석하는 것이다.

네트워크 사업에서 크게 성공한 사업자의 대부분은 크고 작은 미팅을 통해 사업 비전을 느껴 집중한 결과로 큰 조직을 형성하게 된다. 이렇게 소중한 미팅은 종류도 많고 활용법도 다양하니 사업자는 이를 적절히 활용해 그룹을 키워가야 한다.

다음은 각종 미팅의 종류와 활용법이다.

① 소그룹 미팅 – 1:1, 1:2 미팅, 홈 미팅 등

미팅의 종류 중 가장 인간적이며 처음 초대받은 사업예정자에게 적합하다. 가급적 10명 이내가 좋고 여성이나 차분한 사람들에게 효과가 있다. 가정에서 미팅할 경우, 어린이, 전화, 애완동물 등은 절대 멀리하고 참석자에게는 가급적 정장을 요구하고 식사시간을 피해 서로 부담없도록 한다. 가벼운 다과는 준비하되 미팅이 끝난 후, 내놓는다. 사업초기 시절인 1996년에는 매주 2회, 수요일과 토요일에 홈 미팅을 주관해 상당한 성과를 보았다. 하지만 – 석식비와 라면값, 주류비 등 – 음식 접대가 과다하게 지출되어 적자 사업이 되었다. 미팅 시 음식 제공은 절대금물이다. 부득이한 경우, 각자 부담하라! 그것이 지속적인 미팅을 보장한다.

② 사업설명회(세미나)

주로 회사나 그룹에서 개최하는 사업설명회의 강사 수준은 매우 높은 편이다. 네트워크 분야에서 성공을 원한다면, 주 2, 3회 반드시 참석해야 한다. 다운라인이 없더라도 참석해야 하는 이유는 자신의 동기부여는 물론, 리더는 강단에 서는 모든 강사의 특성을 파악하고 분석해 추후 신규사업자 초청시 활용해야 한다. 이를테면 강사의 전직이 은행원일 경우, 차기 사업설명회에 전.현직 은행원을 초청하면 효과가 배가된다. 지금도 나는 이런 방법을 자주 활용한다.

③ 랠리, 펑션

네트워크 사업자는 싫든 좋든 그룹이라는 조직체에 몸을 담는다. 이런 그룹에서 랠리나 펑션이라는 일종의 '축제의 장'을 분기당 1, 2회 마련한다. 국내외 성공자를 초청, 참석자에게 동기부여도 해주며 일정 기간 새로운 직급을 달성했거나 실적우수자들을 인정해주는 의식이다. 이런 모임에 나는 단 한 번도 빠진 적이 없다(전세계에 걸쳐 큰 성공을 이룬 대부분의 사업자는 이런 행사에 초청되어 강력한 동기부여를 받아 탄생했다). 특히 1박 2일인 경우, 필사적으로 다운라인을 독려, 최대한 많은 인원을 참석시켜왔는데 지금까지도 그룹을 키우는 현명한 방법이었다고 생각한다.

④ 컨벤션 – 대규모 회의

네트워크 사업자의 영원한 파트너인 회사는 통상 1, 2년에 한 번씩 컨벤션을 개최한다. 국내 업체는 주로 서울에서, 외국계 업체는 해당 국가에서 개최한다. 네트워크 사업에 승부수를 던진 사업가라면, 반드시 참석해 회사의 파워와 제품의 연구 및 개발 능력, 경영진의 윤리성 등을 체크해볼 수 있는 좋은 기회가 된다.

뉴스킨 엔터프라이즈의 경우, 1년 6개월마다 한 번씩 미국 유타주에서 열리는데 1996년 10월 당시, 강제로 참여했던 아내는 지금까지 나의 강력한 파트너로 일하고 있다. 작년에는 직접 참석해 본사 견학은 물론 외국의 기라성같은 성공자와 함께 4박 5일 간의 꿈같은 시간을 가졌다. 미팅은 이와 같이 매우 다양한 방법이 있다. 때문에 사업자는 이를 적절히 활용할 줄 알아야 한다. 초기에는 참석에 중점을 두다가 어느 정도 그룹이 형성되면 각종 미팅을 직접 주관하는 것이 그룹의 성장 비결이다.

Top Leader 16

임 용 덕 | 에넨씨 다이아몬드마스터

서울시 운영 새마을 이동도서관 11년 근무.
1996년 4월, 에넨씨 등록.
1996년 10월, 딜러 취득.
2001년 3월, 파트너 취득.
'최고를 위한 최상의 만남' 이란 슬로건으로 제일그룹을 이끌고 있음.

"

천재의 특징은
보통 사람이 깔아놓은 레일에
자기의 사상을
싣지 않는다는 것이다.

"

스탕달 「적과 흑」
스탕달(본명: 앙리 벨 1783~1842);
프랑스의 작가

"소비자를 만족시키고 감동시키는
회사만이 살아남는다."

사업자는 만능탤런트가 되어야 한다. 회사의 경영이념을 지키고 제품 특성이나 성분을 정확히 파악하고 체험해 많은 사람에게 전달하거나 소비할 수 있도록 해야 한다. 교육은 그 다음이다. 네트워크 사업을 지탱하는 근본은 지속적인 소비지만 튼튼한 줄기와 무성한 잎을 만들고 풍성한 수확을 거두게 하는 것은 바로 일관된 교육의 힘이기 때문이다.

1996년 3월 29일자 일간지에 난 '풀무원, 다단계사업 진출, 4월 1일 오픈' 이라는 기사를 읽고 '이 사업이야말로 지금 내가 할 수 있는 최선의 방법' 이라는 생각에 전혀 망설이지 않고 그 해 4월 2일, 회원 등록을 하고 그 날 바로 제품을 구입, 체험을 시작으로 사업을 개시했다.

그렇다고 내가 사전에 네트워크마케팅 경험이나 해박한 지식이 있는 것도 아니고 교육 시스템이나 사업 진행 방법 등 어느 것 하나 준비되지 않았다. 물론 스폰서님까지도 ─ 코웃음칠 일 아닌가?

그러나 나는 생각했다. ─ 풀무원 같은 좋은 회사의 좋은 제품을 취급할 수 있는 대리점을 그것도 지역제한 없이 전국민을 대상으로 수많은 하위대리점을 모집해 안정적인 이익을 얻을 수 있다니 ─ 남보다 더 열심히 해보자. 그래서 많은 소비회원을 확보해 보자고. 어떻게 생각하면 가장 원시적이고 가장 기본적인 지식만으로 네트워크 사업에 뛰어들었다.

그렇다! 네트워크마케팅은 소비가 곧 사업이다

아무 것도 모르는 나도 소비자가 될 수 있었고 나와 같은 소비자를 찾을 수 있었다.

간장 한 병 들고 참 어렵게 찾아다녔던 그 소비자들이 오늘의 나를 존재하게 한 원동력이자 근본임은 두말할 필요 없다. — 내가 정말 힘들고 어려웠을 때, 나와 동고동락하리라 믿었던 사업자가 거의 떠났어도 우리 제품을 애용하는 진정한 소비자는 나를 끝까지 아니 지금까지 지켜주고 계시기 때문이다.

네트워크마케팅의 시작과 끝은 소비자이다. 그러므로 소비자를 만족시키고 감동시키는 회사만이 살아남을 것이다. 그러므로 회사는 소비자에게 책임을 져야 한다.

사업자는 정당한 방법으로 보다 적극적으로 사업자를 육성하고 사업자를 통해 소비 계층을 확산해야 한다. 즉, 사업자의 성공이나 회사 발전은 사업자 몫이다.

회사 교육의 1단계는 사업자 발굴 과정으로서 가망고객 명단 작성은 사업 시작부터 끝까지 해나가야 한다. 주 5회 이상 스폰서와 동반 홈 파티 및 홈 미팅을 실시하고 주 2회 이상 기존사업 설명회를 개최한다.

2단계는 사업가 육성 과정으로서 초보사업가를 대상으로 주 1회 2시간씩 4주 과정의 성공교실과 전업사업가를 대상으로 주 1회 6시간씩 6주 과정의 창업교실을 운영한다.

3단계는 사업가 유지 과정으로서 월 단위 그룹 컨벤션과 리더 트레이닝과 분기 단위의 성공 세미나를 실시한다. 또한 '회사와 함께' 라는 국내외 투어, 직급별 세미나, 회사 비전 컨벤션, 파트너 도전(PC) 세미나 등을 실시하고 있다.

수없이 다가오는 시련들

막연한 기대감과 구체적이지 못한 확신으로 사업을 시작했던 초기의 어려움은 나를 절망의 구렁텅이로 수없이 밀어넣었다. 물론 헤쳐나가야 할 난관이 없을 것으로 생각은 안 했지만 현실에 적응하기까지는 피말리는 고난의 연속이었다.

매일 다가오는 상황은 모두 새롭고 낯선 것들이었다. 흔히 네트워커가 성공하기 위해서는 자신부터 거듭나야 한다고 했지만 이 과정이 그리 쉽게 이루어지지는 않았다.

소비자들에게 제품을 처음 전달할 때도 "이로움을 나눠갖는다"라는 생각에 떳떳하고 자랑스럽게 생각했지만 상대방은 "내 자신의 이익을 위해 물건을 판다"라고 생각할 것 같아 얼굴이 화끈거릴 때가 한두 번이 아니었다. 하지만 제품에 대한 확신 때문에 주저하지 않고 진행해 나갔다.

특히 일이 꼬일 때마다 주위에서 오는 리크루팅의 손길은 큰 유혹이었다. 이제는 "개인의 편견과 오해로 인한 잘못된 사업관행이 네트워크 사업을 혼란스럽게 만든다"라는 말의 의미를 제대로 이해하고

있지만 당시는 그 때문에 여러번 혼란스러웠다.

그 때 유혹에 넘어갈 뻔했던 달콤한 말들과 네트워크마케팅에서 발을 빼라고 내 마음을 흔들었던 말들은 결코 잊을 수 없다.

회사가 처음 시작할 때, 사업을 해야 유리하다

일반적으로 모든 회사는 초기 2~3년 동안 85%가 문을 닫는다. 네트워크마케팅 회사도 예외가 아니다. 관리직의 경험과 사업기반을 닦는 데 수 년이 걸린다.

가장 좋은 시간은 회사가 기반을 잡고 디스트리뷰터와 소비자를 존중할 때다. 일반적으로 회사 시작 후, 3~5년이 필요하다.

네트워크 사업은 경제적으로 성공하지 못한 사람들도 돈을 벌 수 있다.

아니다. 다른 사업에서 성공하기 위해 필요한 조건들이 이 사업에도 필요하다. 치밀한 계획, 자신감, 인내와 노력 등 자신을 표현하는 데 역동적이어야 한다. 운영자금, 시인들, 그들과의 신용, 시간, 자기수련, 긍정적이며 명확한 비전 등이 있어야 한다. 어느 업종을 막론하고 다른 일에서 성공할 수 있어야만 이 사업에서도 성공할 수 있다.

네트워크 사업이 정말로 되는 사업이라면 모든 사람들이 참여해 더이상 자리가 없을 것이다.

이것은 수학적으로는 가능하지만 실제는 불가능하다. 역사가 이를 증명하고 있다. 기독교 역사를 보라. 지난 2천 년 동안 끊임없이 선교 활동을 했지만 전인류가 기독교도인가? 네트워크마케팅 회사도 40년이 넘는 성공적인 회사가 있지만 모두 그 회사 사업자는 아니다. 그리고 더 많은 신종 네트워크 회사들이 생겨나고 있다. 어떤가? 모두가 네트워커인가?

친구와 가족을 이용해야 성공한다

그렇지 않다. 그렇게 하지 말아야 한다. '친구와 가족이 이 사업에 참여해야 하는가?'는 그들의 선택일 뿐이다. 그리고 그들은 이용 당하지도 않을 것이다.

단, 사용하는 제품들이 그들에게 사업 기회와 혜택을 주는 것이다.

이를 믿지 않는다면, 제품조차 소개하지 말라. 그들에게 제공되는 모든 것을 그들이 원하지 않는다면, 그들의 견해와 선택을 존중하고 자신을 형편없는 장사꾼으로 만들지 말라. "네트워크마케팅은 우리 고유의 품앗이 마케팅이다"

네트워크 사업은 가진 것은 없으나 꿈이 있는 수많은 사업자들이 품앗이하는 곳이다. 나는 우리 제일그룹 파트너들에게 품을 지고 있으며 너무나 고맙고 소중한 그들이 일(성공)을 마칠 때까지 성실히 품을 갚아나갈 것이다.

나는 전북 김제의 작은 농촌에서 태어났다. 30여 년 전의 농촌 현실이 그렇듯 대부분 집도, 전답도 없이 지주의 도움으로 땅과 집을 빌어 생계유지를 했다. 그곳은 그렇게 전형적인 소작농들이 모여 사는 동네였다.

온 식구가 매달려 일해도 하루 세끼 식량이 모자라 아침식사와 저녁식사는 나물이나 시래기죽을, 점심은 고구마, 감자, 옥수수 등으로 연명했다. 그래서 초등학생이던 나도 방과 후, 어머님을 대신해 어린 동생을 돌보거나 농사일을 거들었다.

우물가에서 숭늉 찾지 말라

그 때 가장 인상깊었던 것은 농촌의 힘든 일들을 품앗이로 거뜬히 해결하는 농부들의 - 너무나 슬기로운 - 이웃과 더불어 사는 방법이었다.

국어사전을 찾아보면 품앗이란 '서로 힘든 일을 거들며 품을 지고 갚는 일'이라고 나와 있다. 또 품이란 '어떤 일에 드는 힘이나 수고'이다. 나는 누가 뭐래도 네트워크마케팅은 우리 고유의 품앗이 마케팅이라고 생각한다.

농부들은 봄에 씨를 뿌리고 때맞춰 거름을 주고 김을 매고 농약도 뿌리며 온갖 정성을 다한다. 하지만 절대 조급해하지 않고 가을의 풍성한 수확을 절대 의심하지 않는다. 그들이 무슨 특별한 교육을 받아 그런 것도 아니고 특별한 선견지명이 있어서도 아니다. 오로지 믿음이다.

열심히 땀흘린 결과는 하늘에 맡기고 겸허히 기다린다.

마찬가지로 우리 네트워크 사업자들도 농부의 마음자세를 갖고 사업에 임한다면, 100% 성공할 것이다. 스폰서를 믿고 따르고 회사를 믿으면서 사업 성공을 확신하고 노력한다면, 하늘은 우리에게 틀림없이 풍성한 수확을 주실 것이다.

그런데 우리 주위를 둘러보면 수많은 사람들이 하루아침에 일확천금을 꿈꾸고 씨도 뿌리지 않으면서 수확을 원하고 우물가에서 숭늉을 찾고 있다.

투자나 노력 없는 좋은 결과는 없다. 농부든 네트워커든 최소한의 씨앗과 매일 그들에게 주어지는 하루 86,400초의 시간을 보다 효과적으로 사용할 수 있다면, 어찌 풍성한 수확을 거두지 못 하겠는가? 한국 경제계의 거목이셨던 고 정주영 회장도 자신에게 주어진 자본은 시간뿐이라고 생전에 말하곤 했다.

'더불어 사는 법'을 익히게 해준 인간 풀무질

풀무원은 농사꾼이 만든 회사다. 아이러니하게도 창업주는 단 한 순간도 회사를 직접 경영하지 않았다. 46년 간 '인간 사랑 자연 사랑'의 정신을 몸소 실천한 것만으로 풀무원을 우리나라 대표 국민기업으로 성장시킨 것이다.

올해 89세인 원 경선 원장은 지금도 손수 농사를 지으며 왕성한 사회활동과 국내외 강연을 하는 명실상부한 에넨씨 네트워크의 정신적 지주로서 또한 자부심으로 존재하는 분이다.

그는 일찍부터 이웃이 불행하면 내가 행복해질 수 없으니 더불어 살아야 한다고 했다. 또한 "바른 마음으로 살기 위해서는 일하고 먹어라. 제 먹을 것은 제가 벌어 먹어야 한다"라며 1955년부터 경기도 부천 소사에서 거리 부랑자들과 함께 먹고, 자고, 일하는 공동체생활을 하고 있으며 올바른 생활인을 만드는 '인간 풀무질'을 하는 동산을 만들고 지금까지 운영해오고 있다. 여기서 원장님이 자주 얘기해주시는 '토끼와 거북' 우화를 말해보겠다.

어느날 배고픈 늑대가 먹이를 찾아다니다가 토끼와 거북을 만났다. 둘 중 하나를 잡아먹으려는 구실로 달리기를 시켰다.

늦게 도착한 동물을 잡아먹겠다고 했다. 토끼와 거북은 달리기를 시작했고 역시 토끼가 앞서 달릴 수 있었다. 그러나 얼마 안가 강을 만나게 되었다. 거북은 토끼가 앞서가는 것을 보며 죽을 힘을 다해 달려보았으나 역시 토끼보다는 느렸다. 한참 달려 강가에 와보니 수영을 못 하는 토끼가 발만 구르고 있었다.

강물을 유유히 건너려던 거북은 토끼를 등에 태워 무사히 강을 건넜고 다시 달리기를 시작했다.

다시 토끼가 앞서 달리기 시작했다. 토끼는 뒤돌아보며 "거북아, 빨리 좀 달려. 늦게 도착하면 네가 잡혀 먹히지 않니?"라고 했다. 거북은 더이상 빨리 달릴 수가 없었다.

잠시 생각하던 토끼는 거북을 등에 업고 늑대가 있는 곳에 함께 도착했으며 구실을 찾지 못한 늑대는 그냥 떠났다.

더불어 살면 모든 것을 극복할 수 있다. 이 사회를 살아가는 성공사례로 모든 이에게 들려주는 교훈이다.

우리 에넨씨 사업자늘은 한 달에 한 번씩 세미나에서 그 분을 뵙고 말씀을 들으면서 무한한 자부심과 사명감으로 원장님이 평생 실천해오신 이웃사랑 정신을 네트워크 마케팅에 접목시켜 풍요로운 삶을 실현하기 위해 노력하고 있다. 나아가 인간과 자연사랑을 통해 인류 평화와 번영에 이바지하는 새천년 새사업으로 계승, 발전시키고자 한다.

이것이 바로 네트워크 사업의 진정한 비전이다.

늦었다고 생각할 때가 가장 빠를 때라고 했던가?

이제라도 우리 고유의 품앗이 마케팅을 국내는 물론 전세계로 확산시키기를 바란다. 요즘 주위를 둘러보면, 집에 들어앉아 마음 내키는 대로 사업하겠다는 분들이 많다. 하지만 고인 물은 썩기 마련이다. 수시로 미팅하고 그룹 및 회사 교육, 세미나 등에 참석해야 한다. 온가족이 제품을 사용하고 성공한 미래에 대해 끊임없이 생각하고 부단히 움직여야 한다. 흐르는 물은 결코 썩지 않으며 달리는 자전거는 결코 넘어지지 않는다.

많은 사람들이 국내회사는 안 된다고 말한다. 그야말로 신 사대주의 아닌가? 사람이나 기업이나 처음부터 성숙한 어른이나 완벽한 모습으로 태어나지는 않는다.

세계적으로 알려진 최대 네트워크 업체가 초라한 지하창고에서 시작했다는 것은 이미 많이 알고 있으면서 "그들만이 할 수 있다"라고 받아들인다. 그들의 성공을 마치 자기일처럼 자랑스럽게 떠들고 수많은 사람에게 사업 기회가 있음을 강조한다. 그러면서 "우리것은 안 돼"라고 하니 한국의 장래가 심히 우려된다.

세계최고를 이룬 자랑스런 선구자들

그러나 우리 민족은 엄청난 잠재력과 추진력이 있으며 이미 여러 분야에서 세계를 놀라게 하고 있다.

"우리도 할 수 있다"라는 신념과 "이제라도 하지 않으면 안 된다"라는 구국의 결단을 내리고 마침내 세계최고를 이룬 자랑스런 선구자들이 계신다.

"잘살아 보라"라는 새마을운동으로 국가자립의 기반을 만들고 수차례의 경제개발 계획을 성공시켜 한강의 기적을 일궈낸 박정희 전 대통령. 공장도, 도크도 없이 달랑 설계도 한 장 가지고 배(유조선)부터 먼저 팔아 받은 돈으로 허허벌판에 거대한 조선소를 지어 세계최초의 철갑선(거북선) 건조국의 자존심과 명예를 회복하고 마침내 세계제일의 조선 수주국을 만든 고(故) 정 주영 회장. 반도체 불모지에서 많은 이들의 반대를 무릅쓰고 후발업체의 온갖 고난을 극복하고 20년 만에 100년 전통의 세계굴지의 내노라 하는 회사들을 제치고 삼성전자를 메모리 반도체 세계최고로 만든 고(故) 이 병철 회장, 이런 선구자들이 계셨기에 오늘날 대한민국이 이 만큼 성장한 것이다.

그런데 지금 우리는 어떤가? 세계화라는 미명 아래 소비자를 선동하고 "우리것은 안돼"라는 망국적 작태를 부리고 있지 않은가?

국내업체는 불안하고 경영자 마인드가 나쁘고 제품이 조잡하고 등등 왜 그리 부정적인지 모르겠다. 식품이든 화장품이든 "우리 몸에는 우리것이 좋다"는 것은 거의 다 안다.

그러므로 우리도 얼마든지 해낼 수 있다. 전세계로 진출해 성공할 수 있다. 우리 자신과 우리 후손들을 위해 서서히 뜨거워지는 물속에서 자신의 죽음을 감지하지 못 하는 실험실의 개구리처럼 경제식민지로 전락해 비참한 생활을 할 것인가, 세계경제의 주역이 되어 풍요롭고 보람된 삶을 살 것인가, 오로지 우리 선택에 달려 있다.

조상대대로 내려오는 두레와 품앗이라는 휴먼 네트워크를 최대한 이용해야 할 시기가 바로 지금이다.

개인적인 생각으로는, 우리 전통식품인 간장, 된장, 두부, 콩나물 등이 에넨씨 네트워크를 통해 전세계인의 식탁을 차지하기를 바라며 그 날까지 최선을 다할 것이다.

이제 에넨씨 네트워크는 지난 테스트 마케팅(認知期)을 통해 얻은 풍부한 노하우로 폭발적인 성장을 하고 있다.

지금 에넨씨는 최고를 위한 최상의 만남을 추구하는 수도권의 제일그룹과 바른 마음으로 바른 성공을 선도하는 영남권의 선구자그룹, 양대축으로 균형적인 성장을 하고 있으며 앞으로도 계속 정통 다단계업체의 진면목을 보여줄 것이다.

사업 성공의 5가지 포인트

마지막으로 지난 6년 간의 나의 경험을 바탕으로 현재 사업자나 사업예정자들께 조금이나마 도움이 되길 바라면서 다음 몇 가지를 정리해본다.

1. 존재하는 것만으로도 소중하고 고마운 스폰서

우리는 스폰서에게 너무 많은 것을 바라며 유능해 보이는 다른 스폰서와 비교하며 불평한다. 그러나 분명한 것은 스폰서는 나무요, 파트너는 가지라는 것이다. 가지가 나무에 붙어있지 않으면 작은 열매도 맺을 수 없듯이 스폰서를 배척하고서는 작은 성과도 얻기 어렵다. 또한 스폰서는 아버지와 같은 존재다.

주변에서 아버지나 남편을 떠나보내신 분들이 간절히 원하는 것을 보았다. 제발 누워만 계셔도 좋으니 살아만 있어 달라고….

스폰서는 그런 존재다. 스폰서의 작은 정성이나 배려에도 항상 감사할 줄 알고 내게서 관심의 시선을 떼지 않도록 노력해야 할 것이다.

물론 스폰서는 부모와 같은 마음으로, 부모가 자식에게 쏟는 온갖 정성과 사랑은 계산하지 않는다. 마찬가지로 고객이나 파트너에게 계산된 서비스나 후원을 하지 말라.

2. 먼저 듣고 나중에 말하라

내가 말하기보다는 상대방 얘기를 충분히 들어주고 상대방 입장에서 문제를 해결하라. 내가 말하는 것은 바람이요, 듣는 것은 햇볕이다. 결국 나그네의 옷을 벗기는 것은 햇볕이다.

3. 누이좋고 매부좋고

좋은 제품을 싸게 사용하고픈 소비자 욕구를 충족시키고 쓰는 것만으로도 풍요로운 미래를 스스로 만들어갈 수 있는 21세기의 꿈과 희망은 네트워크마케팅이다. 그러기 위해서는 누이(소비자)좋고 매부(사업자)좋도록 회사와 제품을 선택해야 한다.

"내 자식에게 먹일 수 없으면, 만들지도, 팔지도 말라"라는 20년 동안 일관된 이념을 가지고 최고품질과 절대안전한 제품만을 생산, 판매하는 풀무원 에넨씨를 기억해주시기 바란다.

4. 벼랑끝에서 만난 참사업

에넨씨 사업을 하면서 만나는 수많은 신규사업자들을 보면, 한결같이 안타까울 뿐이다. 이 사업 저 사업 다 실패하고 가진 거 다 날리고 농사꾼이 씨앗까지 다 먹어치운 그런 상태에서 마지막으로 지푸라기라도 잡는 심정으로 풀무원을 찾아오기 때문이다.

처음부터 오셨으면 얼마나 좋았을까? 아니 씨앗(종자돈)만이라도 가지고 시작했으면 한결 몸고생 마음고생 덜 할텐데….

그러나 모두가 해내고 있다. 벼랑끝에서 찾은 참사업이기에 새로운 희망에 부풀어 오늘도 인간 풀무질하는 동산에 모여 풍요로운 내일을 달구고 있다.

임 용덕

Top Leader 17

장 태 용 | 앨트웰 로얄패밀리(RF)

충남 아산에서 3남 2녀 중 차남으로 출생.
첫 직장생활 8년 간 호텔업계에 종사한 후,
개인사업(요식업)을 시작했으나 경험 부족으로 실패.
그 후 아무 연고도 없는 부산에 내려와 파이워터의 신비한 체험에 놀라
앨트웰 사업을 시작.

66

지혜는 샘물이다.
그 물은 마시면 마실수록 강해지고
끊임없이 샘솟아 오른다.

99

지레지우스 「방랑의 천사」
앙겔스 지레지우스(1624~1677);
독일의 종교시인

"기본을 지키되 시작할 때의 마음은 변치 말자."

나는 누구일까요? "여러분의 영원한 동반자이다. 또한 여러분의 가장 훌륭한 조력자일 뿐만 아니라 가장 무거운 짐이 되기도 한다. 나는 여러분을 성공으로 이끌기도 하고 실패의 나락으로 끌어내리기도 한다. 나는 성공한 사람들의 하인이며 실패한 이들의 주인이기도 하다. 내가 누군지 알겠는가? 나는 '습관' 이다"

성공하려면 어떻게 해야 하나? "성공의 노하우는 무엇인가?"라는 질문을 자주 받는다. 네트워크마케팅에서의 성공에 대한 조건을 많은 성공자들이 제시했지만 나는 "시작할 때의 마음을 변치 말고 기본에 충실하라"라고 말하고 싶다. 어떤 일이든 반드시 기본이 있다. 대충 익힌 기술로 결과를 만들었다면 운으로 간주될 뿐, 실력으로 인정받지는 못 한다.

야구, 축구, 골프, 테니스 등의 스포츠에서 성공한 사람들의 끊임없는 훈련과 성실한 노력이 있었다는 것은 부인할 수 없다. 하물며 네트워크 비즈니스에서는 나이, 성별, 계급, 경력이 다양한 불특정 다수의 인간관계 사업이므로 특별한 공식은 없고 어떤 기준의 상한선, 하한선도 없다. 그러므로 다음의 기본의 충실은 더욱 절실한 것이다.

최선을 다하라

이 말은 언제 들어도 아름답다. 지금까지의 사고방식이 조직 속에서 타인의 명령과 통제에 의해 움직여왔던 고정관념이 네트워크 비즈니스에서는 자신의 계획과 실행, 피드백을 통해 이루어지는 자신과의 싸움이다.

비즈니스 과정에서 스폰서의 끊임없는 조언과 협력, 다운라인에 대한 적극적이고 도덕적이며 자발적인 스폰서링 등의 협력체제를 잘 활용해야 하는 윈-윈(win - win) 사업이다. 그러므로 자신만큼은 철저히 관리(복장, 언행, 시간 등)하지 않으면 성공자의 모습은 기대하기 힘들다. 자신이 선택한 일에 미쳐 100% 전력투구하는 것, 그것이 모든 성공한 사람들의 공통점이었다.

배우고 또 배워라

거절이나 실패의 시련을 극복하기 위해서 사람들은 경험적 지식을 얻으려고 한다. 그것은 두려움을 없애고 간접적인 경험을 더 얻기 위해서이다. 경험이든 지식이든 더 많이 알게 될수록, 두려움은 그 만큼 적어진다. 성공한 이들이 다른 사람에 비해 두려움이 적은 것은 아니다. 다만 그들은 좀더 많이 배우고 행동에 따른 경험을 먼저 가지고 있을 뿐이다.

5년 전 읽었던 책을 읽어보자. 10년 전에 봤던 명화를 다시 보자. 옛날과 전혀 다른 새로운 감상과 의미가 새록새록 떠오를 것이다. 그것은 그 동안 경험과 배움을 통해 새로운 각도에서 새로운 통찰력이 생긴 것이다. 네트워크마케팅에서도 기본 교육을 통해 익힌 지식을 행동으로 옮기면서 크고 작은 결과를 얻는다. 다시 반복적으로 배우는 지식과 경험은 또 다른 시각으로 살아있는 대처능력을 얻게 되는 것이다.

• 실패(시련)는 인간을 또다시 생각하게 만든다.

- 또다른 생각은 인간을 더욱 지혜롭게 만든다.
- 지혜는 이 비즈니스를 인내하게 만들고 성공으로 이끈다.

최근 백만장자들을 조사한 적이 있다. 그들이 가진 한 가지 공통점은 자신의 일에 자신과 시간을 모두 투자했다는 것이다. 학력은 별로 중요하지 않았다.

정말 중요한 것은 그들이 자신의 일을 익히면서 얻은 살아있는 지식으로 다른 사람보다 한 발이라도 앞서나갔고 주위사람들에게 최선의 창조적 해결책을 제시해 도움을 주었다는 사실이다. 나는 "이런 사람이기 때문에", "내성적이라서", "아는 인맥이 없어서", "말재주가 없어서"라고 핑계 대지 말고 나쁜 습관은 과감히 버리고 좋은 습관으로 변화시켜 끈기있게 자신의 것으로 만드는 것이 진정한 성공자의 모습이다!

행동이 성공의 지름길이다

승자는 방법을 찾고 패자는 핑계를 찾는다. 모든 변명과 핑계는 실패가 두려워 오는 반응들이다.

이것들을 생각 속에 머물게 하면 행동 속으로 스며들게 되어 있다. 결국 행동을 가로막는다.

행동을 미루면 미룰수록, 두려움과 변명은 더욱 강해진다.

물론 매사 성공한다는 보장은 없다. 하지만 한 가지 분명한 사실은 시도해보지 않고는 실패할 수밖에 없다는 것이다.

어떤 행동이든 취하라. 안부 전화를 하든지, A/S 전화를 하든지, 최근 경제 상황에 대해 토의하든지 상관없다. 성공은 뭔가를 시작하는 것이다. 사람들이 실패하는 이유는 해봐도 결과 없는 일을 해서가 아니라 아예 행동하지 않는 데 있다.

자신이 준비된 성공자임을 믿으라!

성공자는 끊임없는 연습과 준비로 미래의 심리적 중압감에 대해 만반의 준비를 하고 있다.

잭 니콜라스는 수 천 번의 퍼팅 연습을 통해, 박찬호는 수 천 번의 피칭 연습으로 자신이 우승하는 모습을 마음 속에 그려보았을 것이다.

성공자가 된 지금은 진정한 도전에 직면한 자신들이 영광의 순간을 맞이할 준비가 되어 있는 것을 안다. 그들은 확고한 프로정신, 올바른 기술, 끊임없는 반복 연습을 통해 대가를 치렀다.

네트워크마케팅에서 거절은 성공의 일부분이라고 생각한다. 끊임없이 이어지는 교육과 실천을 통해 어떤 중요한 순간이 닥쳐도 그것에 맞설 충분한 준비가 되어 있다는 것을 깨달아야 한다.

우리는 끊임없는 교육과 훈련을 통해 전문가 과정을 거친 자신의 능력에 대해 자신감을 가져야 한다.

어떤 상황에 대해서도 맞설 준비가 되어 있다면 여러분은 네트워크마케팅에서 성공을 자신할 수 있다. 실제로도 성공할 수 있다.

근면, 성실

어느 성공자의 우러나오는 진솔한 인생 이야기를 소개하고자 한다.
이제부터 나 아닌 다른 사람을 먼저 생각하자.

- 낯선 사람을 반갑게 맞이하자.
- 지금부터 만나는 모든 사람을 칭찬하자.

- 잊혀진 친구를 찾아보자.
- 누구에게나 믿음과 진실로 대하자.
- 약속은 꼭 지키고 시간을 놓치지 말자.
- 원한이 있으면 풀고 적이 있으면 용서하자.
- 경청하되 이해하려고 노력하자.
- 감사하라. 친절하라. 정중히 대하라.
- 활짝 미소를 지어라.
- 사랑하라. 그리고 말로 표현하자.

지금까지 열거된 내용이 모두 단순하고 어디선가 들어본 말일 것이다. 이것이야말로 당신에게 성공을 가져다줄 것이고 인생을 변화시켜준 기본이다. 절대 잊지 말자!!! "네트워크에서 성공하려면 동기부여는 이렇게 하라"

"흔들리는 나무에는 새도 앉지 않는다"라는 말이 있듯이 요지부동의 확신으로 자신을 무장해야 성공할 수 있다. 결국 믿음이 결여된 노력은 시간낭비에 불과하다. 수많은 성공의 조건을 열심히 익혀도 변함없는 확신 없이는 성공하기 힘들다. 세계 제일의 갑부인 빌 게이

츠도 자신과 자신의 능력에 대한 확고한 믿음이 있었기에 그 목표를 달성한 것이다.

네트워크마케팅에서 성공의 특별한 노하우는 없다. 그러나 대부분은 성공이나 목표를 이루는 데 필요한 요소를 잘못 알고 있으면서도 잘 알고 있는 것으로 착각한다. 실제로 가장 아름다운 모습은 자신을 위해 진정 열심히 일할 때이다.

1. 전문가가 되어라

여성 기능성 속옷을 전달하러 가면 대부분의 소비자들은 전문가(프로 코디네이터)에게서 입기를 원한다. 시장의 일반상품과의 가격비교에서 그 상품의 가격과 가치를 정당화시켜 주는 데 필요한 정보와에 부가적으로 당신의 모습이 "전문가인가?"에 많은 영향을 받는다.

다시 말해 당신의 전문지식과 모습으로 그 상품의 가치나 미래 계획의 가치(비전)를 높여주어야 한다.

상품이 아무리 좋아도, 아무리 유명 회사더라도 상품이 저절로 전달되지는 않는다. 당신의 모습 즉, 그 분야의 전문가로서의 변화가 당신을 성공으로 이끌어준다.

상품이나 시스템을 속속들이 알아야 하고 고객이 던질 모든 질문들을 예상해 만족스런 답변을 할 '진실되고 설득력 있는 대답'을 준비해야 한다. 더욱 중요한 것은 여러분의 답변 속에 진실이 없거나 신뢰감이 결여되어 있다면 고객의 마음 속에는 불신의 싹이 자라나게 된다는 것이다. 정말로 중요한 것은 말의 내용이나 크기가 아닌 당신에 대한 고객의 느낌이다.

2. 열정을 가져라

사업 초기에는 "그래, 나는 성공해야 돼." "성공하는 그 날까지 열심히 하는 거야."라고 말하면서도 결국은 포기하는 경우가 많다. 상품 전달에 필요한 전문지식은 갖췄으나 열정(에너지)이 부족해 성공하지 못 한다면 어느 분야에서도 성공할 수가 없다.

열정이 성공과 실패를 가른다. 세상에서 성공한 사람들이 가진 보편적인 자질은 그들의 열정이었다. 자신의 일에 자부심을 갖고 누가 뭐래도 일에 미쳐 있었다.

"승자는 패자가 하려는 일을 하지 않는다" 승자는 남보다 몇 마일을 더 가고 몇 시간을 더 일하는 사람이다. 승자라면 그 시간을 만들어내고 몇 마일을 더 가는 에너지를 가지고 있다.

패자는 "피곤해서" "늦었으니까"라는 말로 자신을 합리화한다.

조종사가 모든 에너지를 끌어내 비행기를 전속력으로 이륙시키듯이 당신의 에너지를 남김없이 써야만 성공할 수 있다.

3. 균형을 맞춰라(의사소통)

균형이란 다른 사람과의 동화를 의미한다. 즉, 유사성이나 공통점 소유 느낌처럼 이익을 공유하는 것이다.

성공하고 싶은 사람에게 결과가 잘 이뤄지지 않는다고 해서 "넌 그렇게 해서는 성공 못해" "네트워크마케팅은 그런 게 아냐" "넌 팔지도 못해?" "도대체 무슨 생각으로 일하는 거야?"라고 말하는 것은 사업을 그만두라는 애기이다.

자신을 포함해 부정적인 사람은 누구든지 거리를 두어라. 자신이 부정적이라면 자신을 외면하고 그런 식으로 생각하는 것을 그만둬야 한다. 여러분의 마음가짐은 여러분의 생각을 나타낸다. 마음 속에 좋은 생각을 담아라.

그리고 타인과 의사소통할 때, 명확하고 구체적이고 믿을 만한 어휘들을 택해야 한다. 대부분의 예상고객들은 여러분이 사용한 어휘의 7~10%만 받아들이기 때문에 단어 선택은 대단히 중요하다. 어휘보다 더 중요하고 결정적인 것은 음성의 톤 즉, 어조다. 대부분은 여러분의 어조에 영향을 받아 결론을 내린다.

즉, 여러분이 설명하는 말(어휘), 어조, 템포, 명확성, 음량 등이 여러분의 고객과 일치해야 한다.

4. 시간관리를 통한 자신의 관리

신은 우리 모두에게 24시간을 주셨다. 그러나 "성공자는 하루를 25시간 사용하고 실패자는 23시간 사용한다"라는 말이 있다. 성공철학에 대부분은 저절로 이루어지는 일은 없다고 하면서도 자기 자신도 생활의 다른 비생산적인 분야에 쓰는 시간을 버리지 못 하고 있다. 이 세상에서 가장 훌륭한 자산은 시간이다.

네트워크마케팅에서 시간관리는

1) 업무 주변을 정리 정돈하라.
2) 책상과 정신을 정돈된 상태로 유지하라.
3) 매일 침묵 시간을 가진다(새로운 아이디어가 떠오른다).
4) 매일 전화통화를 적당한 선에서 끝맺는 방법을 배운다.
5) 모임의 중요성 여부를 떠나 약속시간은 정확히 지킨다.

성공열쇠 가운데 중요한 것은 위와 같은 시간관리이다.
또 자신을 관리하는 방법은 목표에 접근해 시간을 잘 활용해 훌륭한 결실을 거두면서 새로운 목표를 세워야 할 것이다.

5. 목표 설정의 중요성

"성공하기 위해서는 정말 목표를 세워야 하나? 목표를 세워야만 이런 상상들이 내 삶에 현실로 나타나나?" 대답은 "그렇다"이다.

여러분은 여러분의 자화상보다 앞서 나아갈 수는 없다. 목표는 자신의 현재를 향상시키며 나아가 미래를 위해 계속 발전해 나가게 해준다. 자신감을 불러일으키며 더욱 강인한 인간으로 변모하는 계기가 된다. 성공한 사람들은 목표 설정이야말로 성공한 인생들의 핵심 요소라고 한다. 하지만 95% 이상의 사람들이 이를 따르지 못 한다. 그 이유는 다음과 같다.

1) 목표를 세우면 자기 자신과 타인에 대해 책임을 지게 되는데 스스로에게 압력을 가하는 것을 원치 않는다. 자신이 목표에 따라 얼마나 열심히 일하며 즐거워하기보다 수입에만 집착한다는 사실이 비참하다.

2) 삶의 한 순간, 지금까지 중요하게 여겨지는 어떤 것을 포기해야 할지도 모른다는 것을 두려워한다. 목표에 따른 계획은 실행 과정에서 지금까지 해오던 것을 포기해야 한다. 예를 들어, 재미있는 연속극보기, 스포츠 구경 등.

3) 실제로 성취하기 위한 계획이 없다. 다시 말해 구체적인 실천 계획이 없기 때문에 목표를 세우지 않는다.

4) 실패를 두려워하기 때문이다. 목표를 달성하지 못 했을 때, 타인으로부터 받을 조롱과 자신에 대한 수치심을 겁내는 것이다.

5) 계획을 세웠을 때, 가족이나 주변사람들이 싫어할 것으로 생각한다.

6) 과감한 결정을 해야 할 경우, 어려움을 느낀다.

7) 자신에게 진실해야 한다.

8) 목표를 세우려면 순위를 정해야 하기 때문이다. 항상 그랬듯이 그 날 할 일을 해나가는 습관 때문인데 계획을 세우면 우선 사항을 고르고 정말 중요한 일인지 알아야 하기 때문이다.

9) 자신이 끝까지 해낼 수 있을지 못 믿는다. 최초 1년 안에 난관(거절)에 부딪히는 순간, 포기할지도 모른다. '실패하게 될 거야' 라고 믿는 것이다.

믿음이 큰 만큼 대가도 큰 법이다. 완벽한 믿음을 갖는다면 여러분의 모든 생각이 오로지 여러분의 성공을 향할 것이고 한 치 부족함도 용인되지 않을 것이다. 지금까지 우리는 네트워크마케팅에서 성공으로 가는 사람들의 특징을 살펴보았다. 일단 성공은 우리 자신 속에서 우리 자신을 통해 온다는 사실을 인정하면 지속적으로 자신을 향상시키고 노력해야 한다.

세상에 아무리 좋은 계획도 행동으로 옮기지 않으면 삶의 변화, 인생의 변화는 일어나지 않는다.

우리는 자신에 대한 부단한 노력으로 보다 나은 사람이 될 수 있나.

마지막으로 자! 지금 바로 시작(행동)하라. 힘들고 어려울 때 참고 일어선 사람만이 진정한 성공자다!

사랑하는 사람들로부터의 거절은 열정을 급격히 식히는 냉매 역할을 한다. 때로는 조직원의 감소도 경험하게 된다. 오르막이 있으면 내리막도 있음을 기억하라. 이 때는 올라갈 수 있는 길을 먼저 걸어간 상위 스폰서에게 조언을 구하라. 그리고 하위조직에는 이런 부정적인 영향을 결코 미치지 말아야 한다. 낙심한 상태에서의 리크루팅은 아무 의미도 없다.

국경을 초월한 무한경쟁시대에 살아남을 수 있는 적자생존(適者生存)의 힘, 다른 사람은 다 죽어도 나만은 살아남을 끈기, 특히 네트워크 마케팅에서의 생존은 우리에게 어마어마한 부(富)와 시간(時間)의 자유(自由)를 가져다준다. 이것은 4조 원 규모의 매출액(2001년 기준)을 생각해보면 경제사의 변천에서 '될 수밖에 없는' 시대 흐름이자 현실이다.

그렇다고 살아남았기 때문에 만들어진 성공이 호락호락한 자연적인 운에 의해 이루어진 것은 결코 아니다. 하지만 지난 10년 간 끈기 있게 참으며 활동해온 사람 가운데 성공하지 못한 사람은 거의 없다.

대부분의 성공하지 못한 분들은 끈기있게 자신을 이기지 못 하고 이것저것 다양하게 성공 환경을 복잡하게 만드는 데서 기인된 것이다. 대부분은 성공한 사람들이 완성시켜 놓은 아름답고 달콤한 열매만을 따 갖기를 원한다. 하지만 이 네트워크마케팅 분야에 입문하는 모든 사업자들은 보편화된 도전에 직면하게 된다.

그 중 가장 어렵고도 가슴아픈 것은 거절이다. 특히 우리가 사랑하고 존경하는 사람들 즉, 배우자, 부모, 친구, 동료들로부터 거절당하는 경우이다. 이것은 다른 어떤 것보다 네트워크마케팅을 포기하게 만드는 치명적인 요인이다. 그 원인은 사람들의 가슴에서 우러나오는 체험이 아니라 머리로 습득한 지식으로 접근하기 때문이다.

사랑하는 이들의 태도를 변화시킬 수 있는 것은 자신의 진정한 변화라는 사실을 결코 잊어서는 안 된다. 즉, 네트워크마케팅에 대한 절대적인 믿음, 자신의 태도 변화에 대한 집중력, 거절로 인해 활동을 중단하거나 포기하지 말 것, 거절을 개인적인 판단으로 받아들이지 말고 시기가 적절하지 않거나 정보 전달의 미숙함으로 인식하고 열정적으로 활동하고 인내해야 한다.

때를 기다려라

사업 파트너를 구하기 위해 프리젠테이션이나 리더십 세미나에 초대하는 일은 네트워크마케팅에서는 대단히 중요하며 반드시 해야 할 일이다. 이때 여러명으로부터 초대를 거절 당하거나 초대를 승낙하고도 참석하지 않거나 약속을 어길 때, 우리들은 의기소침해진다.

이런 일이 지속적으로 일어나면 더욱 사업에 대한 열정은 사라지고 포기하고픈 마음만 증폭된다. 이런 현상은 네트워크마케팅의 본질적인 현상으로서 누구라도 이것들을 피할 수는 없다. 이 경우, 네트워크마케팅 성공자 중 한 명인 론 위긴스는 "됐어! 오늘 아홉 명에게서 거절당했으니 이제 사업에 동참할 사람에 훨씬 더 가까워진 거야"라고 말한다.

이 사업을 통한 경험은 "이 사업에 참여하지 않으려는 사람들을 설득하는 데 너무 많은 시간을 소비하지 말고 때를 기다려라"라는 것이다. 관심과 의지가 있는 사람들을 찾아내는 것이 훨씬 더 쉽고 활력도 준다.

열정적인 자신의 관리

물질은 왔다가 가지만 자신의 가치와 태도는 영원히 자신과 함께 있다. 따라서 참된 변화는 우리 내면에서부터 오며 이런 자기관리가 부족한 사람은 좌절하기 쉽다.

참된 변화 과정 중에서도 — 사업을 시작한 파트너가 별 이유없이 사업을 포기하거나 특히 사랑하는 사람이나 친한 친구로부터 거절당하게 되면 십중팔구 열정이 가라앉으며 의욕을 잃게 되기 쉽다.

이 때 해야 할 일은 내면으로부터 열정과 기쁨을 활화산처럼 불을 지피고 태우는 일이다. 그래야만 또다른 사람을 설득할 수 있다. 왜냐하면 이 사업의 성공은 능력보다 내면에서 우러나는 태도에 크게 좌우되기 때문이다.

자신의 만족하는 모습, 행복한 삶의 모습을 보여주지 못 하면 다른 사람은 우리 사업에 절대 참여하지 않을 것이다. 즉, 내면에서 우러나는 열정은 이 사업에서 가장 중요하다.

자립심을 기르자

누군가 자신의 일을 대신해 준다면 나약하고 무기력한 사업자가 되기 쉽다.

이들은 스폰서의 눈치만 살피고 파트너 관리에 우왕좌왕하는 동안 새로운 사업자 모집에 쓸 시간을 허비할 수도 있다.

가족의 지원없이 여러분 혼자서만 네트워크마케팅에 참여하고 있다면 그들을 강제로 사업에 끌어들여 모든 것을 그들 스스로 하게 하는 것보다는 그들을 변화시키는 것이 더 좋은 방법이다. 가족이나 친구를 대신해 조직을 관리하는 것은 대부분 우리가 가장 사랑하는 사람들을 실패하게 만드는 원인이다. 네트워크마케팅에서 큰 일을 할 능력이 있더라도 모든 것을 상위라인에 의존하는 사람들은 가장 빨리 실패한다. 다운라인을 돌보는 것만으로 사업 활성화를 도모하는 것은 효과적인 방법이 못 된다. 하위라인을 위해 대기하고 도덕적인 지원 및 지도를 해주고 조직 구축을 지원하되 그들 스스로 할 일만은 대신해 주지 말라. 마지막으로 이 글을 쓰면서 지난 10년 간 체험한 진실을 말해보고자 한다.

1. 네트워크마케팅에서 성공하려면 수많은 노력과 인내가 필요하며 어떤 어려움이 당신 앞을 가로막는다 하더라도 극복해야만 한다.
2. 헛된 망상, 헛된 기대에 속아서는 안 된다.
3. 수입의 극대화는 가입한 판매원 수에 의해 결정되며 판매원의 매출이 늘어날수록, 수입도 증가한다.
4. 시간제 노력으로는 전업자의 결과를 산출할 수가 없다. 이 사업을 일단 시작해보는 것보다 더 좋은 방법은 없다.

Top Leader 18

정 동 근 | 허벌라이프

1955년 경북 문경 출생.
군 제대 후, 호텔 근무.
1989년 말, 네트워크 마케팅 입문.
1998년 3월, 허벌라이프 가입.
11개월 만에 최고직급인 President Team이 됨.
1년 8개월 만에 세 라인을 최고 팀에 올려 쓰리 다이아몬드가 됨.

"

모든 타락 가운데서
가장 경멸해야 할 대상은
다른 사람의 목에 매달리는 것이다.

"

도스토예프스키 「백치」

"가장 빠지기 쉬운 함정은
'돈을 쉽게 빨리 벌 수 있다'라는 달콤한 유혹이다."

실패의 대명사였던 내가 성공 노하우에 대해 글을 쓰다니 참으로 격세지감을 느낀다. 스물 두 번의 실패, 자본 투자로 여섯 번, 네트워크 사업에서 열 여섯 번을 실패하다보니 내게는 늘 실패의 꼬리표가 따라다녔다.

새로운 사업을 시작하면서도 언제 또 실패할지 모른다는 불안감에 항상 시달렸고 막연한 불안감은 현실로 찾아와 결국은 빚만 지고 사업을 접고 만 것이 한두 번이 아니었지만 허벌라이프를 만난 후, 나는 성공했다.

회사 선택이 무엇보다 중요해

실패했던 지난 날을 되돌아보면 실패할 수밖에 없었던 선택 같다.

장기적인 비전보다는 나의 경제적인 상황을 구실로 눈앞의 이익에 어두워 선택 기준이 흐렸다.

선택 기준은 '남들이야 어떻게 되든 나만 성공하면 된다'라는 이기주의, 도덕 불감증, 기회주의였다.

지금 생각하면 만약 그 때 성공했다면, 오히려 그것이 이상했을 것이다. 그래서 만나는 사람마다 나같은 전철을 밟지 않기를 바라는 마음이 간절하다.

물론 다소 효율의 차이는 있을 수 있지만 절대 다수의 올바른 네트워크는 열심히 일한 만큼 버는 구조이다.

나는 네트워크 사업을 시작하려는 사람들에게 몇 가지를 먼저 확인하고 시작하기를 당부한다.

즉, 회사를 선택하기 전에 —어떤 회사인가? 어떤 제품들로 구성되어 있는가? 내구재인가, 소비재인가? 소비재라면 품질과 가격경쟁력은 어떤가? 소비 주기는? 시장 잠재력과 장래성은 어떤가? 마케팅은 올바른가? 또 무엇보다 회사를 이끌어가는 오너와 리더들의 윤리의식과 철학은 어떤가? 등등을 꼼꼼히 따져보라고.

지금 우리나라의 네트워크 사업은 시작 단계라고 할 수 있다. 따라서 네트워크가 올바르게 뿌리내리고 성장하기 위해서는 네트워크를 시작하는 사람이 먼저 올바른 회사를 선택하는 것이 중요하다. 또 이미 시작한 사람이라면 스스로 올바른 리더가 되도록 노력해야 한다.

먼저 시작한 이들에게는 이제 막 이 사업에 동참하는 미래의 리더들을 올바르게 지도해야 할 막중한 책임이 있기 때문이다.

내 인생을 바꿔준 허벌라이프

허벌라이프를 시작하기 전, 나는 빚 외에는 아무 것도 없었다. 거듭된 실패로 신뢰를 잃어 도와주려는 사람은 아무도 없었다.

경제력, 자신감, 희망, 그 아무 것도.

이런 내게 허벌라이프는 하나의 빛이었다. 체중 관리에 탁월한 효과가 있다는 얘기를 듣고 시장성을 확신했을 뿐만 아니라 비록 실패는 여러 번 했지만 네트워크 사업에 대한 경험도 있었기에 관심을 갖고 기회를 기다리고 있었다. 그리고 제품에 대한 경험을 직접 해본 후, 다른 제품과 정말 다르다는 것을 느끼고 바로 사업하기로 결심했다.

허벌라이프를 만나면서 내 모든 것은 새롭게 변했고 희망이 싹트기 시작했다. 제품력이 계속되는 한, 이 사업은 영원할 것이라는 믿음이 생기자, 자연히 다른 사업에서 느꼈던 조급증이나 불안감도 말끔히 사라졌다.

"그래, 한 번 해보는 거야"라는 각오가 절로 생기고 너무나 기쁘게 새출발할 수 있었다.

주위에 변화된 내 모습을 보여주고자 담배도 끊고 좋지 않았던 습관도 가능한 한, 없앴다.

일과 관련없는 사람은 만나지도 않고 오로지 일에만 전념했다. 특히 허벌라이프는 나처럼 사업에 여러 번 실패한 사람들에게는 새로운 도전 정신을 불어 넣어주는 사업이었다.

사업에 실패할 때마다 배운 교훈을 하나씩 허벌라이프에 접목했고 회사가 이끄는 대로 순조롭게 사업을 진행했다. 그러자 예상보다 빨리 정상에 도달했고 정상에 와보니 상상도 못 했던 영예와 성공의 결과가 나를 기다리고 있었다.

올바른 철학이 무엇보다 중요하다

우리 네트워커들에게는 올바른 철학 즉, 올바른 사고방식이 무엇보다 중요하다.

우리 각 개인의 사고방식은 개인의 습성과 행동에 영향을 미치게 되고 팀에 영향을 줄 뿐만 아니라 소속회사의 흥망에도 지대한 영향을 미치게 된다.

이 땅의 네트워크 사업이 올바르게 뿌리내리고 네트워커라는 말이 어디서나 자랑스럽게 불리도록 하는 것도 우리의 사고방식에서 시작된다.

윤리의식과 주인의식, 성실한 자세, 부지런함, 솔선수범…. 이 모든 것이 올바른 생각과 몸에 배어 있는 생활 습관에서 나오며 이런 것들이 지속적으로 생활화, 습관화된 결정체가 곧 성공이다.

실제로 허벌라이프를 시작하고서 나는 평소보다 한 시간 일찍 일어나고 한 시간 늦게 자는 습관을 생활화했다. 그러니 한 달이면 60시간을 더 버는 셈이다. 단시간에 꿈같은 고소득이 절로 얻어지는 것은 아니다. 요령 피우지 않고 열심히 하면, 내게도 성공의 밑거름이 되었다. 시간낭비 없이 부지런히 자신의 생활을 관리하는 리더의 태도는 함께 일하는 다운라인들에게 모범이 되어 팀 전체에 퍼지고 협력과 사랑으로 뭉치는 힘이 된다.

성공 시스템 1단계

첫째 : 기본과 원칙을 지켜라

회사마다 가르치는 기본과 원칙은 조금씩 다르겠지만 네트워크의 기본 원칙은 절대 변하지 않는다. 그것은 소매와 모집 그리고 교육이다. 이것을 끊임없이 반복할 때, 성공은 내것이 될 수 있다.

소매란 처음 사업에 참여하는 사업자늘에게 활동비를 제공해줄 뿐만 아니라 제품에 대한 확신을 갖게 한다. 또 소매한 고객에게 최선을 다해 관리하면, 고객은 감동하게 되고 재구매나 소개 혹은 고객 스스로 이 사업에 관심을 갖는 계기를 마련해준다.

그러나 소매만으로는 부자가 될 수 없다. 네트워크 사업에서는 모집이 꼭 필요하다. 모집에서 가장 중요한 것은 확실한 비전을 심어주는 것이다. 3년이나 5년 후, 어떤 모습으로 성장해 있을지 상상이 되도록 해야 한다.

이 때 전달자 스스로 강한 신념이 있어야만 메시지가 전달된다. 과장이나 거짓말은 안 된다. 사실 그대로 솔직히 전달해야 더 강한 인상을 준다.

누구나 진실을 말할 때, 가장 눈빛이 빛나고 상대 또한 그것을 느낀다.

처음 어떤 일을 시작하면 열정이 생긴다. 그러나 몇 번 반대 의견에 부딪치고 거절당하다 보면 "언제 내게도 열정같은 게 있었나?"라는 마음으로 포기하고 싶어진다. 이럴 때 처음의 열정을 되찾아주는 것이 바로 교육이다.

"배움을 멈추면 가르침도 멈춰라", "배움은 부의 시작이다"라고 경제철학자, 짐 론 박사는 얘기한다.

그렇다! 네트워크 사업에서는 소매하고 모집하고 교육하는 방법을 배우고 가르치며 실천하는 것으로 성공과 부가 시작된다고 할 수 있다.

둘째 : 교육 시스템을 활용하라

교육 시스템이 있음에도 불구하고 많은 사람들은 지금 이 시간에도 자기 나름대로의 방식을 열심히 만들어내고 있다. 하지만 나는 성공한 모델을 활용하라고 권하고 싶다.

처음 허벌라이프에 입문했을 때, 확신이 생긴 이유 중 하나가 교육 시스템 전체를 하나로 묶은 I.B.O(International Business Opportunity) 책자였다.

초보자도 쉽게 이해할 수 있도록 쉽게 쓰였고 사업에 필요한 모든 것을 잘 활용할 수 있도록 만들어져 있었다.

이 외에도 허벌라이프의 교육 체계는 너무나 잘 짜여 있었기에 회사가 제공하는 프로그램대로만 따라하니 특별한 지식 없이도 빨리 적응할 수 있었고 사업을 진행하는 데 큰 어려움이 없었다.

어느 회사든지 사업자들이 성공의 단계에 도달할 수 있도록 돕는 훌륭한 교육 시스템이 있을 것이다. 그 시스템을 최대한 활용하라. 그 교육 시스템으로 성공한 사람들의 방식을 따라 사업하다 보면 어느 순간 자신도 그 자리에 있게 될 것이다.

셋째 : 쉽고 간단히 복제해줘라

누가 뭐래도 네트워크는 생산적인 복제가 반복되지 않으면 성공할 수 없다. 복제된 사람들이 내가 할 일을 대신 해주기 때문이다. 그렇게 하려고 하면 쉽고 간단하게 가르쳐야 한다. 어려운 용어를 사용하면서 이론에 집착하다 보면 쉽게 지치고 일찍 흥미를 잃고 만다.

실제 전문분야에서 오랫동안 일하다 전업한 사람 중, 네트워크 사업의 본질을 이해하지 못 하고 자신의 방식을 고집하다 실패한 경우를 종종 본다. 그들은 일반인의 눈높이를 맞추지 못 하고 복제교육을 했기 때문에 실패한 경우이다.

보다 많은 사람에게 사업을 복제하고 싶다면 간단하게 해야 한다. 허벌라이프에서도 "Simple is the best"라는 원칙을 강조한다.

나는 차 안에서 시간이 날 때마다 티나 터너의 〈Simple is the best〉라는 노래를 즐겨 듣는다.

복제의 원리는 간단하다. 누구나 부담없이 경험해볼 수 있어야 많은 사람에게 확산될 수 있다. "다양한 실패의 가르침은 미래를 위한 비팅이 된다"

간절히 이루고자 한다면 그것이 무엇이든 누구나 극복할 수 있다. "자신을 채찍질하는 고통은 한두 근에 불과하지만 후회의 고통은 몇 톤이 된다"라는 말이 생각난다. 쉬지 말고 달려라. 달리는 자전거는 절대 쓰러지지 않는다.

어떤 사업을 하든 자신의 경영철학을 확고히 정리하고 있지 않으면, 소신 있는 경영자가 될 수 없듯이 네트워크에서도 존경받는 리더가 되려면 원칙 중심의 자기관리가 필수이다. 대부분은 고객을 열심히 만나고 가능사업자를 모집해 보지만 별 성과없이 매일, 매월 반복하다가 좌절하고 만다. 좀더 포괄적이면서도 체계적인 운영 (management)이 되어 준다면, 훨씬 효율적이고 내실있는 사업으로 성장할 것이다.

성공 시스템 2단계

1. 성공을 학습하라

첫째 : 실패를 통한 학습

성공을 향한 가장 좋은 방법 중 하나는 실패를 해보는 것이다. 대부분은 어떤 일을 결정할 때, "이 일을 했다가 실패하면 어쩌지?"라며 미리 실패를 전제로 검토한다. 때문에 별로 어려운 일이 아닌데도 자신감이 잘 생기지 않는다. 그러나 실패를 두려워하지 않고 시도하겠다면 "이 정도쯤이야!"라는 생각으로 바뀌게 된다.

가망고객이니 사업자를 접촉하는 것도 마찬가지다. 시도해 보지도 않고 "이 말을 하면 저 사람이 나를 어떻게 생각할까?"라는 상상부터 하다 보니 접촉해볼 자신감마저 좀처럼 생기지 않는 것이다. 그러나 시도하지 않으면 아무 것도 얻을 수 없는 것 아닌가. 거절은 반복될수록, 극복이 빨라지고 나를 강하고 더욱 소신있게 만들어주는 훌륭한 도구이다. 성공만이 아닌 실패를 통해서도 많은 가르침을 얻게 된다.

남들보다 유난히 많은 실패 경험을 갖고 있는 나의 지난날을 살펴보더라도 그 실패가 때로는 멍에였지만 지금 생각하면 다양한 실패의 경험이 허벌라이프라는 회사를 내가 찾던 최상의 회사로 볼 수 있는 안목을 키워주었고 주저없이 선택할 수 있는 배경이 되었다. 결국 나와 타인의 직·간접적 경험을 통해 실패하지 않는 방법을 배우게 되는 것이다.

둘째 : 성공을 통한 학습

성공한 사람, 존경하는 인물, 닮고 싶은 모델을 가까이 하라. 그들의 습관, 언어, 자기관리, 생활규칙, 철학 등에 대해 탐구하라. 아직 성취하지 못한 자신의 모습과 다른 점을 발견할 것이다.

우리 각자에게는 모범이 되고 귀감이 될, 그 누군가가 필요하다. 우리가 변화하고 발전하기 위해서는 누군가로부터 영향을 받는다. 우리에게 미친 영향은 우리의 마음에 각인되어 미래의 우리 모습과 삶의 방식으로 남게 된다.

지도력을 가늠하는, 가장 중요한 덕목을 묻는다면, 나는 주저없이 언행이 일치되는 리더십이라고 대답한다.

성공을 간접체험하는 또 하나의 방법은 각자 다른 인생행로를 걸어온 성공자들의 오랜 경험을 책으로 읽거나 그들이 가진 모든 성공규칙을 간접체험하며 내것으로 만든다는 것은 신나는 일이 아닐 수 없다.

2. 운영(management)

네트워크 사업은 팀워크 사업이면서 개인사업이다. 그 누구도 내 업무 방식이나 노력에 간섭하지 않는다. 따라서 성공에 대한 영예와 실패에 대한 짐도 내가 져야 한다. 그러므로 철저한 자기관리가 필요하다.

첫째 : 주도적이 되라

어떤 일이든 하다 보면 장애물이 나타난다. 특히 주의해야 할 장애물 중 하나는 꿈 도둑들이다. 나 자신이 주도적이지 못 하면 작은 모래알 같은 문제 때문에 꿈을 빼앗길 수 있다. 내가 올바르다고 판단한 일이라면, 장애물이 생기더라도 꿈과 열정을 뺏겨서는 안 된다. 내가 주변 상황의 영향을 받는 것이 아니라 내가 주변 상황에 영향을 주는 사람이 되어야 한다는 것이다

나로 인해 주변이 변화되도록 하라. 다시 말해, 주변 상황을 주도해 나가야 한다. 그것이 곧 주인의식이다. 이 사업의 주인은 자신이며 객의 모습은 안 된다. 매사를 적극적으로 주도하라. 비만 내려도 해야 할 일을 못 하는 사람이 있는가 하면, 주변에 어떤 상황이 벌어져도 할 일은 하는 사람이 있다. 후자는 자신에게 가장 소중한 일을 아는 사람이다.

둘째 : 좋은 습관을 가져라

"말이 행동을, 행동이 습관을, 습관이 운명을 만든다"라는 말처럼 운명을 바꿔놓을 정도로 습관은 중요하다.

불량식품을 꾸준히 먹는 것은 건강을 해치는 이유가 되지만 먹는 동안은 그것을 느낄 수 없다. 왜냐하면 즉시 결과가 나타나지 않기 때문이다. 실패 또한 마찬가지다. 매순간 생각할 때는 별 문제가 아니라고 생각한, 작고 소홀한 것들이 반복해 쌓이면 실패로 연결되는 것이다.

그와 반대로, 실패를 거울삼아 나쁜 습관을 개선해 나간다면 단기간에 긍정적인 성과를 경험하게 된다. 예를 들어, 매일 규칙적으로 운동을 하면, 즉시 활력을 느낀다거나 식사 습관을 바꾸면, 몇 주일 만에 건강이 좋아지는 것처럼 잘못된 습관을 바꾸면, 성공은 가까워진다. 우리가 매일 실천하는 새로운 좋은 습관은 우리로 하여금 또 다른 성공을 만들어낼 수 있도록 하는 흥미로운 결과를 낳게 한다.

셋째 : 이미지 관리

어떤 사람의 이름을 떠올리면 불현듯 스치는 것이 그 사람의 이미지다. "그는 참 부지런한 사람이야"아니면 "그 사람 참 착해" 또는 "그 친구 믿을 만했지?" "좀 교만한 것 같아"등등, 각각의 성품이 담긴 이미지가 생각난다.

가능한 한, 다른 사람들에게 좋은 이미지를 주어야 한다. 물론 지나치게 자아를 죽이고 남 중심의 이미지를 만들 필요는 없겠지만 누구에게 함께 일할 것을 권했을 때, 최소한 믿음을 주지 못해 거절을 당해서는 곤란하다는 말이다.

"저 사람이 선택한 것이라면 믿음이 간다", "저 친구가 하는 것이라면 뭔가 있을 거야"이런 이미지 관리는 물론 하루 아침에 이루어지는 것은 아니지만 그렇다고 포기할 일은 아니다. 그 동안 좋지 않았던 과거도 지금부터 꾸준히 노력하고 성실한 자세로 자신을 채찍질해 나간다면, 미래는 좋아질 것이다.

사람은 누구나 신념있는 사람과 함께 일하고 싶어한다. 내가 나눠줄 그 무엇을 끊임없이 만들어가지 않으면, 좋은 이미지를 지속시킬 수 없다는 말이다. 그러기 위해 내가 몸담고 있는 분야의 전문가가 되도록 최선을 다해 솔선하고 노력하며 귀감이 되어야 할 것이다.

넷째 : 시간 관리

네트워크 사업의 성패를 가르는 것 중 하나는 "누가 시간 관리를 잘 하느냐"이다. 누구에게나 공평하게 주어진 것이 시간인데 자칫 하루 24시간이 허무하게 사라지고 만다. "승자는 시간을 관리하며 살고 패자는 시간에 쫓기며 산다"라는 말처럼 조금만 계획성있게 활용하면, 엄청난 일을 생산적으로 해낼 수 있다.

일일계획(Daily Plan)을 세워 하루를 시작하기를 권한다. 하루의 계획은 며칠 전부터 세워진 것도 있겠지만 하루 전날 자기 전에 항상 확인하고 다음날 일정을 마무리한다.

다운라인이 많이 생기기 시작하면 여기 저기서 도움 요청이 들어오는데 이 때 '네!' 와 '아니오!' 를 분명히 할 수 있어야 한다. 물론 거절하기는 쉽지 않다. 그러나 따라다니면서 도와주는 것을 지나치게 습관화하면 독립성도 생기지 않을 뿐만 아니라 스스로 할 수 있는 능력이 사장되어 버린다.

얘기해서 가르쳐 주고(Tell), 내가 하는 모습을 보여주고(Show), 그로 하여 시도해 보도록 하고(Try), 스스로 하게(Do) 훈련시켜 '나와 같도록' 복제해 독립시켜야 한다. 그래야만 다운라인이 많아져도 시간을 관리하며 자신의 사업 영역을 지속적으로 확장시켜 나갈 수 있다.

다섯째 : 돈 관리

여성들을 상대로 "돈과 아름다움과 젊음 중에서 한 가지를 선택하라고 하면, 대다수인 71%가 돈을 택한다. 누구나 경제적 안정을 원하면서도 돈이라는 직접적인 단어에는 상당히 보수적이다. 평생 돈을 벌기 위해 시간을 보내다가 기력이 쇠하면 지난 날 좀더 열심히 일하고 절약해 더 많은 돈을 벌지 못한 것에 대해 후회하면서도 "돈이 인생의 전부는 아니다"라고 말한다.

많은 사람들이 시간적, 경제적 자유를 위해 네트워크를 한다고 스스럼없이 말한다. 수입이 꽤 많았는데 남은 것이 없다는 말도 자주 듣는다. 바로 돈에 대한 관리 부재 때문이다.

제품을 구입할 때 들어간 돈은 소매하면서 별도로 원가개념으로 챙겨야 함에도 불구하고, 생기는 즉시 기분좋아 쓰다 보면 월말결산 때 돈이 없다. 그리고 원하는 만큼의 소매와 모집이 안 되며 소득도 따라주지 않으니 사업의 재미를 상실하게 되는 것이다. "돈 번 자랑하지 말고 돈 쓴 자랑하라"라는 말이 결국, 소득액보다는 저축액을, 얼마나 가치있게 썼는가에 의미를 부여하는 것이다.

처음 시작부터 올바른 돈 관리의 개념을 정립해 누구나 경제적 안정을 누릴 것을 기대하며 희망찬 미래를 힘차게 달려가는 모든 네트워커들의 경제적 자유를 위하여 건배! "회사가 제시하는 쉽고 간단한 일을 성공하는 그 날까지 재미있게 반복하라"

힘은 합칠수록 커진다. 한 마리의 말은 2톤을 끌지만 두 마리가 힘을 합치면 23톤을 끌 수 있다고 한다. 힘을 모으면 엄청난 위력을 발휘할 수 있다는 단적인 표현이다. "백짓장도 맞들면 낫다"라고 하지 않던가?

많은 국내외 미래정보 · 경제학자들이 21세기를 이끌고 갈 혁명적인 변화의 한 분야로 유통산업의 네트워크 마케팅을 꼽는 데 주저하지 않는다. 그것은 이미 네트워크 마케팅 종주국인 미국이나 일본 등의 선진국에서 폭발적인 관심을 보였을 뿐만 아니라 상상을 초월한 성공을 입증시킨 회사나 개인들이 많이 탄생했기 때문이다.

시대가 변하고 경제관, 국가관, 미래관이 하루가 다르게 변화하는 이 때, 나 자신이 변하지 않는다면 무슨 의미가 있겠는가? 네트워크의 미래를 기대하는 많은 사람들을 위한, 원칙에 입각한 올바른 리더십이 그 어느 때보다 요구되고 있다. 변화하는 상황 속에서 모범적이고 성공적인 네트워커가 되어야 할 우리 모두를 위해 몇 가지를 나누고 싶다.

성공 시스템 3단계

1. 리더십

그토록 많은 리더십 이론의 권위자들이 각자 다양한 목소리로 외치고 강조하는 리더십은 대체 무엇일까?

그것은 내가 소속된 집단을 올바른 방향으로 이끌고 나가는 힘이라고 할 수 있다.

대부분의 네트워크마케팅 회사의 고소득자들은 자신이 리더라고 생각하고 있다. 그러나 우리는 상당히 오랫동안 거의 원칙없는 막연한 경험들로만 다운라인을 지도하며 그 위에 군림하고 있었던 게 사실이다.

전세계적으로 가장 존경받는 리더십의 권위자인 스티븐 코비 박사는 "진정한 리더십은 고매한 인격으로부터 나오고 또 일정한 힘의 수단과 원칙을 행사함으로써 나오게 된다"라고 했으며 추종자들이 리더를 따르는 3가지 관점을 얘기한다.

첫 번째는 강압적 지도자이다. 잠재적인 불이익이 두려워 순종하고 함께 행동하고 마음에도 없는 충성을 약속한다. 그런 모습은 표면적인 것에 불과하며 보는 사람이 없거나 잠재적인 불이익의 위협이 사라지면 더이상 추종하지 않는다.

두 번째는 혜택이나 이익을 얻기 위해 지도자를 따르는 것이다. 정보, 돈, 포용, 기회, 안정 등 추종자들이 원하는 것을 가지고 있기 때문이다. 이것은 "내가 주는 만큼 받는다"라고 느낄 때만 서로의 관계가 유지될 수 있다.

세 번째는 위의 두 가지와는 완전히 다른 성격의 지도력이다. 여기서의 힘은 추종자들이 지도자를 믿고 또 그가 성취하고자 하는 바를 신봉하는 데서 나오기 때문이다. 이 경우, 추종자들은 지도자를 신뢰하고 지도자와 그 지도자의 목표인 대의명분이 옳다고 믿으며 지도자가 원하는 행동대로 하기를 원한다. 결코 맹신이나 맹종이 아니며 로보트처럼 시키는 대로만 하는 것도 아니다. 바로 마음에서 우러나오는 자신의 선택이다. 이것이 바로 원칙중심의 지도력이다.

우리는 과연 위의 몇 번째에 해당되는 리더십을 가졌을까?

이제부터 미래를 짊어지고 나갈 진정한 네트워커가 될 우리 모두를 위해 진정한 리더십에 대해 생각해보자.

첫째, 언행이 일치되어야 한다

가르치려면 먼저 해 보여라. 자신의 행위가 우선되지 않는 지도자는 올바르게 팀원들을 이끌 수 없다.

다운라인에게 어떤 방법을 이론으로만 가르쳐놓고 자신은 행동으로 옮기지 않으면서 다운라인의 결과를 지켜보는 것은 안 된다.

자신이 먼저 해 보이고 따라오도록 해야 하며 행위가 수반된 결과만을 기대한다. 필자가 허벌라이프를 선택할 수 있었던 결정적 요인은 곧 설립자의 경영철학과 리더사업자들의 언행이 일치된 지도력이었다.

둘째, 주인의식이다

내가 몸담고 있는 네트워크 사업과 회사는 황금알을 낳는 거위에 비교될 수 있다. 이 거위의 주인은 바로 우리 자신이며 거위가 병들지 않게 잘 보호해야 하는 것도 우리다. 급하게 더 많은 알을 낳으라고 무리하게 요구해서도 안 되며 더 건강하고 튼튼하게 키워 어떤 외부환경에도 영향받지 않는 거위를 우리 후대에 물려줘야 할 의무도 우리에게 있다.

셋째, 다양성을 인정하라

네트워크 사업만큼 다양한 환경을 가진 사람들이 모인 곳도 드물다. 학력, 전공, 능력, 배경, 나이, 성별, 인종, 종교 등 너무나 다양한 사람들이 조건을 초월해 팀을 이루어 일하기 때문에 다운라인들의 다양한 성향을 인정해야 한다. 학력이 높다고, 말을 잘 한다고, 배경이 좋다고, 성격이 좋다고 사업을 잘하는 것은 결코 아니다.

특히 성과가 좀 좋다고 해서 그렇지 못한 사람들과 차등을 두고 편애해서도 안 되며 항상 형평성 있게 대해 주고 각자의 장점을 최대한 계발시켜 성공에 이르도록 인내를 갖고 이끌어줘야 한다.

넷째, 칭찬을 아끼지 말라

말(馬)을 움직이는 방법에는 당근과 채찍이 있다. 잠시 자극들 주어 달리게 하는 것은 채찍이 효과적이지만 지속적으로 달리게 할 수는 없다.

자신의 의사에 의해 자유롭게 시작하고 그만둘 수 있는 네트워크 사업에서의 채찍은 상당한 위험요소로 작용할 수 있다.

특히 공개적인 채찍은 치명적이다. 스스로 자각해 지속적으로 달리게 하는 것은 당근의 효과가 절대적으로 크다.

칭찬해주고 결과에 대해 인정해줘라. 칭찬하고 인정해주면 성취에 대한 의욕이 두 배가 된다. 잘못이 있다면, 조용히 개인적으로 조언해주고 칭찬할 일은 공개적으로 하라. 칭찬하고 인정해주는 것은 숨은 잠재력을 최대한으로 끌어올리는 가장 좋은 도구다. 이 때 유념할 사항은 "누구나 공감할 수 있는 내용이어야 한다"라는 것이다.

다섯째, 정직성이다

네트워크 사업은 신뢰가 바탕인 인맥유통이다. 인맥유통은 언제 어디서나 거짓이 없어야 하며 투명하게 열려 있어야 한다. 거짓말은 항상 반복된 거짓말을 낳는다.

진실은 가장 큰 힘이다. 한 번 정직성에 상처를 입게 되면 오랫동안 쌓아왔던 인간관계가 하루아침에 물거품이 될 수 있을 뿐만 아니라 팀을 끌고 갈 지도력을 상실한다. 그러므로 어떤 상황에서도 신뢰를 잃지 않도록 솔직하게 마음을 열고 다운라인들과 함께 해야 한다.

2. 팀워크

네트워크 마케팅만큼 팀의 응집력을 필요로 하는 곳도 드물다. 각자 능력과 기술을 모아 공동목표를 갖고 나아가려면 이를 결집해야 한다.

"힘은 합칠수록 커진다"라고 선인들은 말씀하셨나. "뭉치면 살고 흩어지면 죽는다"라는 비유처럼. 팀워크는 조금씩 양보하고 서로 좋은 영향을 주려고 각자 노력할 때, 가능하다. 내가 가진 장점은 팀에 기여하고 다른 사람의 장점을 겸허히 받아들여 내것으로 만들 때, 시너지 효과는 극대화된다.

3. 사랑하라

사랑의 힘은 그 무엇에 비교되지 않을 만큼 위대하다.

누구나 사랑받고 싶어한다. 특히 다운라인은 존경하는 지도자로부터 인정받고 사랑받고 싶어한다. 먼저 사랑을 주어라. 때로는 자연스레 우러나오지 않는 사람에게도 사랑을 줘야 할 때가 있을 것이다.

그럼 사랑을 받는 쪽은 어떤가? "사람은 자기를 알아주는 사람을 위해 목숨을 바칠 수 있다"라는 말처럼, 인정받고 사랑받고 있다고 생각하면 더욱 노력할 것이다.

지금까지 제시한 내용들을 하나씩 짚어보면 어렵다고 생각할지도 모르겠지만 사람이 살아가면서 갖춰야 할 가장 기본적인 이야기일 뿐이다. 네트워크 사업은 많은 조건을 갖추고 창의적이며 특별한 일을 해야만 성공하는 것이 아니라 나의 한두 가지 장점만 잘 적용시켜 '회사가 제시하는 쉽고 간단한 일을 성공하는 그 날까지 재미있게 반복하는 것' 뿐이다.

Top Leader 19

정 재 수 | GTS 블루다이아몬드 〔로얄 크라운〕

경남 고성에서 태어나 일본 一橋(히도쯔바시)대학 경영학 석사 취득.
기아그룹 내 (株)기산의 영업대리 근무.
IMF 당시인 1997년 12월에 네트워크에 입문해 1년 6개월 만에 최고직급 도달.
GTS의 서울지역 제 7DCO로 활동.
그룹내 단위 DC로 1년 4개월 만에 매출 120억 원을 돌파한
플래티넘 보너스 대상자.

“

결혼을 위한 사랑은 사람을
만들지만
우정을 위한 사랑은 사람을
완성한다.

”

베이컨 「사랑에 대하여」
프랜시스 베이컨(1561~1626);
영국의 철학자, 문학가

"훌륭한 참모가 훌륭한 리더이다."

언젠가 제대로 된 네트워크를 완성하자며 결코 작은 것에 흔들리지 말고 멀리 보고 크게 움직이자는 문병우 회장님의 땀과 열정 그리고 소신은 짜릿한 전율을 느끼게 했다. 한국 네트워크를 선도하기 위한 조련과 질책, 잊고 있던 결혼기념일까지 손수 챙겨주시던 배려 속에서 어느새 내 모든 것을 자이언트에 맡겨버렸다.

사람은 모두 꿈을 꾸면서 더 큰것을 열망한다. 원하는 대로 살지 못하고 얻지 못함에 아쉬워하며 항상 꿈꾼다.

'화려한 성공'

이는 누구나 꿈꾸는 소망이며 늘 소원하는 것임에 틀림없다.

그러나 우리는 남의 성공을 부러워할 뿐 스스로 도전하는 데는 익숙하지 않다.

기회로 가득찬 세상 속으로 덤벼드는 도전 정신이 부족한 것은 아닐까? 필사의 정신으로 싸운 병사들에게 씌워질 월계관은 이것 아니면 안 된다는 위기감과 그로 인한 근성 때문이 아닐까?

위기는 기회이다

대학원에서 경영학을 전공했고 기아그룹 대리로서 자신만만하게 영업 중이던 내게도 IMF는 찾아왔다.

비록 미래 없는 월급쟁이였지만 젊다는 이유로 대안없이 교만했던 당시, 처자식을 둔 가장으로서 조그마한 책임감에 난생 처음 긴장했다.

떠나가는 수십 년 직장상사의 고뇌를 피부로 느끼며 직장인의 한계를 절감하던 그 순간, 나는 너무나도 복스럽게 자이언트를 만났다.

성공으로 연결되는 만남

직장 선배인 김 남중 과장(현 창원 제2DCO)을 통해 처음 접한 네트워크 마케팅을 '쉽게 돈 벌려는 부류' 쯤으로 치부했던 나의 편견은 한 사람을 만남으로써 여지없이 깨졌다.

마음이 따뜻한 사람들과의 운명적 만남을 소중히 하며 그들의 가슴을 영원히 사랑하고 인간적 신뢰를 바탕으로 한 사업적 신뢰 속에 형제 같은 결속력으로 결코 길이 아니면 안 가고 불의와 결코 타협하지 않으며 깨끗한 신념과 행동으로 진정한 땀의 가치를 혼으로 전하는 청부의 정신 그리고 나눔의 정신, 이는 GTS 정신의 근간이다.

나보다 전체를 우선하는 시스템, 전체가 있으므로 내가 존재할 수 있는 공동체, 진정 우리가 지향하는 네트워크일 것이다.

자이언트의 영원한 참모가 되자

네트워크마케팅은 다른 여러 조건이 있어야 하지만 가장 중요한 것은 발전적 복제사업이라는 사실이다.

본보기로서의 자세, 솔선수범이야말로 가장 큰 교육이 아닐까.

내 다운라인을 감동시킬 수 있는 헌신, 전체를 위한 참모의 완벽한 자세를 보여줄 수 있어야 한다.

참모는 독단하지 않는다. 참모는

따르는 것이다. 전체를 위해 순응하는 자세, 그것이 진정한 리더의 자세가 아닐까?

강한 하이터치로 많은 사람을 포용하며

정이 많고 눈물 많은 식구들, 사랑은 받기 위해 주어야 하는 유일한 것이다. 표현되지 않는 관심은 사랑이 아니다. 사랑은 힘이고 맹세다. 사랑은 용기이고 우리 자신과 다른 사람들에 대한 존중이다. 사람들의 장점을 보는 것이다.

사랑이 있으면 뭐든지 할 수 있다. 사랑이 없으면 판단이 흐려지고 무능, 무기력해진다. 자신감과 자부심이 줄고 두려움이 생긴다. 사랑을 잃으면 긴장하게 된다.

유일한 치료법은 더 많이 사랑받는 것이다.

결코 서둘지 말자

성공은 서두는 법이 없다. 떡갈나무는 하룻밤 사이에 훌쩍 자라지 않는다. 나무는 그렇게 의연히 서서 잎새와 잔가지와 껍질을 잃어가며 자란다. 다이아몬드도 결코 하루아침에 만들어지지 않는다.

소중하고 아름다운 것은 긴 시간이 걸린다.

인간의 성장과 발전도 마찬가지다.

긍정적 사고를 가지는 데 시간이 걸린다. 중요한 것은 믿음이 아닐까. 겨울 뒤에 새봄이 오듯이 믿고 기다릴 줄 알아야 한다.

힘든 때가 있으면 편한 때도 있다.

하룻밤 사이에 성공하는 꿈같은 이야기는 어쩌면 이 세상에 없는지도 모른다.

우리는 진정 호랑이를 잡으러 왔는가

이루고 싶은 꿈을 포기하지 않고 끝까지 노력하는 인내가 필요하다. 도전하는 한, 기회는 오는 법이다.

미국 역사상 가장 많이 실패한 정치인, 그러나 전혀 굴하지 않고 끝없이 도전해 해내고야 만 사람. 그는 바로 링컨이다.

성공한 사람들이라고 해서 특별히 뛰어난 것은 아니다.

다만 목표가 뚜렷했을 뿐이다.

목표는 방향이다. 방향 없는 배가 표류하듯이 마음 속에 품었던 초심을 끝없이 간직했을 뿐이다.

기회를 잡으려는 노력을 멈추지 않을 때, 기회는 비로소 모습을 드러낸다. 사지 않은 복권이 당첨될 수 없듯이 시도하자, 도전하자, 끝없이 도전하자.

세계를 하나로!

네트워커들은 개척자이다. 보상에 대한 욕구도 중요하지만 인정받고자 하는 욕구 또한 보람 중 하나이다. 네트워크가 뜨고 있다. 바야흐로 세계가 열리고 있다.

양질의 제품과 서비스가 많은 사람들을 네트워크 쪽으로 끌어당기고 있다. 이제부터 시작이다.

GTS의 한 밀알로서 한국 네트워크를 제패하고 세계 최고의 네트워크로 우뚝 서는 그 날까지 세계로 간다. 최고 제품, 최고 정신, 영원한 공유 정신이 GTS의 이름으로, 대한민국의 이름으로 세계로 간다. "진정한 성공자의 모습은 인격을 드높인다"

「당신이 가장 아끼고 사랑하는 사람이 있다면 그리고 그들에게 당신의 영향력을 발휘하고 싶다면, 그들을 격려하고 신뢰하고 존중해

주기만 하면 된다」(블레인 리 〈지도력의 원칙〉 중에서)

　선진국은 물론 일본 경제마저도 장기불황의 늪속에서 빠져나오지 못 하고 있다. 디지털혁명으로 불황을 모른다던 미국의 신경제도 비틀거리는 가운데 한국경제도 IMF 직후만큼 사정이 좋지 못 하다고 경고하고 있다.(골드만 삭스 보고서).

　한 가닥 희망으로 기대를 모으던 IT(정보기술)산업도, 벤처업계도 깊은 수렁의 탈출구가 보이지 않는다.

　기업·금융·공공부문 구조조정 여파 속에서 대량실업의 충격을 흡수할 묘책 없이 대졸자를 포함한 고급실업자들은 갈곳이 없다. 그러나 이런 암담한 위기의 순간이 바로 출발점이라는 해법을 네트워크 마케팅은 제시한다.

　2001년 기준 국내 네트워크마케팅 시장 규모는 4조 원대에 육박함으로써 전년 대비 100% 급팽창했다. 경제가 어려움에 직면하고 소비심리가 위축될수록, 네트워크 마케팅이 유통의 핵심에 위치한다.

　WTO는 글로벌 경제 아래 불필요한 그 어떤 간접 유통 마진도 쉽게 허용하지 않는 소비자의 현명한 선택 때문에 직거래 유통 즉, 네트워크 마케팅이 유일한 대안이요, 필연적 귀결이다.

정보의 투명성과 공유

　오늘날 정보·통신기술의 발달에 따라 정보는 권력자의 전유물이 될 수 없고 더구나 은폐될 수 없는 탓으로 누구나 공평하게 누릴 수 있게 되었다.

　좋은 정보든, 나쁜 정보든 지구촌 구석구석 실시간(real time)으로 제공되기 때문에 이를 수용하고 취사·선택할 여지가 넓어지고 누구나 유용하게 활용할 수 있다.

IT(정보기술)와 결합한 새로운 벤처기업이 속출하는 가운데 유통 분야에서도 직거래 방식이 각광 받고 이런 투명한 정보를 공유하려는 신지식인들이 새로운 부와 성공을 만들어가고 있다.

기회의 공평성과 선택

이처럼 직거래 방식(N · W · M)이 유통의 변방으로부터 중요한 축으로 이동하면서 평범한 사람들이 성공할 수 있는 기회가 개방된 가운데 기회를 포착하는 결단과 용기만이 우리의 선택을 기다린다.

그러나 기회는 거저 주어지는 것이 아니고 스스로 만들어가는 것이다. 유용한 정보에 귀를 기울이고 기회가 왔을 때 이를 잡으려는 사람들에게만 오는 것이다. 어느 때 용기를 내어 기회를 잡아야 할지, 언제 행동으로 옮겨야 할지 전적으로 자신의 의지에 달려 있다. 비록 좋은 기회가 코앞에 와있더라도 성공에 대한 열망과 불타는 의지가 없으면 스쳐 지나가고 만다. 의지가 약하고 용기가 부족한 사람들은 기회를 잡더라도 쉽게 놓치거나 포기해 버린다.

직장에서도 상사나 동료의 신뢰를 얻지 못 하고 인생을 그르치기 쉽다.

마찬가지로 무슨 일이든 작은 이익에 매달려 철새처럼 떠돌아 다니는 사람은 성공하기 어렵다.

역경을 이기는 방법

1997년 11월, 국내에는 N · W · M 보호 · 육성법이 있었지만 자이언트의 출발은 그리 순탄하지 않았다. 모든 조건이 열악했고 N ·

W · M을 보는 시각은 얼음처럼 차가웠으며 IMF 한파가 몰아치고 있었다.

그 살벌하고 척박한 풍토에서도 오로지 할 수 있다는 신념 하나만 불태우며 자갈밭 꽁꽁 언 땅을 일구어 옥토를 만들었다. 굽힐 줄 모르는 불굴의 의지로 숱한 난관을 견디며 온몸으로 부딪치던 피땀의 의미는 차라리 아름다운 전설로 오늘에 이른다. 동트는 직전의 미명이 가장 어둡고 추운 법이다.

그러나 태양이 어김없이 솟듯이 삶의 태양도 솟을 것이다. 정녕 마지막 같은 순간, 실낱 같은 새 희망이 움트기 때문이다.

스스로 이 길이 옳다고 확신한다면 온세상 모든 사람이 반대하더라도 흔들리지 않는 끈기가 필요하다. 특히 역경에 처할수록, 인내를 터득해야 한다.

경쟁과 협력

선의의 경쟁은 개인의 잠재력을 높이고 사회발전의 원동력이 될 수도 있지만 일반적으로 경쟁사회는 개인의 역량이 승패를 좌우한다.

남을 이기기 위해서는 이기심을 앞세워 더 많이 배워야 하고 더 많은 힘을 길러야 하기 때문에 영악해지고 수단과 방법을 가리지 않는 치열함이 존재한다. 그리고 우리 인간들을 서로 경쟁하도록 요구해 왔고 우리는 이런 경쟁에 길들여져왔다.

그러나 N · W · M의 진정한 매력은 상호협력을 통해 함께 성공하고 더불어 사는 법을 모색하는 데 있다.

진정한 성공은 사람들과의 조화와 협력을 통해 성취되고 함께 나눌 때, 삶의 보람을 느끼게 된다.

이해 · 사랑 · 배려 · 존중

인간관계에서 가장 아름다운 모습은 서로 간의 이해와 사랑 그리고 배려하는 모습이다.

이제 GTS인은 눈구덩이에 홀로 던져져도 우뚝 일어설 수 있는 자생력을 갖게 되었으며 비옥한 옥토에 씨가 뿌려지는 순간, 무럭무럭 자랄 수 있는 터전이 마련되었다. 올해 GTS는 월매출 1,000억 원 목표를 달성하며 인도네시아에 네트워크 마케팅 수출을 필두로 우리 선조들이 걸어갔던 저 광대한 중원의 실크로드를 따라 중국으로, 세계로 간다. "소심한 영혼은 문을 열고 외부세계로 나오는 재생을 경험하지 못 한다"- 조셉 캠벨 -

그대가 누구이든 어느날 저녁 집밖으로 그 익숙한 곳을 떠나 한 걸음만 나서면 바로 옆에 광대무변한 공간 - 라이너 마리아 릴케 -

우리는 강력한 의지와 결단을 가진 영웅도, 운명을 개척하는 초인도 아니다. 현실에 불만이 있지만 어떻게 해보려다 그저 소주 한 잔에 평화로운 일상으로 돌아올 수밖에 없는 그런 사람들이다.

작은 일로 마음을 쓰고 사소한 일로 울고 웃는 지극히 평범한 사람들. 어디로 가는지도 모르며 그저 밀려가듯 세월 속에 덧없이 사는 사람들. 때론 세상은 살 만한 것이라고 애써 자위하지만 문득 밀려드는 공허함을 어쩌지 못 하는, 우리는 그런 평범한 사람들이다.

성공인의 비밀 - 변화

존 F. 케네디 전 대통령은 이 세상에서 유일하게 확실한 것은 변하지 않는 것은 없다는 사실이라고 했다.

변화를 원하는가? 변화함으로써 얻을 수 있는 것은 무엇인가? 아주 밝고 긍정적인 변화를 생각해보자. 더 많은 수입, 더 많은 성장 기회, 더 좋아하는 일의 발견, 그 일을 아주 잘하게 되는 것, 열정, 적극성, 자기실현, 자기만족, 사회적 안정 등이다.

변화를 통해 우리가 얻으려는 것은 '미래이며 희망'이다. 이것이 우리가 변화를 갈망하는 이유이다.

새장에 오래 갇힌 새들 중 태반은 문을 열어놓아도 떠나지 못 한다.

매일 주는 모이와 물, 안락하게 흔들리는 횃대….

그들은 익숙한 환경을 두고 알 수 없는 곳으로 떠날 수 없다.

익숙한 철창이 알 수 없는 자유보다 낫다. 알 수 없는 것들에 대한 두려움과 넓은 하늘을 맘껏 날 수 있는 자유, 이 두 가지 심리적 싸움에서 진 대부분의 새들은 새장 속에 남는다.

오래 갇혀 있던 야생 고릴라는 우리 빗장을 벗겨내도 더 구석으로 들어가 웅크린다. 삶에 절망하고 있기 때문에 자유를 잊어버린 것이다.

'자유로부터의 도피'는 우리 모두에게 가장 일상적인 현상이다.

우리는 불확실한 것에 대항하는 법을 터득해야 한다. 다행히 열려 있는 새장 문을 나서는 새들도 있다. 이런 용감한 새들만이 드넓은 하늘을 만끽할 수 있다.

이렇듯 인류역사도 평범한 사람들의 변화의 역사이다. 평범과 비범 사이에 존재하는 것은 '어떤 변화'이다. 역사가 인류의 기록이듯 개인의 역사 또한 변화의 기록이다. 성공한 사람들은 '어떤 날' 모두 평범으로부터 비범으로 자신의 인생을 바꿔놓았다.

평범과 비범 사이에 존재하는 변곡점 '변화', 이는 바로 우리가 찾고 싶어 하는 기점이다.

이 기점으로 당신은 묻어 두어야 할 과거를 떠나보내야 한다.

다른 사람에 대한 의존, 고용 불안, 거짓 희망과 대박을 믿는 허황,

나태한 일상, 다른 사람이 가는 길을 따라가려는 안이함, 무기력 등 스스로 정리한 과거를 단호히 흘려보내라. 그리고 스스로 새로운 자기혁명의 목표를 따라 자신의 내부로 향하라.

성공은 추구해서 얻어지는 것이 아니다. 돈 역시 그 뒤를 따라다녀 얻어지는 것이 아니다. 돈과 성공은 목적이 아니다. 그것들은 결과로 주어진다.

게이머들이 원하는 것은 승리일 것이다. 승리는 점수로 결정된다. 그러나 점수 자체가 목적은 아니다. 점수에 얽매이면 경기를 풀어나갈 수 없다. 경기 자체가 목적이고 거기에 몰입해야 점수가 높아지고 마침내 승리하는 것이다.

모두 이 사실을 알고 있다. 그러나 대부분은 늘 점수에 얽매어 있다. 마치 우리들이 성공과 돈에 얽매어 있듯이….

그래서 승리는 늘 '다른 사람들의 것'이 된다.

일 자체에 몰입하고 그 분야에서 기량을 쌓다보면 우리의 삶은 풍요로워진다. 이것이 성공이다.

명예와 돈은 그런 사람에게 주어지는 선물이다.

성공의 비밀 – 열정

성공이란 보물은 '자기에 대한 열정'과 '운'이 만나는 지점에 묻혀 있다.

운이 좋아 돈을 번 사람이 있다. 우리는 그들을 졸부라고 한다. 하지만 그들도 운이 나빠질 때가 있다. 그 때가 망하는 날이다. '운'은 우리가 관리할 수 없다. 그래서 '운'이다. 하늘에 맡길 뿐이다. 그러나 '자신에 대한 열정'은 각 개인의 몫이다.

열정을 가진 사람이 모두 부자는 아니지만 세상 속에 자신을 우뚝 세운 수많은 21세기의 영웅들 속에 세상과 자신에 대한 열정을 가지지 않은 사람은 아무도 없을 것이다.

　빌 게이츠는 멍청하고 리차드 브랜슨은 미친놈 같고 조지 소로스
는 투기꾼이라는 비난을 받았지만 그들은 자신이 추구한 것은 돈이
아니며 단지 열정이 시키는 대로 했을 뿐이라고 말한다. 그들은 돈이
흐르는 길목에서 기다린 사람들이며 물결을 거슬러 오른 고기들이
다. 과거의 최선이 아니라 새로운 최선을 만들 수 있다고 믿는 사람
들이다.

　그들은 때때로 악마와 같지만 자신의 삶에 열정을 가지고 있다.

　열정을 가지고 평생 그 길을 걷는 사람이 아직 부자가 되지 못한 것
은 아직 '때' 가 아니기 때문이다.

　이 기다림의 인내도 열정이요, 자신과 일에 대한 신뢰 또한 열정이다.

　잃어버린 열정을 찾아야 한다.

　끊임없는 자기혁명에 불씨를 찾아 불을 지필 수 있어야 한다.

　성공한 많은 사람들, 희망과 좌절 사이를 오락가락 하면서 이루어
낸 사람들.

　무려 만 번의 실패 끝에 전구를 발명해낸 에디슨을 우리는 성공자

로 기억하지만 그의 만 번의 빛나는 실패를 결코 기념하지는 않는다.

패자보다 더 많은 패배와 위험 속에서 승리한 사람들, 우리는 그들을 성공인이라고 부른다.

그들은 알고 있다. 성공의 비밀을….

Top Leader 20

조 규 석 | 암웨이 수석다이아몬드

전남 장흥 출생.
1983년부터 서울시 산하 기관 근무.
주식을 통해 기업환경 지식 축적.
1995년 11월, 암웨이 알게 됨.
1996년 7월, 파워라인 그룹에서 전업 시작.
2000년 9월, 다이아몬드 달성.

66

세상에 존재하는 모든 악은
대부분 무지에서 유래되는 것으로,
밝은 지식이 없으면
좋은 뜻도 나쁜 뜻과 마찬가지로
큰 피해를 초래할 수 있다.

99

카뮈 「페스트」
알베르 카뮈(1913~1960);
프랑스의 작가, 극작가

"변하지 않으면 성공할 수 없다."

일이 잘 풀려만 간다면, 누가 성공하지 못 하겠는가? 상품 판매는 적은 돈을 벌게 해주지만 인간관계를 중시한 인적경영을 할 수 있다면, 큰 부자가 될 수 있다. 잘 안 풀릴 때, 실타래를 풀어가는 집중력과 인내심으로 어려움을 풀어가는 지혜를 습득하라.

성공이란 단어는 보기만 해도 흥분되고 듣기만 해도 가슴설레는 향기나는 단어다. 누구나 성공을 꿈꾸며 열심히 살아가겠지만 그것이 어디 쉬운 일인가? 그리고 주변의 성공하신 분들을 바라보면서 "그 분은 그 분야에서 열심히 노력했기 때문에 성공했겠지!"라고 생각해버린다. 그러면서 자신은 현재 주어진 일을 하고 현재 여건을 생각하며 애써 만족하면서 살아가려고 노력한다.

물론 우리 주변에는 현재도 어렵게 살아가는 분들이 많이 계신다. 현재 어렵게 살아가는 것은 과거에 현재의 다음인 미래에 대한 준비를 하지 않았기 때문이다.

네트워크마케팅은 인간관계를 중시하는 인적경영이다

① 21세기 인터넷 경제환경은 정보 가치를 판별할 수 있는 선구안을 필요로 한다.

과연 주변의 많은 정보들이 자신에게 유익한지, 부가가치를 만들어낼 수 있는지, 전체 이익에 부합되는지 생각하면서 정보 판별력을 가져라. 올바른 정보 가치가 폭발하는 시대에 살고 있지 않은가?

네트워크마케팅에서 평범한 사람이 성공하는 예가 전세계에서 입증되고 있다. 신경제를 이끌어가는 요소의 사업임을 OECD에서도 인정하고 있다. 21세기 유통을 주도하면서 다수가 성공할 수 있는 유통이라고 칭한다.

② 1등만 생존하는 사회, 이른바 정글의 법칙이 통하는 사회이다.

사회 도처의 구조조정이 무한대로 이어지는 이유가 그렇다. 정보의 마술상자인 인터넷은 검색 기능이 있기 때문에 소비자는 안방에서 전세계 상품 정보를 입수, 비교할 수 있다.

정보가 통제되었던 산업사회에서는 2등, 3등(2류 메이커)도 ―소비자들이 구별할 수 없었기에 ―번성할 수 있었지만 전산 발전 속도가 6개월마다 2배로 빨라지는(무어의 법칙) 정보 인터넷을 통해 누구라도 1등 정보를 얻게 되었다. 때문에 기업들은 살아남기 위해 거대 합병 및 제휴를 하게 되었다. 따라서 우리의 고용과 사업 기회는 사라져 가고 있다.

금융회사, 반도체 회사, 인터넷 회사들 간의 제휴를 보자.

상반기에 전세계의 M&A 자금은 1조 8천억 날러, 우리 돈으로 2천조이다.

③ 유통에서의 큰 변화가 네트워크마케팅 쪽으로 오고 있다.

회사가 제품을 만들어 유통 경로를 배제하고 소비자에게 판매하는 시대에 돌입한 것이다. 미국의 델컴퓨터는 인터넷을 통한 직접판매로 이미 컴팩을 누르고 전세계 PC 판매 1위에 올랐다. '델'의 사운은 직접판매에 1위를 하자, 이미 1위에 올라서지 않았는가?

매장이 필요 없는 시대 ―사업 기회들은 점차 박탈당한다.

④ 소비자 주권시대의 도래.

지금까지는 생산이 수요를 만들어갔다. 그러나 지금은 과잉 생산으로 인해 소비자에게 인센티브를 주지 않으면 안 된다. 그래서 소비자 욕구의 파악과 무한한 서비스 제공 사회로 가고 있다. 제품도 좋아야 하지만 소비자들은 반품과 가격 결정에도 참여하기 때문에 이 조건을 갖춘 기업과 사업만 생존할 것이다.

눈에 보이지 않는 정보 가치를 얻어 확신을 가지고 실행하고 소비자중심적인 가치를 발견하고 무한대로 서비스해야 하는 시대지만 과연 우리 평범한 사람들의 능력으로 이런 사업을 할 수 있겠는가?

그러나 네트워크마케팅은 정보와 자본이 없는 사람에게도 이런 시대환경에 맞는 사업을 일굴 수 있는 기회로 통한다.

현재 자신의 위치에서 세상의 흐름을 알아내는 것은 자신의 방향성을 갖는 것이며 인생의 목표를 갖는 것이다.

흐름과 방향성을 가졌을 때, 강한 에너지와 성취를 위한 지구력이 생긴다. 확신은 자기내부의 철학과 경험을 만들어내고 실패를 통해 새로운 사실을 발견하고 자신을 독려한다.

일을 하면서 잘 안 풀릴 때는 새로운 경험을 얻기 위해 '무엇을 의미하는지' 생각해보곤 한다. 결국, 그런 일들이 자기만 가진 노하우이며 철학이다.

상대의 장점을 자기것으로 만들라

일단 작은 성취를 이룸으로써 많은 경영자는 만족감에 도취하면서 — 새롭게 변화하는 디지털 환경 적응력을 상실하면서 — 스스로 자멸의 길을 걷게 된다. 때문에 현재의 만족을 넘어, 새로운 환경을 다시 개척하는 것이 필수이다. 긴장 속에 진행되는 이런 일련의 행동을 도전이라고 한다.

현대 경영은 현재와 미래에 대한 새로운 시도의 연속이며 그 도전은 주변의 많은 아이디어를 통해 일어나므로 나의 이야기보다는 상대의 액션과 이야기에 귀를 기울여야 한다.

상대의 장점을 자신의 장점으로 만들고 자신의 단점을 보완해 나가다 보면, 결국 자신에게 지시하고 보완할 것에 대한 연속된 일련의 행위들로 귀결된다. 즉, 자신의 단점을 냉철히 분석하고 그 단점의 그림자를 작게 만들어간다.

자신의 장점을 계발하고 극대화시키면서 단점을 보완한다면, 그 단점이 성공의 향기를 뿜어낼 것이다. 그러면 사람들은 "그것을 극복하면서 해냈구나!"라고 뜨거운 박수를 보낼 것이다. 그러면서 "너는 탤런트 기질 때문에 해냈다"라고 말한다.

사발을 만들지 말고 고려청자를 빚어라

야구가 재미있는 것은 성기규직과 승부의 묘미를 알기 때문이다.

야구에는 헛스윙의 싱거움이 있다. 타자는 타이밍을 맞춰 혼신의 힘으로 배트를 휘두르지만 결과는 맥없는 헛스윙이다. 하지만 그것만이 아니다. 아기자기한 안타도 있고 대포알 홈런의 역전극도 있다. 헛스윙의 불만을 안타의 즐거움으로 바꾸면서 결국 홈런포로 역전의 스타가 되는 것이다.

바둑을 생각해보라. 똑같이 한 수씩 응수하지만 18급과 9단은 다르다. 9단이 되기 위한 노력이 바로 높은 곳을 향한 과정이며 매단계 배움을 통해 목표는 성취될 수 있다. 어떤 경우에도 한 수 배우겠다는 마음가짐을 잃지 않아야 하며 그런 끝없는 노력을 통해 '내게 닫혀 있던 문'을 비로소 열 수 있는 것이다.

조정 경기를 통해 '큰 목표에 도달하는 과정'을 습득하라. 단기 목표와 중장기 목표를 직시하고 너무 작은 것에 신경쓴 나머지, 큰 것을 놓치는 우(遇)를 범하지 말라. 순간적인 속도와 한 번 한 번의 노젓기에 정신이 팔려 방향감을 상실하거나 지름길을 놓쳐버린다면, 목표 지점에 도달하지 못 한다.

주장은 맨 앞자리에 앉아 동료들을 독려하고 큰소리로 방향을 알린다. 마지막 골인 테이프를 끊을 곳을 알고 있지만 그 곳을 향한 과정에서 헤매는 사람들을 위해 '작은 목표의 방향키'를 큰 표적을 향해 저을 수 있도록 도와주는 것이 바로 스폰서링이다.

화가는 미래의 모습을 그리기 위해 먼저 밑그림을 그린다. 그림 재주가 없는 사람은 아무리 그려도 표현하고 싶은 바를 제대로 못 그린다. 하지만 재주가 뛰어난 화가는 눈에 보이는 현상의 그림과 보이지 않는 내면의 마음을 단 한 번의 붓질로 모두 표현한다.

미래의 청사진을 밑그림부터 시작해 내면의 철학으로 만들어내면서 한 쪽의 성공 스토리라는 그림을 그려나간다.

내면의 세계는 만들고, 보기 위해 반복되는 그 일을 해보면서 의미를 갖는다. 그리고 혼신을 다하는 마음, 열과 혼을 심어본다. 사발그릇이 아닌 기능과 혼이 섞인 고려청자의 맛을 우러내야 한다.

인간의 잠재의식은 마술 상자다

자신의 의식 속에 무엇을 넣을 것인가? 아침에 일어나면서 본인의 의식에 좋은 필름을 찍어내는 것은 그 날 하루의 성공을 위한 윤활유이다.

오늘은 어떤 일이 일어날까, 누구를 만나 그들의 행복한 생활을 얘기할까? 설레임으로 잠재의식에 긍정적인 필름을 주입하면서 상상해본다.

내 자신의 미래는 언제나 웃음을 머금고 여유로운 행복을 즐기고 있다. 집사람의 온화한 미소, 결혼해서도 같은 집에 사는 아이들,

그런 모든 것을 —여행을 떠나는 즐거운 마음으로, 그것도 어릴 때, 소풍가기 전날의 들뜬 마음처럼 걱정 하나 없이 마냥 즐거운 세상을, 생각 속에 자유로이 갈 수 있는 곳, 풍요를 —상상 속에 생각한다.

너무 환상에 사로잡혀 살아가는 것이 아니라 마술 상자의 잠재의식에 간절히 주문한 후, 상자를 제거해야 한다. "긍정적인 사고방식으로 매사에 전념하라"

목표 달성을 위해서는 세부적인 계획과 실천 전략이 필요하다. 자신만의 성공 전략을 세우고 계획하라. 리더는 과거가 아닌 현재에 연연하지 않는 미래포석적인 사고를 통해 당면한 난관을 진일보한 성장가능한 일로 탈바꿈시켜야 한다.

21세기의 급격한 변화 속에서 기업경영 및 비즈니스도 새로운 길로 나가야 한다. 변화무쌍하고 예측도 어려우며 경쟁이 치열한 21세기의 기업 환경은 선수(先手)경영과 스피드 경영을 요구한다. 이 때 올바른 방향키 역할을 할 리더십은 필수적이다. 리더십에 따라 기업이 어려움에서 벗어나 번창하기도 하고 영원히 나락에서 벗어나지 못 하기도 한다.

그럼 리더십의 출발점은 어디인가?

리더십 이론의 거장이며 〈성공하는 사람들의 7가지 습관〉의 저자인 스티븐 코비 박사는 명확히 지적하고 있다. 그는 "해당 분야에서 리더적 성품과 사업 역량을 함께 구축하면서 대인관계를 신뢰감으로

형성하고 그 신뢰감을 토대로 그룹 전체의 능력을 발휘할 수 있도록 매진해야 한다"라고 말하고 있다.

따라서 21세기 리더십은 능력과 전문성 중심의 한층 업그레이드된 마인드로 새로운 지식을 빨리 습득해 소그룹을 전개, 그 조직이 원하는 부가가치를 창출하는 촉매 역할을 수행하면서 새로운 방향을 미리 감지하고 그에 따른 명확한 비전을 제시해야 한다.

리더에게 안정이란 단어는 이제 낡은 이미지다. 때문에 일상생활에 안주하지 않는 혁신자로서 환경의 변화를 재빨리 읽어내 조직의 다각적인 변화를 이끌어내야 한다. 또한 수평적인 리더십을 발휘해 손님을 모시는 마음으로 그룹 구성원을 섬기며 다음의 모토를 실천하는 리더로 다시 태어나야 한다.

"전술가에서 창조적 비전 제시자로"

"지시자에서 이야기를 효과적으로 전달하는 사람으로"

"조직 관리자에서 봉사자로"

'타고난' 리더는 없다

전세계에서 가장 명망있는 기업인(CEO)인 잭 웰치 회장은 '리더는 비전을 창조하고 자신이 그것을 명확히 하며 그 비전을 완성하기 위해 자신에게 관대하지 않고 냉혹하게 추진한다' 라는 명구로 훌륭한 경영인의 리더십을 압축한 바 있다.

그러나 우리는 리더십에 대한 편견들로부터 그다지 자유롭지 못하다.

"리더는 처음부터 타고난다"

"특별한 사람만의 재능이다"

이런 견해는 리더십에 관한 표피적인 인식밖에 되지 않는다. 왜냐하면 인간 내부에 무한한 에너지가 잠재해 있다는 사실을 무시한 견해들이기 때문이다.

성공자의 대열을 살펴보면, 평범한 사람들이 적지 않다. 네트워크 마케팅을 통해 성공한 다수의 '보통사람'들만 보더라도 이것은 아주 쉽게 증명된다. 결국 훌륭한 리더들은 잠재적인 무한에너지를 자기계발과 훈련을 통해 스스로 체득한다는 사실을 간과한 것이다. 여러분들도 그런 소질과 자질을 자신의 내부에 이미 갖추고 있으며 누구나 자기계발을 통해 훌륭한 리더로 성장해나갈 수 있다.

"기필코 나는 정상으로 간다."

리더들도 간혹 실패하는 우(愚)를 범한다. 이 말은 듣기만 해도 끔찍하지만 분명히 이 부분을 이해해야 성공을 거머쥘 수 있다.

강조하지만 지금의 실패에 낙담하는 것은 절대 리더의 마인드가 아니다. 당장의 실패는 오히려 약이 될 수 있음을 기존 성공담을 통해 여러 차례 확인했다.

리더는 시행착오라는 쓰라린 '경험'을 긍정적으로 받아들이고 뭔가 잘 안 풀릴 때는 그 문제점을 속속들이 파악하는 습관을 몸에 익혀야 한다. 왜냐하면 오류를 딛고 '성공의 길'이 있다는 확신 아래 다시 한 번 재도전한다면, 반드시 다음 길을 찾아낼 수 있기 때문이다.

대다수 실패한 사람들은 실패 요인을 남의 탓, 환경탓으로 돌리며 자신을 합리화시킨다. 하지만 성공한 사람들은 자신의 노력 부족을 처절히 인식하고 반성한다. 그런 후, '길은 반드시 있다. 기필코 정상으로 가는 길을 찾아내겠다'라는 신념으로 내일을 준비해 성공의 대열에 들어서는 사뭇 대조적인 모습을 보인다.

결국 당면한 과제에 대한 대처법을 보면, 훌륭한 리더 여부를 쉽게 판별할 수 있다.

그럼 성공하기 위해 무엇을 준비해야 하는가.

우선 자신에 대한 믿음에서부터 출발해야 한다. 즉, '나는 뭐든지 해낼 수 있다' 라는 성공을 예감하는 자신감이 절대적으로 필요하다. 항목별로 나눠보면, 다음과 같다.

① 크게 생각하라.

그 방법이 진정한 성공이라는 믿음이 간다면, 사고의 폭을 제한할 필요가 없다. 리더의 거시적인 안목을 키우는 핵심요소이다.

② 힘찬 단어를 이용해 자신에게 얘기하라.

미래에 대한 이야기, 큰 목표에 대한 이야기를 씩씩하고 밝은 목소리로 자신에게 다짐하며 자신을 무장해야 한다.

③ 현재 위치에 서서 얘기하지 말고 성공했을 때를 상상하면서 창조적으로 생각하라.

④ 창조적인 사고의 재료는 여러 경로를 통해 얻을 수 있다.

하지만 무엇보다도 다른 사람의 사고와 제안에서 비롯된다는 점을 명심하고 훌륭한 가치관을 가진 리더들의 이야기에 귀를 기울여야 한다.

⑤ 성공한 리더들과 교류하면서 그들의 조언을 캐치하라.

성공한 사람들과 교류하면 성공 습관을 얻지만 실패한 사람과 사귀다보면 본인도 모르게 패배자의 길을 걷게 된다는 뜻이다.

⑥ 고정관념의 타파를 위해서도 매진해야 한다.

리더에게 불굴의 도전정신은 필수항목임에 틀림없지만 스스로를 타성에 젖지 않도록 끊임없이 자신을 돌이켜보며 반성해야 한다.

⑦ 주변 환경에 에너지를 분산시키지 않도록 집중할 수 있는 결단력이 필요하다.

어떤 일을 결심할 때는 확실히 득실을 따져야 좋은 결과를 얻을 수 있다. 현재의 작은 이익이 아닌 미래에 대한 밝은 전망을 택해 그 일에 전념하라.

덧붙여 도전하지 않는 사람들은 변화를 거부하기 마련이므로 퇴보하기 일쑤란 점을 명심하자. 흐르는 물은 썩지 않듯이 도전하는 인생은 값진 성취를 얻고 또 다른 도전을 통해 어제와 다른 삶을 즐길 수 있게 된다.

인생이 아름다운 것처럼, 자신의 힘찬 도전이 많은 사람들에게 꿈과 희망을 주고 새로운 도전을 촉발시킨다는 점도 염두에 두고 힘찬 발길을 내디뎌보자.

긍정적인 마인드로 세상을 본다

세상을 부정적으로 바라보면, 삶의 의미와 즐거움, 감사함이 사라진다. 긍정적인 자세로 아름다움을 바라보고 발전적으로 노력하는 과정에서 인간은 진보하고 성장한다.

분명한 것은 "긍정적인 요소를 찾아내고 조그만 것이라도 얻으려는 사람은 성공할 수 있지만 매사 부정적인 사람은 절대 좋은 결과를 얻을 수 없다"라는 것이다.

리더가 되기 위해 따뜻한 마음과 사랑은 필수이다. 사랑은 은덕을 요구한다. 사랑의 실천은 당사자가 그 사실을 모르도록 '은밀히' 하는 게 좋다.

만석군 노인의 일화는 이를 잘 설명해준다.

노인은 부자였으며 많은 토지가 있었다. 때를 가리지 않고 농사일을 만들어주고 흉년이 들면 광산을 운영해 인근 마을주민들에게도 일자리를 주었다. 그는 노력한 사람에게는 그에 상응하는 대가를 지불했고 일하지 않는 자에게는 어떤 도움도 주지 않았다. 심지어 형제들에게도 일하지 않으면 아무 것도 빌려주는 법이 없었다.

소작인에 대한 소작료도 풍년이든 흉년이든 똑같았다. 보통의 경우, 지주들은 풍년이 들면 소작료를 깎아준다. 그러나 노인은 흉년을 대비하는 유비무환의 정신으로 풍년에도 똑같은 소작료를 받았다. 아무도 모르게 광산일을 준비해 일자리를 마련해 주변사람들에게 은덕을 베풀었지만 사람들은 속사정을 몰랐다. 그래서 인근에서는 그 노인을 '노랭이, 구두쇠'라고 욕까지 했다. 하지만 그가 세상과 사별하면서 노인의 깊은 의중이 드러났다. 사람들은 공덕비를 세워 노인의 은덕을 후세에 기렸다. 이렇듯 아무도 모르게 실천하는 사랑은 끝내 인정받게 되는 것이다. 사업파트너에게 아낌없이 베풀다보면, 노인의 일화처럼 여러분의 진심을 알아주는 날이 분명히 올 것이다.

리더인 나는 복제의 모델이다

보통의 성공이 자신의 능력을 발휘하는 것이라면, 네트워크 리더의 성공은 네트워커 각자의 개성있는 능력을 조율하고 조정함으로써 큰 효과를 얻는 것이다.

고슴도치도 잘한다고 하면, 나무에 올라간다고 했다. 사실에 근거한 장점을 찾아내 팀 구성원을 격려하면, 그들은 자신감을 가지게 되고 능력밖의 도전으로 나무에 올라갈 수 있다.

또한 팀 구성원을 협력시키는 것도 간과해서는 안 된다. 협력의 시너지 효과는 대단한 위력을 발휘한다. 팀워크를 발휘하기 위해서는 소명감을 가진 리더의 희생이 필요한데 이를 통해 팀 구성원들에게 일체감과 실현가능성을 확실히 심어줄 수 있다.

팀 구성원을 아낌없이 복제시켜라.

훌륭한 가치관과 올바른 업무 수행법을 체계화하고 확고한 틀을 가지고 진행한다면, 복제는 반드시 일어난다.

복제하기 전에 네트워크 마케팅을 통해 성공한 리더들을 모델로 삼아 그들의 정신적 세계를 얻고 자신을 돌이키며 새롭게 단련해야 한다.

끊임없는 도전, 열의에 찬 창조적 사고와 불굴의 의지로 전념한다면, 우리는 성공한 리더가 될 수 있고 자신이 원하는 인생의 그림을 얻을 수 있을 것이다.

Top Leader 21

천 영 환 | 허벌라이프

1967년 대구생으로 6년 간 교직생활.
아내 김 춘희 씨와 함께 1997년 12월 허벌라이프 사업 시작 1년 3개월 만에
최고직급인 프레지던트 팀(President Team)이 됨.

"

신분에 어울리지 않는 특성을 두고
사람을 칭찬하려는 것은,
그 특성 자체는 칭찬해야 할 것인지는
몰라도 역시 일종의 모욕이다.

"

몽테뉴 「수상록」
미셸 몽테뉴(1533~1592);
프랑스의 사상가

"부단한 자기도전이 결국 성공을 만들어낸다"

목표를 정한다는 것은 참으로 중요하다. 또한 기한을 정하는 것이 빠른 성공법이다. "언제까지 어떤 팀이 되겠다"거나 "꼭 그 때까지는 이루고야 말겠다"라는 목표를 세우자. 그리고 항상 사용하는 책상 앞에, 화장실 벽에, 자동차 안에, 늘 가지고 다니는 수첩에 자신이 세운 목표를 적어두고 되새기자. 그렇게 하면 성공도 빨리 다가올 것이다. 새로움에 직면하면 대부분은 움츠린다고 한다. 적극적으로 시도하기보다는 가진 것을 보전하려고 애쓰는 것이 보통사람들의 마음이다. 그러나 시도하는 사람만이 새로운 세상을 발견할 수 있고 원하는 꿈을 이룰 수 있다. 우리 부부도 새로움을 받아들이고 실천한 결과, 꿈꾸던 성공과 자신을 성장시킬 계기를 마련하게 되었다.

예고 없이 찾아오는 기회를 놓치지 말라

기회는 불현듯 예고 없이 찾아온다고 했다. 허벌라이프도 내게 소리 없이 1997년 12월, 세모가 가까운 크리스마스 전야에 찾아왔다. 당시 아내는 속셈학원을 운영하고 있었고 나는 평범한 교사였다. 당시 우리 둘은 늘어나는 몸무게 고민 중이었는데 마침 아내가 운영하던 학원 위층에 허벌라이프 개인사무실이 있는 것을 알게 되었다. 어느날 수업을 끝낸 후, 용기를 내어 그 사무실을 찾아간 것이 새로운 삶의 첫 장을 여는 계기가 되었다. 거기서 우리는 현재의 스폰서를 통해 제품 사용법 설명과 사업 애기를 함께 들었다. 처음 보는 분들이었지만 믿음이 가는 말에 즉석에서 제품사용은 물론 사업에 동참하기로 결정했다. 그런데 놀라운 일이 벌어졌다. 아내는 14kg을 감량하게 되었고 나 또한 10kg을 감량하게 된 것이다. 차츰 아내는 파트타임에서 조금씩 시간을 늘려 사업을 전개했고 급기야 허벌라이프를 만난 지 6개월 뒤에는 학원을 그만두고 전업으로 전환했다. 나 또한 1999년 1월, 하와이에서 열린 체어맨스 클래스(Chairman's Class)라는 해외미팅을 통해 나 자신과 허벌라이프의 가능성을 직접 목격하게 되었고 그 해 2월, 학교에 사직서를 내고 부부가 함께 사업을 하게 되었다.

믿고 따라하는 것보다 좋은 방법은 없다

막상 일을 시작했지만 어디서부터 시작해야 할지 막막했다. 네트워크 사업 경험이 전혀 없었기 때문에 우선 회사에서 제시하는 사업 방법을 따르기로 했다.

첫째, 일단 제품을 사용하고 버튼(button; 원형 배지)을 달고 사람들에게 전달하라는 '허벌라이프 싱공의 세 가지 열쇠' 를 믿고 따라했다. 정말 제품을 열심히 사용했다. 나 혼자만이 아니라 전 가족이 사용하자 다양한 경험사례가 나오게 되었고 그 경험을 자연스럽게 '다이어트요, 지금 물어보세요' 라는 버튼을 달고 많은 사람들에게 얘기하게 되었다. 나와 가족의 체험사례를 얘기하다 보니 고객이 생겨났고 그 고객을 통해 새로운 고객, 회원 그리고 사업자가 늘어났다. 물론 처음부터 순조롭게 진행된 것은 아니었다. 가까운 가족에게 전했지만 처음에는 네트워크마케팅에 대한 잘못된 고정관념, 건강식품에 대한 편견 등으로 마음의 문을 쉽게 열지 않았다. 그러나 꾸준히 제품을 사용하고 전달한 결과, 지금은 반대하던 가족들 — 큰처남 부부, 작은처남 부부, 처형 부부 — 모두 사업을 함께 하게 되었다. 네트워크 사업은 처음 시작할 때, 혼신의 힘을 다해 집중하면, 어느 정도 성공 궤도에 오르게 된다. 그리고 첫해보다는 둘째 해 그리고 세째 해로 갈수록 보다 순조롭게 진행된다는 것을 느낄 수 있다. 눈덩이를 뭉치는 데 집중하고 그 눈덩이를 네트워크라는 시스템에 계속 굴리기만 한다면, 커지는 것은 시간문제이다.

둘째, 끊임없이 미팅에 참가했다. 내 방법과 행동들이 제대로 시행되고 있는지 성공한 많은 분들의 얘기를 통해 점검할 수 있었고 새로운 방법과 기술 그리고 사업자가 가져야 할 기본 태도에 대해서도 배울 수 있었다. 이렇게 배운 내용은 직접 실천에 옮겨 그 결과를 점검했다. 내 나름대로의 방법을 고안해낼 필요 없이 미팅에서 다양한 방법과 기술을 전수받아 노력한 결과, 쉽게 사업을 전개할 수 있었던 셈이다.

성공을 위한 기초 훈련

1. 스폰서 따라하기

막상 사업을 시작했지만 일반적인 경험도 없고 네트워크 사업에 대한 경험이 전무한 사람은 일을 어떻게 전개해 나가야 할지 방향을 잡을 수가 없을 것이다. 물론 경험이 있는 사람도 새로운 가이드라인을 잡기 위해 노력하지만 갈팡질팡할 수 있다. 그 때 우선적으로 스폰서를 따라하는 것이 가장 중요하다. 스폰서는 가장 먼저 만났고 곁에서 함께 했기 때문에 일거수 일투족을 따라하기만 한다면, 기본적인 사업방법과 태도를 쉽게 익힐 수 있다. 또한 성공한 사람들에 대한 얘기도 들을 수 있다. 스폰서가 가르쳐 주기 전에 한밤중이라도 스폰서의 집에 먼저 찾아가 다양한 방법들을 배우려고 노력한다면,

시스템에 보다 빨리 그리고 쉽게 적응하게 된다.

2. 고정관념 깨기

그 동안 살아오면서 체득한 나의 관념과 사고가 네트워크 사업의 출발점에서 전혀 도움이 되지 않는다고 생각하고 과감히 버려야 한다. 기존의 사고 시스템으로는 앞으로 나아갈 수 없다는 것을 깨달아야 한다. 아예 "나는 없다"라고 생각하자. 그리고 미팅과 교육을 통해 새로운 관념을 계속 받아들이고 바꿔나가야 한다.

3. 긍정적인 사고 갖기

세상을 살아오면서 대부분은 뜻을 제대로 이루지 못 하기 때문에 사물을 긍정적으로 보기보다는 부정적으로 바라보게 된다. 또한 어떤 상황이 발생하면, 해결점을 찾기 위해 노력하기보다는 문제점에 대해 더 많이 얘기하게 되고 그 원인을 자신보다는 남의 탓으로 돌리기 쉽다. 그런데 이런 사고는 네트워크 사업에 전혀 도움이 되지 않는다. 사물을 바라볼 때, 좋은 면만 보기 위해 노력해야 한다. 사람들을 만날 때도 그 사람의 단점보다는 장점을 찾으려고 애써야 한다. 늘 꿈, 성공, 성취, 열정, 행복 등 좋은 것만 생각하고 말하기 위해 노력하자. 그리고 만나는 사람들에게도 긍정적이고 밝은 이야기만 하도록 노력하자. 단, 부정적인 사람과는 논쟁하지 말고 그 자리를 피하는 것이 상책이다.

4. 목표 정하기

막상 사업을 시작했지만 대부분은 막연한 목표만 있거나 아예 구체적인 목표를 기록해 두지도 않는다. 우선 목표를 세우기 전에 "정말 내가 이룰 수 있을까"라고 생각하기 쉽다. 그러나 목표를 정하지 않는다면, 목적지 없이 떠도는 배와 다를 바 없다. 얼마 지나지 않아 암초(난관)에 부딪쳐 좌초(포기)하기 마련이다. 목표는 참으로 중요하다.

5. 적극적으로 성공을 상상하라

이미지 컨트롤(Image Control)이라는 말이 있다. '내 모습을 내가 조절한다' 라는 의미이다. 많은 사람들이 성공을 꿈꾸지만 성공한 뒤의 내 모습을 상상하는 일에는 익숙하지 않다. "아직 성공자가 아니니까"라는 생각으로 늘 자신이 없고 매사를 두려워한다. 최고 팀의 안경을 쓰라는 이야기를 생각해보자. 말 그대로 막 시작한 사업자라도 최고의 프레지던트 팀이 되었다고 상상하고 그 팀의 말과 행동을 따라하려고 노력하라는 뜻이다. 모든 상황에서 '프레지던트 팀이었다면 어떻게 했을까' 라고 의식하면서 행동하고 더불어 프레지던트 팀이 되어 누릴 경제적 부와 자유 그리고 행복에 대해 상상하다 보면 성공은 이미 우리 곁에 와 있을 것이다.

"자신의 긍정적인 가치를 빨리 발견하고 긍정적인 자기 이미지를 확립하라"

신은 모든 사람에게 똑같은 양의 하루를 부여했다. 단, 그 시간을 어떻게 쓸 것인가는 우리 자신이 선택해야만 한다. 시간은 가장 훌륭한 자산이 되어야 한다. 정말 성공하려면 한정된 시간을 비생산적인 부분이 아닌 생산적인 부분에 투입해야 한다.

시인, 에머슨은 〈자신〉이란 글에서 이렇게 썼다.
"좋든 나쁘든 자신에게 주어진 운명을 바라볼 때, 광대한 우주가 아무리 좋은 것으로 가득 차 있어도 그에게 돌아오는 곡식은 그에게 주어진 좁은 땅에서 자신의 노력으로 만들어진 것 외에는 없다는 것을 안다. 그러나 그의 잠재력은 매우 새로운 것이다. 그 힘으로 무엇을 성취할 수 있는가는 스스로 그 힘을 쓰기 전까지는 아무도 모른다" 사람들은 각자 타고난 잠재력을 행동으로 옮겨 원하는 결과를 얻을 수 있는 능력을 지니고 있다. 다만 잠재력의 크기와 행동의 강도를 결정하고 우리가 얻게 될 결과를 판가름하는 것은 다름 아닌 우리의 마음가짐이다.

우리의 마음가짐은 꿈의 크기를 결정하고 미래를 보게 하고 우리의 결심에 영향을 미친다. 또한 올바른 마음가짐을 지니는 것이야말로 성공의 비결이다.

성공의 실전훈련

1) 긍정적인 자아관 확립하기

성공을 가로막는 최대의 적은 자기 자신을 바라보는 부정적 관점이다. 대부분이 부정적 사아관을 가지고 있는데 이것을 긍정적 자아관으로 바꾸지 않으면, 성공할 수 없다.

우선 긍정적 자아관 확립을 위해서는

첫째, 긍정적인 자신의 가치를 발견해야 한다

능력이란 두뇌와 숙련, 소질의 문제이지만 이런 것들은 잠재력에 불과하다. 장래에 대한 불안감, 일에 대한 불안감 따위는 모두 당신의 자신감의 상태를 보여주는 것이다. 자신의 장점을 파악하고 적극적으로 그것을 활용한다면, 자신감은 극대화될 수 있다. 다른 사람보다 뛰어난 자신의 장점을 눈여겨 보자. 그리고 그것을 목록화하고 성실히 행하라. 그러면 교만이 아닌 진실한 자신감을 얻게 될 것이다.

둘째, 자신만의 독특한 이미지를 창출해야 한다

다른 사람과 똑같은 외모, 똑같은 모습으로는 절대 성공할 수 없다. '그 사람' 하면 떠오르는 이미지가 있어야 한다. 즉, 당신은 내적인 변화를 위해 외모를 가꾸어야 한다. 의복이 사람을 만드는 것이 아니라는 옛말은 절반만 진실이다. 진실은 당신의 외모가 당신의 이미지뿐만 아니라 업무 수행 능력에도 영향을 미친다는 것이다.

셋째, 성공한 사람들의 노하우를 배워야 한다

규칙적인 독서도 한 가지 방법이다. 특별한 능력을 활용해 위인전이나 자서전을 읽도록 하라. 또한 미팅에서 성공한 사람들의 얘기를 메모해 읽고 또 읽어라. 그리고 일상생활에서 그들을 닮기 위해 노력하라. 어느덧 자신도 모르게 그들과 똑같이 행동하고 있는 자신을 발견할 수 있을 것이다.

넷째, 실패를 통해 배워야 한다

"과거의 실패를 통해 배우려 하지 않으면, 그런 실패를 되풀이하게 된다"라는 말이 있다. 이 말은 과거의 교훈을 무시하면, 결국 자신의 시도가 반복되는 잘못을 되풀이해 실패를 초래한다는 것이다.

많은 사람들이 결코 새로운 일을 시도해 보려 하지 않는 이유는 실패에 대한 두려움 때문이다. 가능하다면 먼저 당신이 "할 수 있다"라고 확신하는 일부터 모험을 시작해보라. 일단 성공하면 다음 단계로 그리고 다음 단계로 이동하라.

2) 시간관리

신은 모든 사람에게 똑같은 분량의 하루를 부여했다. 아침에 눈을 뜰 때, 우리는 이미 그 날 사용할 24시간을 가진 상태이다. 성공하지

못 했거나 끊임없이 성공을 찾아다니기만 하는 대다수의 사람들은
자신들에게 주어진 시간을 최대한 활용하지 못한 사람들이다.

시간을 훔쳐가는 첫 번째 것은 TV다. 당신이 하루에 얼마나 TV를
보는지 체크해보라. 하루 2시간씩 본다면 1주일에 14시간이 된다. 그
런데 TV를 보는 것만으로 돈을 벌어본 적이 있는가? TV를 끄고 그
시간 동안 생산적인 활동을 하라.

또 하나의 시간 도둑은 가족이다.

사람들은 모두 좋은 부모가 되길 원하며 가족을 위해 뭔가 하고 싶
어한다. 그러나 우리가 얼마나 많은 시간을 아이를 위해 학교, 학원,
여러가지 행사 등에 데려다 주거나 다니는 일에 쓰고 있는지 체크해
보라. 의외로 많은 시간을 쓰고 있을 것이다. 그런데 이런 종류의 일
들 중 일부를 다른 사람에게 맡겨보라. 그리고 그 시간을 실질적인
사업에 활용해보라. 더 큰 가치를 얻게 될 것이다. 중요한 것은 가족
과 함께 보내는 시간의 양이 아니라 그 질이라는 점이다.

개인생활이나 비즈니스 세계에서 우리가 관계를 맺는 사람들 중
대다수인 80%는 우리가 이룩한 업적의 20% 정도에만 기여하고 있
다. 그런가 하면 소수인 20% 정도가 바람직한 결과의 80%를 만들어
낸다. 우리는 여기서 의미심장한 역학관계를 발견할 수 있다.

올바른 시간관리를 위해서 우리는 80%의 결과를 산출하는 20%의
사람들에게 80%의 시간을 할애하고 20%의 결과를 산출하는 80%의
사람들에게는 20%만을 할애하도록 스스로 통제해야 한다는 것이다.

마지막으로 올바른 시간관리를 위해 매일 자신이 성취하고 싶은
일들의 실행 목록을 작성하라.

무엇이든 그 날 하고 싶은 일을 적어보라. 저녁에는 그 목록을 다시

검토해 성취한 항목들을 지워버리고 자신을 칭찬해주도록 하라. 해내지 못한 일들을 다음날의 목록으로 넘기고 가장 먼저 할 일로 삼으라.

그 날 일과가 잡히기 전에는 하루일과를 시작하지 말고 그 즉시 오늘 할 일의 목록을 작성하라. 그것이 계획없이 시작하는 하루보다 더 가치있고 보람있는 하루를 만들어갈 준비를 갖추는 일이다.

3) 프리젠테이션

프리젠테이션의 목적은 제품소개와 후원에 있다. 간단히 말하면, 사람들에게 내가 하는 일 즉, 회사나 제품에 대해 알리는 것이다.

우선적으로 고려해야 할 점은 사람을 미리 판단해서는 안 된다는 것이다. 어떤 분은 전문가일 수도 있고 멋진 의상을 차려 입을 수도 있다. 그러나 그들이 반드시 잘할 수 있는 것은 아니다. 겉모습만으로는 알 수 없다. 가정주부, 청소부, 경비원, 간호사 등 평범한 사람들이 오히려 대단한 사업가로 변신할지도 모른다. 모든 사람을 똑같이 존중해야 한다. 그리고 직업과 외모에 상관없이 동등하게 대해야 한다.

그 다음으로 프리젠테이션할 때, 매번 최고의 프리젠테이션이 되도록 노력해야 한다.

거절을 당했더라도 다음 사람을 만났을 때, 더 열정적으로 말할 수 있는 자세를 유지해야 한다. 항상 정신적으로 준비해야 하고 열정적인 프리젠테이션이 될 수 있도록 최선을 다해야 한다. 열정은 자연스럽게 새로운 열정을 만들어낸다는 것을 명심하기 바란다.

마지막으로 당당하게 제품과 사업의 기회를 전달해야 한다.

많은 돈을 벌 수 있다고 처음부터 말하지 말라. 그리고 몇 시간씩 한 사람만 잡고 얘기해서는 안 된다. 억지로 사업을 구걸한다면, 내가 그를 통해 큰 수입을 얻는 것처럼 보일 수 있다.

당당히 "저를 만난 것이 행운입니다"라고 얘기하라. "당신에게 놀라운 기회입니다"라고 얘기하라. 그들이 돈을 벌 수 있도록 최선을 다해 도와줄 것이라고 얘기하라. 그러면 공감대를 형성하게 되고 대화가 진지하게 되어 자연스럽게 제품과 사업 기회에 동참하게 될 것이다.

그러나 최고의 프리젠테이션이 되기 위해서는 매일 더 많은 사람에게 전달하는 것이 필수이다. 빨리 성장하고 빨리 성공하고 싶다면, 매일 가장 많이 전달할 수 있도록 최선을 다하라. 그러면 성공이 빠른 속도로 눈앞에 다가올 것이다. "자신의 삶에 대해 의욕을 가진 사람은 무엇이든 달성할 수 있다"

"리더는 사물을 좀더 장기적으로 그리고 폭넓게 파악한다.
그리고 가치를 발견해 모두 일치단결해 이것을 얻을 수 있도록 한 방향으로 사람들을 안내한다. 자본이나 기술도 중요한 자산이지만 결국 인재라는 자산이 조직을 성공으로 이끌기도 하고 실패로 이끌기도 한다"

〈석세스〉지 발행인인 마든 박사에 의하면, 이 세상에는 세 종류의 사람이 있다고 한다. 뭔가 하려는 사람, 아무 것도 하지 않으려는 사람, 아무 것도 할 수 없는 사람이다.

뭔가 하려는 사람은 뭐든지 달성할 것이고 아무 것도 하지 않으려는 사람은 아무 것도 이루지 못할 것이고 아무 것도 할 수 없는 사람은 어떤 것을 하더라도 실패할 것이다.

그는 아무 것도 하지 않으려는 사람과 아무 것도 할 수 없는 사람도 성공적인 인생을 살 수 있다고 주장한다. 그것은 인생을 진짜 성공으로 이룰 수 있는 진짜 교육을 받음으로써 가능해진다. 이 진짜 교육을 받고 사람은 자신이 뭔가 해야 할 때, 그 일을 좋아하든 좋아하지 않든 그것을 하게 된다. 그렇게 자신이 하고 싶은 일을 하는 것이 아니라 해야 할 일을 조금씩 해나감으로써 그의 인생이 달라지게 된다는 것이다.

네트워크 사업에서도 성장을 지속하는 가장 좋은 방법은 교육이다. 1:1 교육, 홈 미팅, 그룹 미팅 그리고 대규모 행사 등을 통해 많은 것을 배우게 된다. 그리고 그것을 실천하고 가르치는 과정에서 성공의 기반을 공고히 다질 수 있다. 교육에 있어 가장 중요하게 다루는 내용은 바로 사후관리, 팀워크 그리고 리더십과 관련된 내용이다.

성공 기반 다지기

1. 사후관리

인맥을 넓히는 것이 네트워크 비즈니스에 있어 성공의 지름길임은 말할 필요도 없다. 한 명이라도 더 이 기회를 전달하기 위해 전력을 다하고 있는 것이 현실이다. 그럼 어떻게 하면 네트워크가 넓어질 수 있을까?

그것은 '소개'라는 방법을 최대한 살리는 것이다. 하지만 누구도 기꺼이 소개해 주지는 않는다. 세일즈맨에게 자신이 아는 사람을 소개했을 때를 떠올려보라. 왜 세일즈맨에게 소개할 마음이 들었는가. 바로 그가 신뢰할 만한 사람이었기 때문이다. 그리고 무엇보다도 누군가를 소개하려는 마음이 들었기 때문이다. 당신이 그렇게 생각했다는 것은 그 세일즈맨이 적극적으로 당신에게 도움을 주었기 때문일 것이다. 자진해 도와주면 상대방에게 신뢰를 얻을 수 있고 그것이 소개로 이어진다.

네트워크 비즈니스에서 도움이란

첫째, 애프터 서비스이다

상품을 전달한 후의 후속조치가 가장 중요하다. 건강식품과 화장품 등은 사용하는 사이 효과가 나타난다. 그렇기 때문에 상황에 따라 세심한 서비스를 해줘야 한다.

둘째, 홈 파티나 미팅에 데리고 가는 것이다

설령, 상품을 좋아해 애용자가 된다 하더라도 그것만으로는 당신의 비즈니스에 별 도움이 되지 않을 것이다. 역시 비즈니스를 하려는 파트너가 늘지 않으면 안 된다.

모임에는 다양한 사람들이 참석한다. 네트워크 비즈니스를 만나 인생이 빛난 사람, 인생을 즐기는 사람 등을 만날 수 있고 네트워크 비즈니스의 장점을 체감할 수 있다. 또한 사람들은 직접적인 설득에는 경계심을 보이지만 간접적으로 자신이 보고 느끼는 경우는 신뢰를 보낸다. 만약 이 시점에서 네트워크 비즈니스에 대해 이해가 되면, 그는 반대로 자신의 궁금증에 대해 질문하게 된다. 이처럼 자연스럽게 의견이 오가는 과정에서 리크루팅으로 이어지는 것이다.

2. 팀워크

'백짓장도 맞들면 낫다', '세 명이 생각하면 문수(文殊)의 지혜가 나온다' 라는 말이 있다. 이것은 두 명의 생각보다 세 명의 생각을 합하면, 훨씬 좋은 지혜가 나온다는 뜻이다.

사람들은 각자 특징이 있다. 이런 전혀 다른 특징을 서로 묶음으로써 인간관계가 더 긴밀해지고 나아가 전혀 생각하지도 못한 엄청난 힘을 만들어낸다.

그렇다면 팀워크를 다지기 위해 필요한 것을 알아보자.

첫째, 주인의식이다

가장 중요한 것은 구성원 각자가 일을 해나가는 과정에서 자기 견해를 밝힐 기회를 주는 것이다. 단순히 남의 의견에 동조하는 것이 아니라 자신이 독자적으로 생각하고 또 그것을 얘기할 수 있도록 격려해 주어야 한다. 낙심한 사람에게 격려해 주고 필요한 시기에 필요한 곳에서 항상 도움을 주어야 하고 자기계발을 위해 힘써야 한다.

둘째, 부정적인 자세를 척결해야 한다

부정적인 생각과 태도는 자신의 입장을 더욱 어렵게 만든다. 상대방이 왜 자신을 비난하는지 먼저 이해하려고 노력할 때, 비로소 발전이 있다. 우선적으로 비난의 대상이 나 자신이 아니라 내가 한 행동이라는 사실을 분명히 인식하고 항상 좋은 방향으로 생각해야 한다. 그리고 목표와 방향을 상실해서는 안 된다는 것을 명심해야 한다.

셋째, 협력해야 한다

파트너나 팀 구성원의 능력을 고양시키려면, 서로 협력할 수 있는 환경을 만드는 것이 중요하다. 서로 협조적인 분위기일 때, 아이디어를 제안할 의욕이 생기며 의사결정 과정에 적극적으로 참여하려는 마음도 생긴다. 또한 각자의 행동에 책임을 부여함으로써 개개인의 역량을 최대한 발휘할 수 있다. 이 때 가장 중요한 것은 파트너에 대해 시기와 질투심을 가져서는 안 된다는 것이다.

3. 리더십 기르기

진정한 리더는 사람을 관리하지 않는다. 한 사람 한 사람에게 리더십을 갖도록 만드는 사람이 진정한 리더다.

개인이나 조직이 어떤 문제를 가지고 있을 때, 필요한 사람은 관리자가 아니다. 바로 리더십을 가진 사람이다.

"리더십은 비강제적인 수단으로 사람들을 움직이는 힘이다" 자본이나 기술도 중요하지만 결국 인재라는 자산이 조직을 성공과 실패로 이끈다. 중요한 것은 인재이고 이 인재에게 요구되는 가장 큰 자질이 바로 리더십이다."

아직도 대부분은 자기가 리더십이 없다고 생각하고 있다. 누구나 리더십을 가지고 있다. 다만 리더십을 발휘하는 데 필요한 기술에 익숙하지 않고 노력하지 않을 뿐이다.

다음에 얘기하는 리더가 되기 위한 원칙을 배우고 실천한다면, 훌륭한 리더로 성장하고 반드시 성공의 길로 가게 될 것이다.

첫째, 리더도 검토가 필요하다

하루가 지난 후, 오늘 하루를 검토하라. 누구를 만났는지, 어떤 것을 놓쳤는지, 무슨 얘기를 했는지 그리고 어떤 활동을 했는지 검토해보자. 1주일 후에는 미팅에 대해, 가족에 대해, 균형을 잘 잡았는지 스스로 검토해보자. 한 달 후에는 부부가 함께, 다운라인들과 함께, 가족과 함께, 혼자 검토해보라.

둘째, 리더는 미래를 내다볼 수 있어야 한다

과거로부터 경험을 얻고 미래에서 영감을 얻어라. 1년 안에 무엇을 할 것인지 생각하고, 창조하고, 설계하고 매우 현실적으로 상상하라. 그리고 미래를 상상한 후, 믿도록 하라. 머리 속에서 가능하다고 믿어야 한다.

셋째, 리더는 주변상황을 파악해야 한다

현재 어떤 일이 진행되고 있는지, 놓친 기회가 없는지, 인정을 받아야 하는 사람을 놓치지 않았는지, 주위사람들이 기회를 잘 잡았는지 파악해야 한다. 그리고 다른 사람이 성장할 수 있도록 도와 주어야 한다. 또한 리더는 위험이 어디에 도사리고 있는지 알아야 한다. 문제의 소지가 있는 것을 조기에 파악해야 하고 즉시 해결할 수 있도록 노력해야 한다.

넷째, 리더는 인간의 본성 중, 선(善)에 귀를 기울여야 한다

부정적인 목소리는 사라지지 않는다. 최선을 다한다면, 부정적인 목소리는 작아진다. 우리 몸 안에 적이 도사리고 있다. 도둑이 지갑을 훔쳐가지 않도록 신경만 쓰지 말고 우리 안의 작은 목소리가 "그만둬라", "언젠가는 다 무너질 거야"라고 얘기하는 것을 조심하라.

다섯째, 리더는 자신을 성찰할 수 있어야 한다

지혜롭게 힘과 권한을 사용한다. 이 힘을 남을 위해 써야 한다. 짜증이나 분노는 최후수단이다. 도저히 참을 수 없을 때까지 가면 터질 것이다. 구지 화낼 필요가 없다면, 화내지 말아야 한다. 매일 사람들과 얘기할 때, 항상 예의를 지켜야 한다.

여섯째, 리더는 항상 위를 봐야 한다

모든 일이 뜻대로 안 풀릴 때도 있다. 그 때는 믿음을 가져야 한다. 기도하라. 우리보다 더 크고 위대한 것이 도와준다는 것을 믿으라. 항상 다른 사람을 생각하라. 그리고 그들이 원하는 것이 이루어질 수 있도록 최선을 다하라. '진인사 대천명(盡人事 待天命)'을 항상 명심하고 믿으라.

Top Leader 22

천 홍 근 | STC

한국 해양대학 졸업.
12년 간 선박회사에서 근무한 마도로스(승선 생활 5년) 출신.
3년 간 개인사업 하던 중 1993년 5월, STC 전신인 성록 인터내셔널 등록.
건강 보조식품이 나온 1995년 2월, 마스터 서포터 취득.
1998년 6월, 최고직급인 크라운 서포터 취득.

"

절망은 죽음에 이르는 질병이다.
자기의 내부에 존재하는 이 질병은
영원한 죽음이며 죽고 싶어도
죽을 수 없는 것이다.
그것은 죽음을 죽이는 것이다.

"

키에르케고르 「죽음에 이르는 병」
세렌 A. 키에르케고르(1813~1855);
덴마크의 철학자

"내가 만난 사람들"

성공하기 위해서는 강한 욕망을 가지는 법, 굳은 결심을 하는 법, 실행하는 법을 알고 가르쳐 주어야 한다고 생각한다.

아무리 좋은 목적도 그 실행 방법과 인격에 문제가 있다면, 성공은 강건너 등불이다.

누구든 살아가면서 자신의 진로를 바꿀 만한 계기나 은사를 적지 않게 만나게 된다. 항상 감사하고 삶의 지표로 삼는 스승과 친구 몇 분을 소개하고자 한다.

분발(奮發)이라는 단어를 뇌리에 박히게 한 대학동기, 박종태에게 진심으로 감사한다.

'1억 만들기' 강의를 해주신 조 좌형 교수님

가끔 전공과 관계없는 예상못한 질문을 던지시던 교수님이 어느날 수업시간에 전공서적이 아닌 모 은행 홍보용 정기적금 안내서를 펼치셨다.

"이게 뭔지 아십니까?"

학생들은 그의 엉뚱한 모습에 떠나갈 듯 웃었지만 교수님은 아랑곳 않고 근엄한 모습으로 호통을 치시는 것이었다. 그 날 강의는 졸업 10년 만에 1억을 모으는 비법에 대한 것이었다(참고로, 1976년 당시, 일반적인 기업 초봉은 6~8만 원, 일반 주택은 1,200~2,000만 원, 5년만기 적금이율은 연 27% 정도에 인플레는 고려하지 않았다.

외항선원들의 초봉은 약 20만원, 4~5년 후의 월급 100~120만 원을 토대로 적금액과 이자를 꼼꼼히 계산해 거금 1억을 만드는 과정을 설명해 주셨다. 학생들은 숙연해졌고 졸업 후, 사회에 나가 재산을 축적해야겠다고 피부로 느꼈다.

그 전까지만 해도 졸업 후, 월급 많이 주는 회사에만 신경썼지 내 스스로 집도 장만하고 축재하는 개념은 전혀 없었다.

교수님의 제시대로 알뜰히 저축했더라면, 20여 년이 지난 지금 모두 안정된 생활을 하고 있어야 할텐데 불행히도 일부 동기생들은 그 강의를 잊어버렸는지 생활고에 시달리고 있다. 내가 3년 간 승선하고 집장만을 했을 때, 가장 감사히 생각한 분은 바로 그 교수님이었다.

종부성사까지 받고 다시 태어난 생명

1988년도에 감기 후유증으로 패혈증(敗血症; 면역력이 떨어져 혈액 속에 바이러스가 번식하는 병으로 발병시 생존률은 50% 정도)을 앓아 병원 중환자실에서 사흘을 보낸 적이 있다.

일반병실로 돌아왔을 때, 친구들이 문병을 왔다.

"너는 종부성사(환자의 천국행을 기원하는 천주교만의 생존시 마지막 의식)까지 했는데 살아남았으니 항상 건강을 최우선으로 조심하면서 살아가라"

당시 그 병원의 내과 과장이던 친구의 말이다.

"너는 임마 죽은 몸이야. 친구 덕분에 다시 태어났으니 욕심 부리지 말고 봉사나 하면서 살아"

나의 새로운 의무를 지적해준 —회계사이던 친구, 이원익의 —이 한 마디는 내 인생항로를 바꿔놓은 방향키가 되었다.

나는 졸업 후, 12년 동안 몸담았던 선박회사를 그만두고 자연의학 공부를 했다. 지병 때문에 자신의 능력을 발휘하지 못해 국가나 사회에 도움을 주지 못 하는 사람을 구제하는 것이 내게 주어진 달란트임을 항상 염두에 두고 생활하게 되었다. 이런 동기를 부여해준 친구에게 감사한다.

건강 전도사로 살아가게 해준 윤 창수 소장님

이타주의와 자연의학을 연구하시는 윤 창수 소장님을 알게 된 것은 월간지 〈건강만세〉를 우연히 구입해 보면서였다.

소장님의 견해 중, 만성통증이나 지병(외과, 중환자, 급성, 세균감염 등은 제외)은 그 자신이 잘못된 삶을 살고 있다는 경고로서 생활방식이나 성격을 되돌아보고 반성하라는 경고이지 결코 죽음으로 가는 경고가 아니라는 것이었다. 하지만 대부분의 사람들은 자신의 고집이나 욕심, 생활습관 등은 바꾸지 않고 병원약만 사먹으면 되는 것으로 착각하고 있다는 것이었다. 내가 건강 전도사의 길을 결심하도록 도움을 주신 데 대해 항상 감사하고 있다.

내가 지금까지 만난 많은 난치병 환자들의 공통점은 욕심에 차있고 고집이 세며 남을 의심하는 것이다. 남과 더불어 사는 법과 건강을 회복하는 방법을 제시해도 잘 안 듣는 분들이 많았으며 그들 대부분은 몇년 뒤 소식이 끊겼다.

이 계호 박사님의 '인생의 목적과 인격 형성'

STC 창업자이신 이 계호 박사님은 일본 정부에서 수여하는 국제 아카데미상을 수상하고 각계의 저명인사들 앞에서 수상 소감 대신 발표를 했다. 그 특강의 제목은 '인생의 목적과 인격 형성'이었다.

나는 2시간 동안 이 강의를 듣고 "그래, 올바른 그릇이 되자. 큰 그릇이 되자!"라고 결심하게 되었다. 그 때 인생의 횃불을 보았기에 감사한 마음으로 일부를 소개한다.

성공하기 위해서는 강한 욕망(목적, 목표)을 가지고 실행해야 하는데 많은 책을 봐도 포괄적이고 이론적인 면만 있을 뿐, 구체적인 방법은 거의 없었다.

1. 강한 욕망을 가지는 법

내 자신의 장기계획(10년)을 수립한다. 중요한 것은 지금 내 나이와 10년 뒤 내 나이를 기록하고 10년 뒤 내 가족 상황과 그것에 걸맞는 생활을 연상하며 매년 내가 이뤄야 할 목표를 정하고 그 목표 달성에 필요한 금액을 적는다.

예를 들이, 2005년에는 3억을 벌어 큰 집으로 이사한다. 2007년에는 5억을 벌어 아파트를 구입한다 등등.

목표는 생각나는 대로 기록해야 하며 머리를 짜내 연구할 필요는 없다. 박사님은 10년 계획을 수립해 2~3회 수정했을 뿐, 계획대로 진행 중이라고 하셨다.

2. 굳은 결심을 하는 법

10년 계획표를 수첩에 넣어 다니면서 최소 하루 한 번은 보고 1년 뒤, 2년 뒤… 10년 뒤 목표를 달성했을 때를 그려보며 성공했을 때의 모습으로 행동해본다.

생각만 해도 우리몸이 반응을 일으키고 조절하게 되어 있으므로 성공한 모습을 자주 그려보면 자연스럽게 성공자 대열에 서게 된다.

3. 인격 형성법

인격이 갖춰지지 않은 상태에서 전문가가 되거나 성공하게 되면, 사회에 악영향을 끼칠 뿐만 아니라 자신도 파멸의 길로 빠지게 되므로 먼저 인격 형성법부터 마스터해야 한다.

① 훌륭한 책을 많이 읽는다.

② 항상 정중한 태도와 올바른 복장을 갖춘다.

③ 항상 '감사합니다' '미안합니다' 라고 할 수 있어야 한다.

④ 항상 명랑하고 친절해야 한다.

⑤ 지식, 지혜로운 말을 듣는 능력을 배양해야 한다.

⑥ 항상 칭찬하고 장점을 발견하는 능력을 키운다.

⑦ 자신이 대우받고 싶은 만큼 남을 대우해줘라.

4. 실행법

① 성공한 사람에게 귀를 기울이고 성공한 사람의 흉내를 내라.

② 가만 있으면 남이 주지 않는다. 적극적으로 배워라(빼앗으라).

③ 쫓아가면 도망가는 것이 돈이다. 최선을 다해 일하다보면 좋은 결과가 나온다.

④ 결과를 미리 생각하면(부정적인), 실천할 의지가 없어진다.

⑤ 항상 긍정적인 사고를 지닌다.

—잡지의 가십을 보지 말라.

—성공한 사람의 얘기를 직접 다시 해본다.

—뭐든지 나쁘게 얘기하는 사람과는 상종하지 말라.

—상황이 아무리 어렵더라도 최선을 위한 과정으로 생각하고 중도에 포기하지 말라.

⑥ 먼저 해보는 것이 중요하다. 만약 실패하면, 재산이 되고 성공하
　　면 최고가 된다.
⑦ 자신감을 가지고 행하라.

박사님은 이렇게 결론지으셨다.

성공하기 위해서는 먼저 여유있게 웃을 줄 알아야 한다.

다음으로 목표를 이루지 못 했을 때, 졌을 때, 상대로부터 거절이
나 멸시를 받았을 때도 분노하되 절대 표정으로 나타내지 말고 겉으
로 웃어야 한다.

내가 마지막으로 웃음의 주인공이 되기 위해서는 바로 지금부터
행동으로 옮기자. 내가 하지 않으면 누가 하겠는가? 성공과 실패는
내가 해야 하고 나의 문제다. "지피지기면 백전백승"

자신을 모르거나 사회를 잘 몰라 실패한 사람, 자신과 상대를 잘 읽
어 성공한 경우를 살펴, 양측의 단점을 보완하고 장점을 키우기를 바
라는 마음으로 내가 만난 여러 사람들의 경우를 살펴본다.

지금은 사라졌지만 1970년대, 상당히 악명 높았던 상남 해병대 훈
련소에서 NROTC로 2주 기본교육을 받을 때, "미래는 예정으로 항
상 바뀔 수 있다"라는 교관의 말대로 심심하면 야간 비상훈련을 실시
했는데 당시에는 죽을 지경이었다.

군인으로서 비상사태는 목숨이 오가는 상황이라 한 순간도 여유없
이 바삐 뛰었지만 인생의 미래도 단지 예정이며 상황이 바뀌면 즉시
그 상황에서 살아갈 수 있는 유연성을 갖추며 살겠다.

국민으로서의 내 위치, 회사에서의 위치, 전문가로서의 위치 등등
내 위치와 능력을 알고 내가 필요한 회사나 내가 뜻을 펼칠 분야, 미
래의 사회 변화 등을 고려해 철저한 준비를 하는 자만이 성공할 수

있다.

이스라엘 민족은 장기간 핍박 받아오다가 작은 정착지를 얻어 나라를 세웠지만 주위에 적이 너무 많아 상황이 어떻게 바뀔지 몰라 재산 축적보다 삶의 지식과 지혜를 두뇌에 넣어주는 교육(장사법, 법률 공부)을 집중적으로 시킨 결과, 현재 전세계 상권을 장악하고 유명법률가도 많이 배출하고 있다.

① 자신과 상대를 읽을 줄 모르는 40대 남(男)

사업 실패로 인한 성기능장애가 정상으로 돌아오고 딸의 학교성적이 6개월 만에 학급 15등에서 전교 1~2등까지 올라가니 미친 듯 제품 효능을 설명하고 사업을 전개해나갔지만 6개월이 지나도록 수입의 변화는 없었다.

관찰 결과, 자신과 상대 파악력이 부족함을 알고 A(전문인)로서의 역할을 하지 말고 B(소개자)의 역할만 하라고 권했지만 분자교정 의학의 기본 개념을 달달 외워 대단한 사람이라는 소리를 듣고 싶었는지, 자존심이 허락하지 않았는지, 고집을 꺾지 않다가 결국, 종교에 심취해 연락이 두절되었다.

고객이나 사업희망자는 초등학교 졸업에서 박사까지, 20대에서 70대까지 남녀노소 다양한데 상대의 관심과 지식 정도를 전혀 고려하지 않고 무조건 최신의학 이론을 1시간씩 설명하니 처음 듣는 사람이 감동받을 확률은 매우 낮았고 결국, 실패했다. 상대를 읽고 눈높이를 맞췄다면, 이 분은 분명 성공했을 것이다.

② 형편에 따라 마음도 바뀐 40대 여(女)

남편보다 본인이 주로 살림을 꾸려가는 억척 아주머니인데 흔히 얘기하는 종합병원형 환자로 병명도 무려 11가지였다.

정상적인 거동이 힘들었고 얼굴은 퉁퉁 부었는데 운좋게 STC를 만나 정상으로 돌아왔다. 만날 때마다 기뻐 어쩔줄 몰랐고 기회만 있으면 자신의 체험 사례를 발표했다. 그 중 반 정도는 자신이 감동해 눈물을 글썽이며 "이 제품을 개발하신 박사님께 감사한다"라고 합장하곤 했다.

하지만 네트워크마케팅의 위력을 몰라 항상 직판 위주로 매출을 올리던 그녀는 3년 정도가 지나자, "제품은 좋은데 일하기가 힘든다"라는 말을 자주 했다. 조직의 위력과 시너지 효과에 대해 설명해 주었다. 그러나 여전히 마케팅 이해력이 모자라 직판만 계속하던 어느 날 "단기간에 돈을 많이 벌 수 있다"라는 타사로 갔다.

알고 보니, 보증을 잘못 서는 바람에 살던 집이 경매에 넘어갔다. 오갈데 없는 신세가 되고 보니, '양심을 저만치 대문 밖에 걸어두고' 돈을 쫓게 되었다고 한다. 돈이 목적인 사업가는 자선사업가일 수 없다. 그런데 왜 그 숨겨진 내면을 보는 눈을 못 가졌는지 안타까울 뿐이다.

상대의 의도(경영 마인드, 상위시업자의 괴욕)를 읽는 지혜가 없으면, 낭패를 보기 쉽다.

③ 상황 대처 능력이 있는 40대 여(女)

남편과 함께 건강식품점을 경영했는데 "제품만 좋으면 돈은 쉽게 벌 수 있다"라고 큰소리쳤다. 자기 고객 중 장기간 진전이 없는 환자를 골라 우리 제품을 복용시킨 후, 좋은 결과가 나오면 사업에 동참하기로 했다. 1차 대상자는 엉덩이뼈가 삭아들어가는 학생이었는데 병원에서도 그 원인을 몰라 단지 관찰 대상이라고만 했다.

박사님께 문의해보니, 쉽다고 하셨고 자신한 만큼 빨리 회복된 것에 놀란 부부는 바로 가게를 그만두고 사업에 동참하게 되었다. 시작하자마자 월평균 약 3천만 원의 직판(직접판매)을 해냈다. 하도 놀라워 구경만 했는데 6개월이 지나니 슬슬 불평이 나오기 시작했다.

10여 년 이상 건강식품점을 경영해 건강과 건강 보조식품에 대한 지식은 많았으나 네트워크 마케팅의 위력을 선뜻 받아들이지 않다가 직판 능력이나 건강 상식이 부족한 보통사업자가 자기보다 수당을 많이 타는 것을 보고 곧바로 상담을 자청했고 궤도를 수정했다. 변화된 환경 적응력이 있었기에 지금은 최고직급에 도달해 자신들의 시행착오를 거울삼아 교육하고 있다.

④ 우주박사가 된 50대 남(男)

친구집에 놀러왔다가 친구따라 강남가는 격으로 내 강의를 들은 그 분은 ─부유한 집에서 자라서인지 - '열심히 일해 돈을 모아야 한다' 라는 개념이 정립되지 않은 분이었다. 그러나 호기심은 강해 특이한 기사를 읽거나 이야기를 들으면 확인해야 직성이 풀리기 때문에 1주일 정도 집을 떠나 있는 것은 보통이었다.

"분자 구조를 바꾸고 정보를 넣은 소금을 마신 사람에게 2~3차 복용시키면 바로 살아난다"라는 얘기를 듣고 단지 신기한 나머지 기회만 기다렸다고 한다. 우연인지 천운인지 고향에서 자살하려고 제초제를 마신 사람이 병원에 입원한 지 4일이 지났다는 소식을 듣고 호기심을 풀기 위해 찾아가 에너지 솔트를 마시게 했다. 이야기한 대로 그 다음날부터 소생한 환자가 1주일쯤 지나니 정상인으로 되돌아오는 것을 보고는 "이제 내가 할 일을 찾았다"라며 고마워했다. 평소 가까이 지내던 친구들이 놀러가자고 해도 일의 참맛을 알고 거절한다고 한다.

이 기적같은 사실을 다른 사업자에게 보여주려고 입원 환자의 입원 기록을 부탁했을 때, 담당의사가 거절하자, "당신은 의학박사인지

는 몰라도 나는 우주박사이기 때문에 제초제를 먹고 죽어가는 사람
도 살릴 수 있다"라고 큰소리쳤다고 한다.

가족의 도움으로 소비성생활만 하다가 자신이 사회의 일원으로 의
무를 다하며 살아야 한다는 것을 깨달은(知己) 그 분은 분명 보람되
게 살 것이다.

⑤ 욕심이 화를 부른 50대 여(女)

보험회사 소장을 지냈다는 네 분이 내 강의를 듣고 서로 먼저 등록
하겠다고 아우성쳤다. 막상 등록하고 나서는 평소 능력을 발휘할 생
각은 하지 않고 서로 매출을 많이 올려주나 눈치만 보면서 제품 사용
만 하고 세월을 보내고 있었다.

그 중 가장 적극적인 분과 재차 상담해 사업 전개 방법을 알려주고
사업을 권하니까 "보험소장 오래 하다보니 제품 판매가 힘든다"라고
자꾸 꽁무니를 빼기에 정기적으로 연락만 하고 부업자로 키워 보려
고 생각하고 있는데 어느날 "전 재산 다 털어 월 20% 넘게 배당을 준
다는 회사에 투사하고 출근하고 있다"라고 하는 것이었다. 이에 나는
계속 전화를 걸어 해약하라고 부탁했지만 내 충고는 먹혀들지 않았다.

지금이 전시도 아니고 시중은행 금리가 월 1% 정도이고 사채 이자
가 2%에 머물고 있는데 "그 회사는 무슨 사업을 하길래 배당금을 월
20%씩 줄 수 있을까?"라고 생각하니 상식으로는 해법이 없었다. 어
쨌든 전 재산을 투자한 것은 무리였다.

홧병이 나지 않았으면 좋겠는데 다시 냉정을 찾아 본전을 찾는데
는 아마 5~10년은 족히 걸릴 것이다.

⑥ 헤드병에 걸린 40대 여(女)

약국을 한다는 이 분을 만난 것은 약 3년 전이다.

그것도 시내의 꽤 유명한 약국이었다. 이미 몇 가지 외국 다단계를 거쳤고 네트워크 마케팅 이론도 많이 알고 있었는데 STC 제품의 학문적 근거를 얘기하자, 그녀의 눈빛이 달라졌고 바로 휴대폰을 하니, 한 시간 안에 10여 명이 모여들었다.

다음날 30여 장의 등록 서류가 접수되었고 지사 목소리는 날로 커져 갔으나 등록 인원수에 비해 매출은 미미했다.

시간이 지나면서 그녀의 모습은 보기 힘들었고 나중에 알고 보니 신규회사가 나타나면 무조건 여러 명을 등록시켜 놓는다고 했다.

그녀는 "10개 이상 헤드로 등록해 놓으면, 적어도 그 중 하나는 커질 것이다"라고 말했다.

감나무 밑에 누워 있으면 겨울이 오기 전에 감은 떨어진다. 하지만 내 입에는 떨어지지 않고 감맛 보기 전에 얼어죽는다는 사실을 왜 깨닫지 못 할까? 공짜는 없는 것이 세상진리인데 왜 사람들은 공짜를 좋아할까?

우리들의 인생 여정을 살펴보면, 선택의 연속이라고 해도 과언이 아니다.

고등학교도 인문계냐, 실업계냐? 전공도 물리 계통이냐, 사회과학이냐? 결혼 상대도 갑이냐, 을이냐? 등등. 선택을 잘해 부귀영화를 누린 분도 많을 것이다.

"시작이 반이다"라는 격언이 있다. 이것은 선택의 중요성을 이야기한 것이다. 때문에 앞으로는 "선택이 반이다"라고 해야 할 것 같다.

예를 들어, A씨가 지금 386 컴퓨터 상점을 열었다고 치자. 이 경우, A씨가 아무리 능력과 신용이 많더라도 성공은 힘들 것이다. 아니 불가능할 것이다. 바로 잘못된 선택 때문이다.

잘못된 선택은 전문 지식보다는 판단력에 좌우된다. 전문 지식에

다 여러 상황들을 비교, 분석하는 지혜는 판단력의 기준이 된다. 기억력은 나이를 먹으면서 점점 떨어지는 반면, 판단력은 점점 좋아진다.

성장기는 사회생활을 위한 지식의 준비기간이다. 이 때는 판단력이 다소 부족해 어떤 이론을 주입시켜주면 이것이 세상에서 최고인 양 맹목적으로 따르는 경향이 있다. 한때 일부 대학생들이 공산주의 이론을 이상적인 모델로 우상화한 경우가 그 대표적 예이다.

활동기는 사회일원으로서 열심히 세상을 사는 기간이고 이 때, 부(富)나 사회적 기반을 마련해놓아야 한다.

관리기는 현장에서 직접 뛰기보다는 전체 상황을 판단하고 관리하는 시기이다. 아직 이 위치에 오르지 못한 분들은 자본금을 투자하지 않고도 오직 정열과 신용을 무기로 관리자 대열에 빨리 도달할 수 있는 네트워크마케팅이 하나의 대안이라고 생각된다.

보통 한 가지 일에 수 년, 수십 년 간 매진했을 때, 수많은 시행착오를 거치면서 지혜가 쌓여 성공하는 경우가 많다. '학교 우등생이 사회열등생이 된다' 라는 말도 있다. 즉, 사회생활에서는 전문 지식보다는 상황 판단력이 뛰어난 지혜로운 사람이 성공하는 사례가 많다는 뜻이다.

이미 네트워크마케팅에 참여했거나 선택의 기로에 계신 분들은 이 의견에 한번 관심을 가져 주시기를 바란다. 좋은 회사의 판단 기준은 첫 번째, 제품력이다. 과거에는 역사가 깊은 회사나 재무구조가 좋은 회사를 첫 번째로 꼽았지만 앞으로는 최첨단제품을 생산, 판매하는 회사만이 21세기를 이끌 것이다. 미국의 MS사나 일본의 소프트 뱅크사가 대표적인 예이다.

만약 여러분이 장사를 원한다면, 여러 상황을 고려하지 않고 현재 인기 있는 제품, 소비자에게 쉽게 접근할 수 있는 제품을 팔고 다음 달에는 타사 제품을 팔아도 된다. 하지만 사업을 원한다면, 롱런할 제품을 신중히 선택해야 한다.

제품 선택 기준 : 당분간 모방할 수 없어야

10~30년 전만 하더라도 특약점, 취급점이라는 간판 아래, 특정회사 제품만 취급하는 소매점이 많았다. 예를 들어, 우유는 갑회사, 화장지는 을회사처럼.

당시 자본과 분석 기술 부족으로 특정 제품이 히트 치면, 적어도 몇 년은 이보다 더 좋은 제품을 만들기가 어려웠다. 하지만 지금은 풍부한 자본력과 향상된 기술력이 없으면, 시장을 커버할 수가 없다. 그 위에 무역장벽마저 없어져 선진국 제품이 쏟아져 들어오고 있다.

A사에서 기존 제품보다 월등한 제품을 만들어 특허를 내더라도 3~6개월 안에 B사, C사에서 성분 분석을 해 A사 제품보다 더 좋은 제품을 만들어낸다.

소비자들은 항상 최고제품을 선호하기 때문에 A사 단골도 B사나 C사의 제품을 구입하게 된다. 그래서 소비자들이 마음대로 선택, 구입할 수 있도록 모든 종류의 제품을 모아 판매하는 수퍼마켓, 백화점, 대형 할인매장 등이 등장한 것이다.

네트워크마케팅은 이렇게 짧아질수록, 고민에 빠지게 된다. 회원가입으로 사업을 시작하면, 선택한 회사의 제품만 취급하고 사용해야 하는 속성 때문이다.

예를 들면, 기능성 속옷이나 키토산 제품 등도 분명 좋은 제품이었지만 많은 회사에서 출시하는 바람에 과당경쟁이 되었고 생명력도 길지 않았다. 그래서 대안으로 나온 것이 사업자 = 소비자 개념이다. 이것은 상위사업자의 이익 유지를 위해 철저한 주입식 교육으로 하부소비자들이 새로 개발된 더 좋은 제품이 나왔더라도 타사 제품 사용을 금지하는 방법으로 결국, 사업자끼리만 사업하는 마케팅 쪽으로 유도될 수밖에 없었다.

제품이 타사 제품보다 특정한 효과가 있을 경우, 소비자가 자연스럽게 소비자를 소개해주고 이런 것이 반복될 때, 최초소비자는 부업자나 사업자가 되는 것이 네트워크마케팅의 이론인데 지금보다 더 좋은 제품이 나타났을 때, 어렵게 만든 단골소비자가 떠나버리니, 현상유지를 위해 계속 새로운 고객을 리크루팅해야 하는 모순이 생기기도 한다.

이런 현상은 방판(방문판매)이나 장사 개념과 같다. 이 모순을 타개하기 위해 많은 네트워크 회사에서는 계속 새로운 상품을 런칭하고 기존고객이 기존제품을 구매하지 않아도 새로운 제품 판매만으로도 유지하게끔 하고 있다.

네트워크마케팅에 어울리는 제품은 재구매율이 높아야 하고 소비자의 임상 사례가 많은 제품이다. 이쯤에서 사업적인 측면에서의 좋은 제품과 사업성 있는 제품을 알아보자.

넓게 봐서 좋은 제품이린 지구를 소생(환원, 정화)시키는 제품이어야 한다. 인류가 공존할 수 있는 제품으로, 좁게는 건강하게 장수하도록 만드는 제품이어야 한다. 방건웅 박사가 지은 〈신과학이 세상을 바꾼다〉(정신세계사)를 보면, 인류가 21세기에 도전하고 개발해야 할 많은 과제들을 알려주고 있다.

21세기는 성분학에서 파동학, 유전공학, 분자교정 의학의 시대가 된다.

최근에는 QRS(공명자장분석기)나 Quantum FAFA(공명자장 자동분석기)를 이용한 파동제품들이 개발되고 있다. 유전공학 제품은 네트워크 마케팅에 런칭할 제품이 거의 없을 것 같다.

21세기 신산업혁명을 일으킬 수 있는 것으로는 분자교정 의학, 난치병은 정보 전달 과정(복제)에서 잘못되어 오류가 발생한 DNA 정보가 다시 (비정상 세포가) 복제되는 상태에서 오는 경우가 많은데 이 비정상 세포를 정상 세포로 환원시켜 많은 난치병의 원인을 제거시키고 환경을 정화시켜 준다는 이론이다. 이 때, 컴퓨터 디스켓처럼 사용되는 정보 수용체는 물 즉, 물에 정보를 넣어 지정된 작업을 수행시키는 것이 분자교정 의학 제품이다.

여기서 정보란 성분과 달라 분석되지 않으므로(정보 분석 장치는 수십 년이 지나야 개발될 것으로 예상) 정보를 넣은 제품은 당분간 모방할 수 없는 제품으로 남을 것이다.

분자교정 의학은 지금 전세계에서 비공개적이지만 집중적으로 연구되고 있다. 미국의 가장 유명한 의과대학 중 하나인 존스 홉킨스대학 정원에도 '분자교정 의학의 시대가 다가오고 있다' 라는 말이 새겨져 있을 정도다. 이에 우리나라도 국가 의학기관이나 생명공학 관련 기업들이 노력해 이 분야에서 선도적인 위치를 차지하기를 염원한다.

Top Leader 23

최 병 직 | NSE 다이아몬드

경희대 졸업 후, 정유사 대리점 영업부, 오디오 사업, 자동차부품 사업 등 경영.
네트워크마케팅 경력 3년.
골프 구력 12년.

> **"**
>
> 인내심을 가져야 한다고 생각한다면
> 교육자로서는 낙제다.
> 애정과 즐거움을 가져야 한다.
>
> **"**

요한 H. 페스탈로치(1746~1827);
스위스의 교육자

"21세기 생존전략"

아무리 바빠도 하루의 1% 즉, 15분을 계획하는 데 쓰자. 계획없이 대응하면, 계속 바쁘기만 하고 시행착오로 '악마의 사이클'에 빠짐을 잊지 말자. 소중한 일을 우선하는 습관을 갖자.

하루일과 중, 집중력이 가장 좋은 시간은 오전 9시~10시라고 한다. 특히 점심식사 후인 1시~2시와 퇴근시간 전인 4시~5시 사이가 가장 나쁜 것으로 조사되었다. 그러나 성인교육 학습은 이런 이론을 떠나 시도 때도 없이 집중력이 떨어진다. 교육이란 말만 나오면 졸게 된다. 따라서 성인학습에는 집중력 맞추는 시간대라는 것이 없다. 단지 본인과 강사와의 눈높이가 맞을 때만 가능하다.

변해야 산다. 성공하려면

이 시대의 화두는 '변화'이다. Change.

한국의 역대 대통령들은 하나같이 취임하면서 개혁을 외쳤고 재벌 총수도 여기에 가세했다. 그러나 그 끝은 항상 실패였다. 왜?

개혁 실패의 원인을 살펴보면

1. 변화를 시도하되, 너무 점진적이었다. 처음에는 계획과 목표를 세우고 그대로 수행하다가 중도에 시행착오가 생기면, 다시 원점으로 돌아갔다. 근원적 변화가 아닌 점진적 변화는 곧 죽음이다.
2. 변화의 방향 설정이 잘못되었다. Outside-in의 형태였다. 외부 환경변화에 따른, 어쩔수 없이 받아들이는 변화였기에 추진력이

없었다. Inside-out이어야 한다. 즉, 내가 먼저 변해야 한다. 스스로 변화를 선택해 변화를 창조해야만 한다.

〈익숙한 것과의 결별〉이라는 책이 있다. 흔히 평소 해왔던 낡은 습관에서 탈피할 것을 강조한 책인데 꼭 읽어보기 바란다.

10년 전, 스코틀랜드의 석유시추선 대폭발 사건이 있었다. 추운 겨울, 바다 위에 떠있는 그 시추선은 50m(20층 높이)의 높이로 169명이 근무하고 있었는데 갑자기 폭발해 화재가 발생했다. 168명이 불에 타 죽었고 단 한 명(앤디 묵한)만 살았다. 앤디는 운이 좋았다기보다 자신이 처한 현실을 직시하고 이리 뛰고 저리 뛰는 동료들과 함께 갑판 위에 있다간 분명히 타 죽는다는 사실을 알고 있었다.

영하 20℃가 넘는 추위에 50m 아래 바다에 뛰어내려도 30분 안에 구조되지 못 하면, 얼어죽는다는 사실도 알고 있었다. 그러나 그는 작은 가능성에 도전했다. 그리고 살았다.

여러분, 우리가 지금 불타는 갑판 위에 서 있다고 생각해보자.

평소 생각대로 그대로 타 죽어야겠는가? 아니면 바다로 뛰어내려 구조선이 올 때까지 기다려야겠는가? 우리는 모두 위기에 처해 있다.

위기란 위험과 기회가 동시에 있음을 알아야 한다. 정치위기, 경제위기, 안보위기, 도덕적 위기 등등. 이렇듯 우리는 평온한 세상에 사는 것이 아니라 불타는 갑판 위에 서 있는 것이다.

따라서 점진적 변화가 아닌 근원적 변화가 요구되는 것이다. 즉, 스스로 선택하고 변화를 창조해야 한다. 예를 들어, 공중서커스 그네타기를 하는 사람이 지금 잡고 있는 그네에서 다른 그네로 옮겨 타면서 묘기를 보여주는 장면을 연상해보자. 혹시 실수할 때를 대비해 아래에 그물망이 쳐져 있다.

하지만 우리의 현실은 그 안전망마저 없이 그네를 잡고 있는 형국이다. 두려운 나머지 다른 그네로 바꿔 타지도 못 하고 현재의 그네에만 매달려 있으면, 제자리에서 맴돌다가 결국 떨어질 것이다. 어떻게 해야 하는가? 새로운 그네를 잡고 건너야 하나? 그대로 있어야 하나?

조정경기 장면을 보자

호수의 물살은 평온하고 위험은 없다. 팀원들은 리더(콕스)의 지시와 통제에 따라 목적지 방향으로 힘껏 노만 저으면 된다. 여기서 리더는 콕스 한 명이다. 그의 상황 판단에 따라 팀 승패가 결정된다. 각 개인 능력이 문제가 아니다. 오로지 순응하기만 하면 살아남는다. 리더는 통제하고 지시하고 영향력을 발휘한다.

급류타기 장면(→ 셀프리더십 시대 적응)을 보자

주변 물살은 급하고 사방은 위험한 장애물 투성이다. 언제 뒤집혀 죽을지도 모른다. 스스로 판단하고 자신이 리더여야 한다. 모두가 리더여야 한다.

오늘날 우리 사회는 조정경기 상황인가, 급류타기 상황인가?

지금은 스스로 알아서 자신의 역량을 믿고 자율적으로 대처하지 않으면, 살아남기 힘들다. 구조조정에 있어 퇴출자는 20여 년 간 남보다 열심히 일했고 남보다 일찍 출근해 남보다 늦게 퇴근했는데도 해고당한다. 잘못이 하나도 없다고 항변한다. 그러나 그는 특별히 잘한 것도 없다. 이 시대에 그런 사람은 퇴출 대상이 된다.

이제 어느 곳도 안전하지 않다. 즉, 평생직장이 없어진 것이다. 직장인의 시대는 끝났다. 평생직업의 시대가 왔다.

셀프 리더십을 갖기 위해서는 목표가 구체적이고 기록되어야 한다. 그래야 결과가 만족스럽고 효과적이다.

정북향 방향 감각 갖기

각자의 삶의 목적, 비전이 정북향이라고 한다면, 그 곳으로 가야 한다. 만약 지금의 선택이 5년, 10년 동안 계속 운행한 후에 잘못된 것으로 판명된다면, 얼마나 황당하겠는가?

잘못된 출발이라도 처음에는 별 차이를 못 느끼지만 시간이 지날수록 궤도이탈이 심해진다. 하지만 되돌아갈 수도 없으므로 남은 인생은 별볼일 없게 된다. 비행기의 경우, 목적지가 정해져 있다면, 자동 항법장치(나침반)를 활용해 무사히 목적지에 도착한다. 그렇다고 해서 조종사가 아무 일도 안 하는 것은 아니다. 자동 항법장치를 활용하더라도 비행기는 궤도를 자주 이탈하기 때문이다. 이 때마다 조종사는 궤도를 수정하면서 비행한다. 우리도 일상생활을 하면서 어떻게 올바르게만 살 수 있겠는가?

따라서 항상 정북방만 가리키는 삶의 나침반을 가지고 있어야 한다. 그것이 나의 목표 수립이다.

3천 시간과 1만 시간 계획

하루 3시간을 자기 일에 투자하자. 1년 투자하면 365×3≒약 1,000시간이다. 일 년에 1,000시간이므로 3,000시간이 되려면 약 3년이 걸린다. 3년 동안 관심있는 분야에 역량을 집중하면, 아마추어에서 프로가 된다. 만약 그가 10년 정도 계속 한다면, 그 분야의 프로가 된다. 이왕 무슨 일을 하려면 올바른 방향을 세우고 그 사다리를 하나씩 올라가 정상에 섰을 때, 성공이라고 한다.

목표를 정할 때

1. 하고 싶은 것

2. 갖고 싶은 것

3. 되고 싶은 것을

나누어 기록해보자. 그것이 내 삶의 길잡이가 되고 강력한 동기부여를 주며 재생산, 환희, 기쁨도 생기고 인내력도 생기는 것이다. 그런 삶이 가치있고 후회없는 삶이다.

나는 오늘 참 보람있었다. 내일이 기다려진다. 그런 하루하루가 열흘, 한 달, 일 년 계속되면 행복할 것이다. 도대체 난 뭐야! 난 왜 이럴까?라는 하루하루가 채워지면…?

셀프 리더십을 발휘하려면

사람들의 시간 보내는 습관을 먼저 살펴보자. 하루일과 중, 시급한 일과 시급하지 않은 일을 구별하고 중요한 일과 중요하지 않은 일을 구별해보면, 다음 4가지로 구별된다.

① 시급하고 중요한 일 : 눈앞에 닥친 일, 사고처리, 치료 등

② 시급하지만 중요하지 않은 일 : 술먹는 일, 우편물 뜯어보기, 전화받기, 불청객과의 대담 등

③ 시급하지는 않지만 중요한 일 : 미리미리 준비하는 인간관계 쌓는 일, 가족 간의 대화, 고객과의 대화, 건강관리, 예방, 자기 나침반 수립, 어학공부, 독서, 계획 수립 등.

④ 시급하지도, 중요하지도 않은 일 : 밤새 고스톱 치기, 연속극 보기, 낭비적인 모든 일.

하루 24시간을 분으로 환산하면, 1,440분이다. 1%는 14분 40초, 약 15분이 되는데 이 시간을 아침에 일어나 하루 계획을 짜는 데 활

용하면, 나머지 99%가 효과적인 시간이 됨을 알아야 한다.

윈-윈(win - win) 게임으로 가는 5가지 수칙

말하기도 어렵지만 더욱 어려운 것은 듣기이다. 때문에 듣기는 배워야 할 기술이다. 대부분은 그것을 모르고 있다. 우리는 다른 사람들의 말을 듣지 않고 있는 세상에 살기 때문이다.

다운라인이나 리크루팅 상대를 억지로 설득하려는 것은 실패의 지름길이다. 절대 논쟁이나 토론하면 안 된다. 이것은 네트워커뿐만 아니라 모든 인간관계에서 통용되는 금기사항이다. 윈-윈(win - win) 게임으로 가는 5가지 수칙을 설명한다.

1. 첫째는 자신의 건강, 몸을 돌봐야 한다

모든 인간은 건강하고 활력이 있어야 한다. 죽은 사람에게는 성공도 일도 없기 때문이다. 오진, 오후, 서녁 어느 때든 활력적으로 일해야 한다. 자신의 건강을 돌보는 것이 가장 좋다.

2. 말하기와 듣기를 잘해야 한다

어쩌면 일상생활에서 자유롭게 의사소통하기 때문에 소홀하기 쉽지만 사업 성패의 출발은 제대로 말하고 듣는 것이다. 소홀히 생각하지 말고 말하기와 듣기를 제대로 배워야 한다.

1) 말하는 것

남 앞에서 말한다는 것은 결코 쉬운 일이 아니다. 보통, 대인공포증 특히 대중연설 기피증이 있어 어렵다고 하지만 요령만 터득하면,

가장 쉽다.

그러나 간단한 문제는 아니다. 말을 잘한다는 것은 올바른 말을 쉽게 해야 하기 때문이다.

▶말하는 것이 쉬운 이유

질문만 하면 된다. 계속 왜, 어떻게를 질문하는 것이다.

미국의 한 정신과 의사가 6시간 동안의 항공여행을 하게 되었다. 그는 옆사람에게 이것 저것 물어보려고 했는데 반대로 옆사람의 질문만 받게 되었다. 그는 옆사람의 이름조차 기억하지 못 하고 헤어졌으나 지금까지 만난 사람 중, 가장 훌륭한 사람으로 기억하고 있다.

네트워크마케팅은 소개 마케팅이다. 언제, 어디서나 관계를 맺는 마케팅이다. 따라서 말하기와 듣기가 매우 중요하며 계속 말하고 들어야만 한다.

우정으로 키우고 파트너십으로 키워 즉, 친구 → 파트너 → 그룹으로 만들어 나가야 하기 때문에 '리더십' 이 요구된다. 상품 재고가 필요한 것이 아니라 인간관계의 재고가 필요하다. 아는 사람으로부터 시작해 모르는 사람, 모르는 시장(市場)을 따끈하게 데워주어야 한다. 즉, 관계를 맺는 것이다. 그것은 우정으로 만들어가야 한다.

2) 두 번째는 듣기 즉, 경청(傾聽)이다

배워야 할 기술이 있다면, 듣기이다. 대부분 그것을 모르고 있다. 우리는 다른 사람의 말을 듣지 않는 세상에 살고 있기 때문이다.

▶남의 말에 끼어드는 사람

▶"음! 나는 더 알고 있어! 내가 다 해본 거야"라는 사람

▶ '저 사람 말이 왜 그리 길어? 언제 끝나나? 끝나야 내가 더 좋은

말을 해줄텐데…’라며 자기의견을 떠올리는 사람

이상은 잘 듣지 않고 있는 경우다. 잘 동의해주지 않는 것도 잘 안 듣는 것이다.

남의 말을 들으면서 머리 속으로는 다른 생각을 한다.

‘저 마누라는 왜 내 말을 안 듣지?’ ‘저 애들은 왜 내 말을 안 듣지?’ ‘우리 아빠는? 우리 엄마는? 내 다운라인은?’ 이런 식이다. 모두 듣기가 모자라는 경우다.

대개 자신의 마음은 꽉 닫아버리고 자기편견, 자기판단으로 “그만 말해!”라며 상대의 말을 끊어버린다. 심지어 사업설명회에서 열심히 강의하는 연사에게 “여보시오. 그 얘기 그만하고 돈 버는 얘기나 해주시오” “난 지방에서 왔단 말이오”라는 사람도 있다.

듣는 습관을 갖도록 노력해야 한다.

프론트로부터 아침 일찍 전화가 왔다.

“흥! 웬일이야. 세미나도 잘 안 듣고 제품 공부시간에는 나오지도 않고 나오라고 하면 겨우 나오면서 다급하면 전화질이야!”라고 한다면, 스폰서도 이미 부정적으로 진화를 받는 셋이 된다.

“아무개의 세미나는 듣고…” 하지 말고 시기와 시간을 맞춰 주도적으로 들어야 한다.

또 기왕에 참석했다면, 인정해주고 동의해주고 들어야 한다. 그는 내게 뭔가를 전해주고 있구나! 마음의 문을 열고 들으면, 필요한 만큼 얻는 것이 있다. 경청해보자!

3. 부정적인 질문 대응 요령

한창 설명 중에 한 청중이 “피라미드군요?” “암웨이 같은 건가요?” 라고 하면, “피라미드 좋아하세요?” “암웨이 잘 아세요?”라고 되물어라.

‘네, 아니오’라는 대답에 상관하지 말고. “이것은 피라미드가 아님니다"또는 "좋아하게 될 겁니다"라고 말하면 된다.

그러나 더이상 듣기를 거부한다면, 지체하지 말고 그만두어야 한다.

그리고 "선생님의 뜻도 이해는 하지만 한 가지 물어봐도 될까요?" 혹은 "지금 아니오! 라고 말씀하신 것은 개인적인 본인을 거부하신 건가요?"라고 물어봐야 한다.

대부분 "아니오"라고 대답한다. 즉, 나를 거부한 것이 아니다. 따라서 즉시 다시 물어보라.

"그러면 어느 부분을 거절하셨나요?"라고 묻고 말할 기회를 주고 끝까지 경청해줘라.

다 들은 후, 우리가 할 말은 오직 한 마디, "감사합니다"이다.

다시 할 일은 그에게 며칠 뒤 카드를 보내는 것이다.

"솔직하게 거절한 부분을 말씀해줘서 고맙습니다. 당신은 내 사업에 가장 적합한 사람입니다"라는 카드를 보낸다. '아니오!' 라고 말한 그를 나중에 다시 만날 수 있도록 여지를 만든 것이다. 그가 퇴직하거나 상황이 바뀌었을 때, 다시 연락이 올 수도 있다.

즉, 관계를 잘 맺어놓아야 한다. 매일 이런 관계를 쌓고 유지하는 것이 중요하다. 쉬지 말고 꾸준히 해야 한다.

4. 자기비전을 현재진행형으로 기록해둔다

자기목표를 기록하고 매일 아침 그 목표를 큰소리로 낭독한다. 한 손에는 비전을, 다른 한 손에는 현실을!

현실 속에는 꿈과 희망도 있지만 고통도 있다. 꿈과 현실은 다르기 때문에 긴장은 생활의 활력소가 된다.

스스로 자신의 목표를 읽으며 자신의 꿈을 보고 눈물을 흘릴 줄도 알아야 한다. '나는 누구인가?' '이렇게 성장할 수 있는 힘을 주셨습니까?' 등등 비전의 광휘 속에 자신의 현재 위치와 미래를 명상하다

보면 '내가 별볼일 없이 산다'는 것은 '하느님이 주시는 영광'을 거역하는 것으로 결론난다.

우리 모두는 영광을 허락받았다. 따뜻한 햇빛이 그 어느 누구의 것이 아니듯이 우리 모두는 자유롭고 행복할 권리가 있다.

내게 가장 힘을 주고 가장 많은 소득을 얻게 하는 것은?

다른 사람에게 기여하는 것이다. 다른 사람에게 건강과 자유와 꿈을 달성하도록 하는 것이 자연스럽게 부(富)를 얻는 지름길이다.

5. 벤처는 비전이 있기 때문이다

2, 3년 전에 '벤처'라는 단어가 유행한 적이 있다. 실제로 벤처기업들은 거의 적자 상태임에도 불구하고 회사 주가는 상당히 높은 편이었다. 이익이 없는 적자 회사의 주식이 왜 비싼 가격으로 팔리는가?

그것은 지금은 적자일지라도 앞으로 많은 이익을 가져올 밝은 비전의 사업이기 때문이다.

지금 당장의 소득보다는 미래의 소득이 더 클 것이라는 비전이 있기 때문에 현재의 네트워크마케팅도 벤처이다. 때문에 힘들어도 개의치 않고 꾸준히 팔리는 장치인 소비자망을 확장해 나가고 있는 것이다.

가장 확실히 미래를 준비하는 법은 바로 '미래를 만들어가는 것'이다. 변화를 스스로 창조함으로써 변화에 강력히 대응하는 것과 같은 이치다.

'하기 싫지만 해야 할 일' 즉, 일상의 직장은 이제 없어졌다. 본질적으로 내가 제공하는 노동은 더이상 중요 생산요소가 아닌 사회로 바뀌었다.

이제는 '하고 싶은 사람'만이 즉, 스스로 비전 제시를 하는 사람만의 미래가 있는 사회이다.

지금 우리가 네트워크마케팅을 즐겁게 해야 하는 이유가 바로 여기에 있다. 하고 싶어 하는 사람들에게 점점 더 많은 기회가 돌아가는 사회로 바뀌었기 때문이다. 하고 싶은 일에 시간과 힘을 집중할수록, 더욱 마케팅의 전문성이 요구되므로 휴먼네트가 중요해진다. 이때 함께 공존할 수 있는 모델이 바로 윈-윈(win - win) 게임이다.

방문판매에서는 내가 좀더 많은 제품을 팔아야 하는 데 비해 네트워크 마케팅에서는 개인판매(PV)를 중요시하지 않는다.

팔리는 장치, 소비자중심의 구매자 네트워크를 종·횡으로 얼마나 넓고 깊이 구축해 그룹판매량(GV)을 높이는가가 성패를 좌우한다.

따라서 올바른 네트워크 마케팅은 PV 중심의 개인판매치를 높이는 것이 아니라 스스로 구입해 쓰는 소비자(구매자)망을 넓혀가는 것임을 잊어서는 안 된다. "성공은 남이 아닌 내가 하는 것이다"

성공의 8가지 조건은 성공한 사람 모두가 실천하고 있다. 당신도 성공하고 싶다는 강한 신념을 갖고 스폰서와 친밀한 연락을 주고 받으면서 8가지 그룹 리더의 충족 조건만 갖추고 노력한다면, 성공은 약속된 것이다. 충실히 이행하고 다운라인에게 이것을 가르쳐라.

오늘의 내 꿈은 무엇인가? 5년 후의 내 모습은 어떤 것일까?에 대해 얘기해보자.

만약 내가 꿈도 없고 원하는 것조차 모른다면, 행선지를 모르고 그 방향조차 모르고 여행을 떠나는 것과 무엇이 다르랴!

장소도 모르는 행선지를 향해 차를 몰고 목적지에 도달한다는 것은 절대로 있을 수 없다.

1. 네트워크마케팅에서 성공의 첫걸음은 꿈이다

가장 먼저 할 일은 내가 무엇을 원하는지 분명히 정하는 것이다. 성공 여부를 좌우하는 것은 꿈을 갖는 것 즉, 사업 목적을 명확히 하는 것이다. 그러면 내 스스로 무엇을 해야 할지 답이 나온다.

그 답은 스폰서에게 물어보기, 미팅에 참석하기, 성공자가 쓴 책 읽기, 테이프 듣기 등이다. 이런 것을 알고 스스로 적극적으로 행동하기만 하면 되는 매우 간단한 사업이다.

꿈이 없다면, 살아갈 희망도 생기지 않는다. 꿈은 어떤 상황에 있는 사람에게나 희망과 에너지를 가져다준다. 그렇지만 꿈을 머리 속에만 저장해 두어서는 안 된다. 구체적으로 자세히 종이에 적어두어야 한다. 그리고 항상 꿈이 실현된 것처럼 상상하면서 적어놓은 꿈을 읽어보아야 한다. 실물을 볼 수 있으면, 더욱 좋다. 오감을 모두 이용해 상상하는 것이 중요하다.

2. 내가 안정되어야 남을 도울 수 있다

중요한 것은 내가 가지고 있어야만 남에게 되돌려줄 수 있다는 사실이다. 누구든지 자신에게 없는 것을 남에게 준다는 것은 불가능하기 때문이다.

긴급사태가 발생한 비행기 안에서 산소마스크의 착용 순서를 예로 들어보자.

어떤 이유로 갑자기 기압이 내려가는 긴급사태가 일어나 천장에서 산소마스크가 떨어지면 혼자일 때는 재빨리 마스크를 쓰면 된다. 그러나 어린이와 함께 있다면, 어른인 내가 먼저 마스크를 쓰고 아이들을 씌워주어야 한다. 이것을 반대로 하면 아이들을 구하기는 커녕 산소결핍증으로 가족 모두가 불행에 빠질 수 있다.

3. 성공이란 자기 힘으로 쟁취하는 것이다

성공은 운이 아닌 자기 힘으로 일궈낸 것이다. 많은 희생을 치르면서 몇 년 간 노력해 얻은 것이다. 또한 그 과정에서 많은 사람들을 돕고 많은 성공자를 배출해왔다. 내가 얻은 수입은 원래의 유통시스템에서는 중간도매상이나 광고주의 주머니로 들어갔을 돈이다.

내가 만든 대가로 집과 자동차를 사는 것은 정당한 것이다.

4. 기한을 정하면 꿈은 목표로 바뀐다

"그 꿈을 언제까지 이루고 싶은가?"라는 기한을 정해야 한다.

그렇지 않으면, 그 꿈을 이루기도 전에 자기 인생이 끝날지도 모른다. 꿈을 실현할 기한을 정해놓지 않으면, 좀처럼 행동으로 옮기기 어렵기 때문이다.

목표란 행동을 동반한 꿈이다. 따라서 목표가 확립되지 않으면, 아무 일도 일어나지 않는다. 그 목표를 달성할 방법과 수단이 없으면, 꿈을 실현할 수 없기 때문이다. 유감스럽게도 대부분은 아무 목표도 없이 생활하거나 목표를 설정했더라도 실현할 수단과 방법을 모르는 경우가 많다.

5. 목표를 적은 종이와 원하는 것의 사진을 보이는 곳에 둔다

내 인생의 방향을 내 스스로 결정하는 것이므로 중·장기, 단기의 3단계로 설정해야 한다.

주 단위로 5명에게 사업설명을 해보자. 또 꿈이 시들지 않도록 계속 에너지를 즉, 기를 받아야 한다. 풍선의 공기가 빠져나가듯 쭈글쭈글하지 않도록 기의 보충을 받아 꿈이 유지되어야 한다.

자신의 꿈을 주변사람에게 공표하고 협력을 청하라. 남의 눈치를 보며 내 꿈의 공표를 두려워할 필요가 없다. 주변사람들은 내 꿈에 대해 생각조차 하지 않는다. 그들의 관심은 오로지 당신의 성공 여부이다.

남의 눈치나 보며 하고 싶은 것도 못 하고 마치기에는 내 인생이 너무 소중하지 않은가? 공표함으로써 생각하지도 못한 사람들로부터 편지나 격려를 받을 수도 있다. 광고를 해야 고객이 몰려오듯, 공표를 하면 협력자가 생기기 마련이다. 꿈의 공개는 스스로 도망갈 퇴로를 막아버리는 효과 때문에 목표 달성의 촉진제 역할도 한다.

6. 그룹 리더가 되는 8가지 조건들

1) 최소한 1주일에 1회 이상 사업설명을 한다.

2) 100% 자사제품을 사용한다.

3) 최소한 15명의 고객을 확보한다.

성공하고 싶다면 자사제품을 100% 사용하고 스폰서(후원)활동과 사서 쓰는 소비자를 만드는 것이 기본이다. 처음부터 남에 대한 배려, 적극적인 마음 자세, 리더십 발휘법 등 성공하는 사람의 사고방식을 갖춘 사람은 위의 3가지 사항을 실행만 하면 반드시 성공한다.

4) 추천받은 책을 매일 20분 간 읽는다.

5) 성공한 사람들의 테이프를 매일 듣는다.

6) 모든 미팅에 참가한다.

7) 팀플레이로 사업한다.

8) 정기적으로 카운셀링 받는다.

4~8번의 5가지 조건을 실행하더라도 매출 증대와는 직접적인 상관이 없다. 아무리 많은 책을 읽고 테이프를 듣고 미팅에 참석하고 팀플레이를 해도 포인트는 가산되지 않기 때문이다. 그러나 이들 조건은 당신이 인간적으로 성장하는 데 꼭 필요한 조건으로 장기적으로는 강한 네트워크를 구축하는 데 필수 조건임을 알아야 한다.

네트워크마케팅에서 성공하는 데 필요한 것은 90%의 '적극적인 마음 자세'와 10%의 사업 지식이다. 사업 지식은 몇 개월이면 스폰서로부터 배울 수 있다. 그러나 나머지 90%의 적극적인 마음 자세, 타인에 대한 배려, 리더십 발휘법, 성공하는 사고방식 등은 스폰서의 힘만으로는 가르칠 수 없다. 그래서 스폰서를 대신해주는 것이 그룹 리더 조건 중, 4~8조건들이다.

네트워크마케팅은 가족과 친구에게 제품을 판매하는 세일즈라고 생각하기 쉬우나 실제는 그렇지 않다. 세일즈라기보다는 '심리적인 사업'이다. 인간관계 위에 성립되는 사업이기 때문이다.

제품 정보와 사업 정보를 친구들에게 전하는 것도 중요하지만 당신이 성공한 사람으로부터 배운 인생관, 가치관, 사고방식 등을 바꾸지 않으면, 크게 성공할 수 없기 때문이다. 인간적 성장에 초점을 맞추지 못한 그룹은 주로 눈앞의 결과만을 보고 제품 유통량에 초점을 맞춰 사업하기 때문에 디스트리뷰터는 있지만 사업자 다운라인은 없고 홀로 사업하는 사람들이다.

또 각자 자라온 환경, 교육 영향으로 형성된 가치관, 사고방식의 '틀'을 갖고 있어 나름대로 자존심이 강하다. 따라서 현재의 자기생활과 사고방식을 바꾸려는 외부의 힘에 저항하는 것은 당연하다.

아무튼 틀을 바꾼다는 것은 어려운 일이다. 그러나 그에게 성공한 사람이 쓴 책을 읽게 한다거나 테이프를 듣게 하고 세미나에 참석시켜 스스로 문제점을 해결하게 하는 것은 가능하다.

그리고 틀이 바뀌면, 스스로 제품을 사용하고 스폰서 활동도 하게 되어 15명 정도의 고객을 만들어 나간다.

7. 성공하고 싶다면, 8가지 조건을 모두 실행한다

성공자는 하나같이 8가지 조건을 모두 실천하고 있다. 당신도 성공하고 싶다는 강한 신념을 갖고 스폰서와 친밀한 연락을 주고 받으면서 8가지 그룹 리더의 충족 조건만 갖추고 노력한다면, 당신의 성공은 약속된 것이다. 그러므로 충실히 이행하고 다운라인에게 이것을 가르쳐야 한다.

일이 잘 안 되면, 내가 8가지 사항을 갖추고 있는지 확인해보면 나를 힘들게 하는 문제점의 90%는 해결된다. 사실, 8가지를 모두 충족시키고 있는가 여부에 따라 당신의 성공 여부도 결정되기 때문이다. 시간 투자가 가장 많은 항목이다.

신규 다운라인에게도 초기 단계에 이들 조건을 설명해주어 성공 조건이 존재함을 일깨워주고 실천하도록 해야 한다. 여기서 중요한 것은 상대가 자존심에 상처를 입지 않도록 조심해야 한다는 사실이다.

8. 마지막으로 한번 더

내게 꿈이 있듯이 남에게도 꿈이 있다. 내 꿈이 소중하다면, 상대방의 소중한 꿈을 들어주자.

무슨 일이 있어도 반드시 사신의 꿈을 이루고 싶은 강한 신념과 믿음을 갖고 절대 포기하지 않고 노력한다면, 연령, 성별, 학력 등에 관계없이 성공할 수 있다.

꿈이 없는 대졸자는 실패할지라도 큰 꿈을 가진 고교중퇴자는 성공한다. 경험이 풍부한 영업사원보다는 세일즈 경험이 전혀 없더라도 큰 꿈을 가진 주부가 대성공한다. 즉, 배경과는 전혀 상관없고 자신이 성공의 결정권을 쥐고 있다.

우리의 가장 소중한 권리인 '경제적 자유'를 얻을 수 있다.

남에 대한 배려를 할 수 있다면, 그에게도 자유와 평화를 주게 된다.

자! 꿈이 없는 사람들에게 내 꿈을 빼앗기지 말자.

Top Leader 24

황 윤 태 | NSP

여성캐주얼인 '코디원'과 '리샤'의 (주)동방어패럴 경영주.
1998년 4월, NSP 사업 시작.
2000년 8월, 시니어 내셔널 다이아몬드 취득.
앞으로의 꿈은 네트워크마케팅 전문 경영학교 설립.

"

최고를 추구하는 사람은 항상
자기의 길을 간다. 사람은 최고를
다른 사람과 함께 누리려 하지 않는다.
그리므로 행복해지길 원하는 사람은
우선 고독해져야 한다.

"

하머링 「은혜와 사랑」
로버트 하머링(1830~1889);
오스트리아의 시인

"리더는 검증되지 않은 방법으로
성공을 꿈꾸지 않는다."

만약 성공적인 삶을 원한다면, 누가, 무엇을, 어떻게 말하는가? 이 세 가지에 주목하라는 말이 있다. 즉, 이 세상 어느 누구도 타인의 영향 없이는 살아갈 수 없으며 타인의 경험과 지혜를 배울 수 있는 사람만이 성공적인 삶을 살 수 있다는 얘기다.

관중과 습붕이 환공을 도와 고죽국을 치고 돌아오는 길에 그만 방향을 잃고 말았다. 모두 우왕좌왕할 뿐, 어느 누구도 진로를 찾지 못하고 있을 때, 관중이 말했다.

"이럴 때 늙은 말의 지혜를 빌려보자"

늙은 말은 잠시 이곳 저곳을 살피다가 이윽고 한쪽으로 나아가기 시작했고 군사들은 무사히 길을 찾을 수 있었다.

그 후 산중행군 중, 물이 떨어져 모두 기진맥진해 있을 때, 습붕이 말했다.

"개미는 겨울에는 양지에 집을 짓고 여름에는 음지에 집을 짓는다. 개미집 아래에는 물이 있는 법이다. 개미집을 찾아라"

군사들은 개미집을 찾았고 그 아래에서 시원한 물줄기를 만날 수 있었다. 중국 고전, 〈한비자(韓非子)〉에 나오는 얘기다.

성공의 지름길은 검증된 리더, 회사, 제품, 시스템이 함께 해야

사과 하나를 두고도 아이는 '맛있겠다' 라고 하고 화가는 '색이 예쁘다' 라고 하고 상인은 품종을 따진다.

같은 영화를 보고도 디자이너는 배우의 옷을 얘기하고 시인은 대사 중의 멋진 표현을 얘기하고 사업가는 흥행 가능성을 생각한다.

이렇듯, 사람은 자신이 살아온 만큼 사고하고 이런 한계를 스스로 벗어나기란 쉽지 않다.

우물 안 개구리는 바다를 모르고 땅속 굼뱅이는 햇빛을 모른다.

내가 안다고 하는 것은 내가 겪은 것이요, 내가 이미 겪은 것이라면 과거의 것을 아는 것 뿐이다.

논어에 '학칙불고(學則不固; 배울수록 낡지 않는다)' 라는 말이 있다.

이 말은 독단과 편견에서 벗어나 인생의 참된 지혜를 배우기 위해서는 내 눈을 뜨게 하고 귀를 트이게 하는 사람을 가까이 해야 하고 "나보다 못한 사람을 벗으로 삼지 말라"라는 공자님 말씀처럼 나보다 나은 사람을 벗으로 두어 늘 새롭게 변화해야 한다는 것이다.

흘러가는 물에 발을 담그면 항상 깨끗한 물에 발을 씻지만 고인 물에 발을 씻으면 땟국물에 담그고 있을 뿐이다.

관중과 습붕의 이야기처럼 지혜로운 사람일수록, 타인의 경험과 지혜를 배우고 익히고자 하며 이런 자세는 너무나 빠른 속도로 변화하는 21세기를 살아가는 우리들이 —자신을 지키고 나아가 성공적인 삶에 이르는 데—반드시 지녀야 할 덕목이다.

특히 경험과 인간관계의 형성이 중요한 네트워크마케팅 비즈니스에서 이 세 가지는 성공과 실패를 결정짓는 중요한 기준이다.

즉, 검증된 리더(누가)와 검증된 회사와 제품(무엇을), 검증된 시스템(어떻게)과 함께 할 때, 성공에 이를 수 있다.

그러나 그 기준은 개인의 주관적 판단이 아닌 현실적 힘을 발휘할 수 있는 원칙의 구체적인 실현 여부여야 한다.

많은 사람들이 성공을 꿈꾸면서 이 사업에 뛰어들지만 대부분이 시행착오를 겪으면서 사업을 전개하게 된다.

그런데 사업에서 시행착오란 자신뿐만 아니라 그룹에 포함된 사람들의 귀중한 시간과 노력을 헛되게 하고 결과적으로 자신과 타인의 꿈까지 잃게 할 수 있다.

네트워크마케팅에서의 성공은 성별, 학력, 경력 등 사회적 배경에 좌우되지 않는다. 그러나 이것은 단지 기회를 평등하게 제공한다는 것이지 누구나 쉽게 성공할 수 있다는 것은 아니다.

좋은 집을 지으려면 훌륭한 목수를 찾아야 하듯이 네트워크마케팅도 성공하는 노하우를 지닌 사람과 함께 할 때, 성공할 수 있다.

내게도 엄청난 시행착오의 세월이 있었고 그 만큼의 대가를 치르고서야 이 평범한 진리를 깨닫게 되었다.

네트워크를 사랑했고 네트워크를 통해 성공하고 싶어 오로지 열정 하나로 성공을 꿈꾸었던 적이 있다.

성공은 변화 속에 있다. 검증된 모습을 복제하라

인간으로서 발휘할 수 있는 최대한의 성실성과 열정으로 수많은 사람을 만나고 그들에게 네트워크의 비전과 꿈을 전달하기 위해 밤낮없이 뛰어다닌 결과, 전국 50여만 명의 회원 중, 톱리더의 위치까지 도달할 수 있었다.

그러나 물가에 모래성을 쌓아두면 물결에 휩쓸려 가듯이 검증받지 못한 나만의 방법으로 쌓아올린 성은 오래가지 않았다.

나의 꿈과 수많은 파트너들의 꿈, 그들 삶의 희망과 그 사랑스런 얼굴들에서 느꼈던 기쁨과 슬픔, 벅찬 감동과 남몰래 흘려야 했던 눈물과 회한, 그 모든 것을 뒤로 한 채 떠나야 했던 날의 고통은 이루 말할 수 없다.

그러나 네트워크의 비전과 가치를 보고 진정 네트워크를 사랑했기에 포기할 수 없었다. 내게 필요한 것은 결코 무너지지 않을 검증된 방법을 가르쳐 줄 진정한 스승이었다. 그 분은 바로 NSP 라이징 스타 그룹의 최 창도 선생님이었다.

최 선생님과 함께 하면서 나는 비로소 내가 실패할 수밖에 없었던 이유를 깨닫게 되었다. 선생님께서 내게 가르쳐 주신 것은 회사와 제품의 중요성, 검증된 시스템과 리더의 중요성이었다.

선생님이 들려주신 NSP사는 29년 간, 26개국에 진출해 단 한 곳에서도 철수하지 않았으며 기업 공개로 개인기업이 아닌 패밀리와 함께 하며 사업의 지속성과 발전을 위해 세계최고의 제품, 500여 종을 자체 생산하는 회사로서 그 모든 것의 뒤에는 성장 위주의 정책이 아닌 패밀리의 안정적 성공을 우선하는 경영철학과 이윤의 사회적 환원을 위해 두루 나눔의 정신을 실천하는 사람들이 있었다. 실로 놀라운 회사였다.

그리고 그 무엇보다 중요한 것이 검증된 시스템임을 가르쳐 주셨고 그 시스템에 젖어들면서 그 누구에게도 자랑할 수 있는 건강한 그룹을 가진 진정한 리더의 대열에 올라설 수 있었다.

돌이켜보면 지난날 나는 그 어떤 검증된 무기도 없이 끝없는 도전만을 시도했고 그래서 선생님이 들려주신 '성공은 도전이 아닌 변화이다' 라는 말씀을 이해할 수도 없었고 또 이해하려고도 하지 않았다.

지나치게 맑은 물에는 물고기가 모이지 않듯이 모든 것을 내 자신의 기준에 맞추려고 했던 나에게는 더불어 함께 하는 변화와 발전이라는 시스템 원리가 낯설기만 했다.

"성공은 변화 속에 있다"

최 창도 선생님이 우리에게 항상 들려주시는 말씀이다.

많은 사람들이 성공을 말하지만 성공하기 위해 어떤 모습이 필요한지는 생각하지 않는다.

'습관은 제 2의 천성' 이라는 말이 있다.

어제의 내가 자신의 오늘을 만들었다면, 새로운 나는 이 습관의 변화로부터 만들어질 수 있다.

그러나 "습관은 이성보다 강하다"라는 아리스토텔레스의 말처럼 이 습관의 변화가 말처럼 쉬운 일은 아니다.

따라서 명확한 목표를 설정하고 그것을 이루기 위한 노력과 실천의 반복만이 우리를 변화시킬 수 있다.

주머니가 작으면 큰 물건을 담을 수 없다

"비운 만큼 채울 수 있다" 이 또한 최 선생님이 항상 하시는 말씀이다.

이 말씀을 들으면 생각나는 수피 우화가 있다.

강이 있었다.

이 강은 아주 높은 산에서 생겨서 깊은 계곡을 돌고 돌아서 평야에 나오게 되었다. 넓은 평야지대를 여행하면서 세상 이곳저곳을 구경하던 강은 드디어 최종 종착지인 바다로 힘차게 달려간다.

그런데 푸른 물결이 넘실대는 바다를 눈앞에 두고 강은 사막을 만나게 되었다. 사막을 건너야만 바다에 가게 될 텐데 뜨거운 사막은 금방이라도 강을 말라붙게 할 것 같았다.

강은 잠시 생각하고는 사막을 향해 돌진했다.

강이 사막에 닿는 순간 사막의 뜨거운 열기는 순식간에 강물을 증발시키기 시작했다. 강은 발버둥을 쳐보지만 아무 소용이 없었다.

그때 사막의 한가운데서 조용한 목소리가 들려왔다.

"네 몸을 바람에 맡겨두어라. 사막은 너를 수증기로 변화시키고 바람은 너를 실어 데려가 비가 되어 바다에 내리게 할 것이다"

주머니가 작으면 큰 물건을 담을 수 없고 두레박 끈이 짧으면 우물물을 길 수 없다는 말이 있듯이 자기를 비우고 시스템을 믿고, 그 속에서 변화해 나갈 때 자신의 목표, 꿈의 성취에 도달할 수 있다고 나는 믿는다.

즉, 자기를 비우고 우리로 승화해 가는 것, 제품으로 연결된 이해타산적 관계가 아닌 마음과 마음을 통해 영원한 만남으로 발전시켜 나가는 것, 그 속에서 타인의 성공을 위해 헌신적으로 노력하고 보다 많은 성공자를 만들어 냄으로써 자신의 꿈을 이루는, 진정한 네트워크의 가치를 실현해 내는 것만이 영원한 성공, 영원한 풍요로움을 보장해 주는 것이다.

그리고 그것은 개인의 능력이 아닌 검증된 시스템, 진정한 리더와 함께 할 때만 가능한 일이다. "빛나되 눈부시지 않게"

자만과 교만의 그림자를 떨칠 수 있을 때 내가 변할 수 있으며 진정으로 파트너를 이해하고 사랑으로 이끌 수 있는 리더로 성장할 수 있다. 물결이 심한 물에는 그림자가 어리지 않는다. 지나치게 밝다면 눈이 부셔 볼 수가 없다. "준비와 기회가 만나서 행운이라는 결과를 낳는다"는 앤소니 로빈스의 말처럼 사업을 하는데 필요한 객관적 조건이 아무리 잘 갖추어져 있다 하더라도 내적 조건 즉, 사업을 하는 사람의 자세와 태도가 준비되어 있지 않다면 그 어떤 훌륭한 회사와 제품, 시스템이 있다 하더라도 아무런 소용이 없을 것이다.

두렵다고 생각하면 실제로 골치 아픈 일이 생긴다

옛날 진나라에 악광이라는 사람이 있었다. 어느 날 그가 친하게 지내던 친구 집에 가서 환대를 받았는데 그런 뒤로 어인 일인지 악광이 그 친구 집에 발을 끊었다.

악광의 친구가 연유를 알아보니, 악광이 친구 집에서 잔 속에 든 뱀을 마시고 병이 났다는 게다. 친구는 어이가 없었지만 왜 그런 일이 생겼는지 생각해 보았다.

그날 악광이 앉았던 자리를 살피고 그 주위를 둘러보고서야 그 연유를 알게 되었다. 악광이 앉았던 자리의 뒤쪽에 문이 있었고 그 문지방에 활이 걸려 있었다. 그 활의 굽은 모양이 흡사 뱀과 같았고, 그 그림자가 잔에 어렸던 것을 악광이 오해하여 일어난 일이었던 것이다.

친구가 이를 자세히 설명해 주었더니 그의 병이 나았고 거기에서 광객사영(狂客蛇影)이라는 고사가 생겼다고 한다.

술잔 속에 어린 활 그림자를 두고 뱀을 마셨다고 생각한 악광은 참으로 못났다. 그러나 세상 모든 일이 다 그런 것이다. 생각하기에 따라서 상황은 급진전과 급전환을 하게 마련이다. 결국 수많은 그물코가 엮여 투망을 만들 듯 삶의 그물코도 자신이 짜 나가는 것이다.

클로드 브리스톨은 〈믿음의 요술〉이란 책에서 사람의 마음이 가진 '끌어당기는 힘'에 대해 "두렵다고 생각하면 실제로 골치 아픈 일이 생기고, 밝고 긍정적이고 건설적으로 생각하면 좋은 일이 생긴다. 따라서 내게 일어나는 모든 일이 우연처럼 보여도 그것은 우연이 아니다. 그것은 당신이 손수 엮어낸 패턴들이 움직인 결과인 것이다"라고 말했다.

백만장자가 된 불구자와 인기 코미디언의 인생

여기서 대조적인 삶을 살았던 두 사람을 비교해보자.

W. 미첼이라는 사람은 젊은 시절 고속도로를 오토바이로 달리다가 앞서 가던 트럭이 갑자기 정지하는 바람에 트럭 밑으로 끼어 들어갔고 그 때 연료통에 불이 붙는 바람에 몸의 4분의 3이 끔찍한 3도

화상을 입었다. 다행히 회복되어 사업을 했으나 그의 불행은 여기서 그치지 않았고 또 다시 비행기 사고를 당해 허리 아래를 쓸 수 없는 불구자가 되었다.

또 한 사람, 존 벨루시는 뛰어난 재능을 가진 70년대 가장 사랑 받는 코미디언이자 영화배우였으며 많은 친구들과 훌륭한 집과 많은 부를 소유한, 그야말로 사람들이 가지고 싶어하는 모든 것을 소유한 사람이었다.

그러나 미첼은 모든 불행과 고난을 극복하고 미국에서 큰 영향력을 행사하는 특별한 사람, 백만장자가 되었지만 벨루시는 코카인과 헤로인에 중독된 채 33세라는 젊은 나이에 죽음을 맞이하였다.

이 두 사람의 차이는 무엇인가?

가진 자와 못 가진 자의 차이는 무엇인가?

할 수 있는 사람과 할 수 없는 사람의 차이는 무엇인가?

왜 어떤 사람은 무슨 경험이든 살려서 자신을 위해 활용하는데 다른 사람들은 어떤 경험이든지 자신에게 방해가 되게 하는가?

그것은 어떤 자세와 태도로 자신의 문제를 인식하느냐의 문제일 것이다.

"어떤 것도 내가 의식적인 사고를 통해서 힘을 부여하지 않는 한 내게 영향을 끼칠 수 없다"는 앤소니 로빈스의 말처럼 긍정적인 자세와 태도는 우리에게 긍정적인 힘을 부여한다.

다시 말해서 객관적 조건이 우리의 삶과 일에 있어서 성공과 실패를 좌지우지하는 것이 아니라 이 주어진 조건에 대해서, 또한 자신에 대해서 얼마나 긍정적이고 적극적이냐 즉, 어떤 믿음을 가지고 있느냐가 관건인 것이다.

"인간은 그가 믿는 바로 그것이다"라고 안톤 체홉은 말한 바 있다.

즉, 당신이 무엇을 할 수 있다고 말하든, 할 수 없다고 말하든 당신은 옳은 것이다.

경주마는 눈가리개로 옆을 못 보게 한다

믿음은 보이지 않는 씨앗이다. 그리고 그 씨앗은 때와 조건이 맞을 때 싹을 틔운다. 이 세상 모든 것들은 어떤 한 사람의 믿음에서 비롯되어 만들어진 것이다.

우주선, 비행기……

KISS! – Keep It Simple, Stupid

단순해지라. 즉, 의심치 말고 긍정적으로 받아들이라는 말이다. 경주마는 경기에 나설 때 눈가리개로 옆을 보지 못하게 한다. 옆을 보면 경주에 집중할 수 없는 까닭이다.

의심은 멀리 볼 줄 모르고 함정에 빠져 맴도는 꼴이다. 의심하지 말라. 의심은 또 다른 의심을 낳을 뿐이다.

뱀처럼 차갑고 가시처럼 날카로운 마음은 우리를 모나게 한다. 확신은 증명을 초월한다.

"먼동이 트는 것을 보기 위해 횃불이 필요하겠는가?"

머리지향적이 아닌 가슴지향적으로 배워라

오나라의 왕이 강에 배를 띄우고 놀다가 강변의 원숭이 동산에 들렀다. 여러 원숭이들은 왕의 일행이 오르는 것을 보자 모두 겁에 질려서 나무꼭대기 위로 도망쳤다.

그런데 한 마리의 원숭이만은 완전히 무관심한 듯 몸을 자유자재하게 움직여 나뭇가지 사이로 이동하며 자기의 재주를 왕에게 자랑하는 듯했다.

왕이 활을 들어 그 원숭이를 향해 화살 하나를 쏘았다. 그러자 원숭이는 날아오는 화살을 능숙하게 손으로 잡는 것이었다. 이에 왕은 그의 신하들에게 일제히 원숭이를 향해 활을 쏘라고 명령했다.

한 순간에 원숭이는 온 몸에 집중적으로 화살을 맞고 떨어져 죽었다.

그러자 왕은 친구인 안불의를 돌아보면서 말했다.

"방금 일어난 일을 보았는가? 이 원숭이는 자기의 영리함을 자랑하고 자기의 재주를 너무 믿었다. 그는 아무도 그를 잡을 수 없다고 생각했다.

이것을 기억하라! 사람들과 상대할 때 자신을 돌보지 말고 재능에 의존하지 말라!"

집에 돌아오자 안불의는 그 길로 한 현자의 제자가 되었다. 자기를 돋보이게 하는 모든 것을 제거하기 위해서였다. 그는 지금까지의 모든 쾌락을 버렸으며, 어떤 것이든지 자신의 뛰어남을 감추는 법을 배웠다.

머지않아 나라 안의 누구도 그를 어떻게 하지 못 했다. 그리하여 모두가 그를 경외하게 되었다.

장자 우화에 나오는 이 이야기는 우리가 무언가를 받아들일 때의 올바른 자세에 대해 말해주고 있다.

나를 이끌어줄 스승을 만났을 때 하나의 영감으로 그를 받아들여야 한다. 그는 어떻게 스승이 되었는가? 그것을 이해하고 그 이해가 자신의 존재 속으로 스며들게 해야 한다. 이것이 '진정한 제자' 의 자세이다.

제자가 된다는 것은 배운다는 것이다. 제자는 받아들일 준비가 된 사람이며 열려있고, 수용적인 사람이다. 따라서 제자는 '가슴 지향적' 이지 '머리 지향적' 이지 않다.

그는 스승을 사랑하고, 스승을 받아들인다. 즉, 자신을 버리고 겸허하게 받아들일 때 일체의 의심과 회의로부터 벗어나 우리의 가슴은 여리고 진정한 이해에 도달할 수 있으며, 그때 우리는 깊은 사랑에 빠진다.

그것이 신뢰의 의미이며 진정한 이해를 통한 변화의 시작인 것이다. 이것이 네트워크 비즈니스에서 말하는 복제의 원리이다.

검증된 리더와 함께 할 것, 그리고 자신을 고집하지 않고 그 리더를 모델링함으로써 자신을 리더로 변화시켜 내는 것, 그것이 복제이며 이러한 겸허한 자세와 수용적 태도의 복제가 이루어져야만 비로소 올바른 정서를 지닌 그룹의 지속적인 성장이 가능할 것이다.

우화 속의 원숭이는 자신의 재주를 과시함으로써 우두머리로서의 자신의 존재를 증명해 보이고자 했다.

그러나 진정한 리더는 자신을 드러내지 않는다. 오직 신뢰와 사랑, 자기희생과 봉사를 통해 자신과 타인을 변화시킬 뿐이다.

네트워크에서 가장 인정받는 길은 자신을 드러내지 않는 것이다. 또한 자신을 드러내지 않는 것이, 진정한 자신을 드러내는 길이다.

생각이 생각을 낳고 자세가 자세를 낳으며 모양이 모양을 만들고 행동이 행동을 만든다.

진정한 제자만이 진정한 스승이 될 수 있다

'삼밭의 쑥은 곧게 자란다' 는 말이 있다. 내가 있어야 할 곳을 지킬 때 나의 파트너도 그곳을 지킨다. 내가 스폰서를 믿고 끊임없이 함께 하고자 할 때 파트너도 함께 한다. 내가 끊임없이 사랑으로 감싸고 헌신할 때 비로소 파트너와 나는 한 팀이 된다.

이것이 팀워크이며 이 팀워크의 정서를 복제해 내는 것만이 비즈니스에서 성공할 수 있는 유일한 방법이다. 그리고 이 모든 것은 꽃만 취하고 가시는 취하지 않는 자세, 바로 긍정적인 자세와 겸허하게 배우는 자세가 갖추어져 있을 때 가능한 일이다.

기억하자, 진정한 제자만이 진정한 스승이 될 수 있다.

산이 깊으면 골도 깊다 했다.

언제나 우리를 눈멀게 하는 자만과 교만의 그림자를 떨칠 수 있을 때 내가 변할 수 있으며 진정으로 파트너를 이해하고 사랑으로 이끌 수 있는 리더로 성장할 수 있을 것이다.

물결이 심한 물에는 그림자가 어리지 않는다. 지나치게 밝다면 눈이 부셔 볼 수가 없다. '빛나되 눈부시지 않게', 그것만이 나를 밝히고 남을 밝히는 길인 것이다. "비바람을 이겨낸 나무가 좋은 열매를 맺는다"

비즈니스를 진행하는 과정에서 스승의 역할을 해줄 스폰서가 검증받은 리더가 아니라면 즉, 현실적으로 수많은 사람들을 성공의 길로 이끈 경험을 기지지 못한 사람이라면 그리고 그가 제시하는 방법이 원칙과 일관성을 갖춘 검증된 방법 — 성공자의 배출과 지속적 성장의 방법 — 이 아니라면 아무리 훌륭한 회사와 제품을 갖추었다고 하더라도 결코 진정한 성공에 이를 수 없을 것이다.

성공과 실패는 '믿음'에서 비롯된다

'성공은 도전이 아니라 변화'라고 말한 바 있다. 그렇다면 무엇을, 어떻게 변화시킬 것인가? — 스폰서를 통해 시스템이 제시하는 모든 것을 철저하게 받아들이는 것, 그럼으로써 성공자의 모습으로 자신의 존재 전체를 변화시켜야 하며 이 배움의 단계에서 필요한 것은 스폰서와 시스템에 대한 진정한 신뢰이다. 그리고 이러한 신뢰는 진실하게 자신을 비우는 겸허함을 바탕으로 한다.

당신이 무엇을 할 수 있다고 말하든, 할 수 없다고 말하든 당신은 옳다. 이 말은 성공이든 실패든 모두 믿음에서 비롯된다는 것이다.

그렇다면 만일 다른 사람이 그 뭔가 당신이 바라는 것을 성취해 냈다면 이제 당신이 해야 할 일은 그가 제시하는 모든 것을 믿고 정확하게 그를 모델링하는 것이다.

그래서 그 사람의 믿음의 체계와 사고패턴, 행동방식 모두를 철저하게 본뜨는 것이다. 이것은 취사 선택의 문제가 아니라 진실한 수용적 태도의 문제인 것이다.

숨을 쉬기 위해서 자신이 어떤 노력을 하고 있는지 생각해보라. 우리는 숨을 쉬면서 자신이 숨쉬고 있다는 것을 의식하지 않는다. 스폰서에게서 배우는 모든 것이 가장 자연스럽게 자신에게 젖어들 수 있도록 자신을 드러내지 않는 겸허함이야말로 진정한 배움에 도달하는 길이며, 자신을 변화로 이끄는 지름길이 될 것이다.

꿈의 현실성과 실천력이 성공을 좌우한다

네트워크 비즈니스는 다음의 3단계를 거친다.

첫째, 비즈니스에 필요한 사업적 지식을 배운다.
둘째, 이 지식을 반복실천해서 자신의 것으로 만든다.
셋째, 이것을 다른 사람에게 가르친다.

첫째 단계에 대해서는 이미 말한바 있음으로 이번 호에서는 나머지 부분에 대해 말하는 것으로 부족하나마 연재를 마무리 하고자 한다.

네트워크 비즈니스에 종사하는 사람들에게 왜 당신은 이 사업을 선택했냐고 물으면 한결같이 '꿈이 있기 때문에 그 꿈을 이루기 위해서' 라고 대답한다.

그런데 여기서 제기되는 궁금증은 '왜 같은 사업을 해도 어떤 사람은 큰 성공을 성취해 내고 또 어떤 사람은 성공하지 못하느냐' 는 것이다.

이제까지 강조해 왔듯이 검증된 리더와 검증된 시스템이 중요한 것이라는 데는 이론의 여지가 없을 것이다.

그러나 그 모든 것이 똑같이 주어졌음에도 이러한 차이가 생기는 것은 무슨 까닭일까?

네트워크 비즈니스의 마케팅 플랜을 듣고 나면 대부분의 사람들은 이 사업의 비전과 가치를 발견하게 된다. 그리고 이 사업을 통해서 자신이 잃어버렸던 꿈을 이룰 수 있다고 느낀다.

그러나 여기서 문제가 되는 것은 그 꿈의 현실성과 꿈을 이루기 위한 실천력인 것이다.

스필버그 감독의 꿈과 샌더스의 KFC 창업정신

36세의 나이에 영화 역사상 가장 성공한 감독이자 제작자가 된 스티븐 스필버그의 경우를 생각해 보라. 그는 어떻게 그렇게 젊은 나이에 그런 위치에 도달할 수 있었을까?

스필버그는 어린 시절 자신의 꿈을 알게 되었다.

17세가 되던 어느날 유니버셜 스튜디오를 관광하면서 그는 자신의 인생을 바꾸게 된다. 그 날의 관광일정에 포함되지 않았던 실제 촬영 현장으로 몰래 숨어 들어간 스필버그는 그 곳에서 영화사의 편집부장을 만나서 많은 이야기를 나누고 그 다음날부터 정장을 하고 날마다 현장을 드나들면서 현장 한구석에 버려진 트레일러에 영화감독 스필버그라는 명패를 써 붙였다. 그리고 자신이 간절히 바라는 세상의 한 귀퉁이에서 자신에게 필요한 모든 것을 갖추기 위해서 부단히 노력했다. 그리고 마침내 스무 살이 되던 해, 영화사의 정식멤버가 되고 그로부터 7년 뒤, 그토록 간절히 바라던 감독이 되었고 최고의 자리에 올라 자신의 꿈을 현실로 만들었다.

또다른 한 사람의 예를 들어보자.

켄터키 프라이드 치킨을 만든 커넬 할랜드 샌더스가 처음 창업을 결심했을 때, 그는 닭튀김 조리법 밖에는 아무 것도 가진 것이 없는 은퇴한 실업자에 불과했다.

이런 그가 자신이 가진 이 기술을 식당주인들에게 팔아 로열티를 받는 사업을 구상했을 때, 주변의 많은 사람들이 현실성 없는 사람이라고 비웃었다.

그러나 그는 자신의 아이디어에 대해 확신을 가졌고 전국을 돌아다니며 동업자를 구했다. 1,009번의 거절을 당했지만 그는 포기하지 않았고 마침내 자신의 꿈을 이루고 백만장자가 되었다.

이 두 사람의 공통점과 대다수 평범한 사람들의 차이는 단 한 가지다.

그들은 자신이 원하는 것을 정확히 알았고 그것을 이루기 위해 즉각 행동에 옮겼으며 그것이 이루어질 때까지 결코 포기하지 않고 부단히 행동했다는 것이다.

꿈과 행동은 비행기의 양날개이다

"인생의 가장 위대한 종착역은 지식이 아니라 행동이다"라고 토마스 헨리 헉슬리는 말했다. 세상 모든 일과 마찬가지로 네트워크 비즈니스에서 성공하기 위해서는 자신이 보고 느낀 바를 즉각적으로 흔들림 없이 실천으로 옮겨야 한다.

네트워크에 'Big-head'라는 말이 있다. 즉, 입으로는 자신의 꿈을 이야기하고 네트워크의 비전을 운운하지만 실제로는 행동하지 않는 사람을 꼬집는 표현이다.

꿈이 아무리 커도 행동이 따르지 않으면, 그 어떤 것도 이루어지지 않는다. 네트워크 비즈니스는 팀워크를 기본으로 하는 팀 비즈니스이다.

이 사업에서 성공하려면 타인의 성공을 시기하지 않고 서로 기뻐하고 칭찬하고 긍정적인 방향으로 교육해 나가야 한다.

이런 팀워크가 이루어지기 위해서는 무엇보다 자신이 팀원이 되어야 한다. 그리고 진정한 팀원으로서 진정한 협력관계를 형성하기 위해서는 자신이 다른 사람들로부터 배우려는 겸허한 자세를 가져야 한다.

그리고 스폰서로부터 배운 것을 그대로 실천에 옮기는 것이 팀워크를 실현하는 것이다. 네트워크는 올바르게 배워 올바르게 전달하는 사업이다.

그러나 배운 바를 그대로 실천하고 그대로 가르친다는 것은 말처럼 쉬운 일이 아니다. 결국 1,000번의 말보다는 자신이 직접 행동으로 모범을 보일 때, 그것이 올바르게 전달될 뿐만 아니라 그룹원들의 진정한 협력을 이끌어낼 수 있다.

처음부터 잘되지는 않고 그렇게 해야 하는 이유를 완전히 이해할 수는 없지만 스폰서와 시스템을 신뢰하고 일관되게 실천해나갈 때, 사업은 성장한다.

그런데 간혹 어떤 사람들은 스폰서가 제시하는 내용을 취사선택해 나름대로의 방식을 만들어 내고자 한다.

그래서 검증되지 않은 방법으로 수많은 사람들을 시험대상으로 전락시키는 우를 범하고 있다. 그래서 잘될 때는 그 모든 것을 자신의 공으로 돌리다가 어느 순간 시련이 닥치면 모든 탓을 스폰서와 시스템에 돌리고 결국 사업을 포기하게 된다.

나름대로, 나대로 방식이란 없다. 단순한 믿음이 기적을 만들어 내듯이 스폰서와 시스템이 제시하는 대로 꾸준히 실천하는 것, 그것이 진정한 협력이요, 성공으로 가는 지름길이다. 네트워크는 그 비전이 큰 만큼 장기적 안목으로 해나갈 필요가 있다.

성공은 노력에 대한 정당한 대가이다

자신이 노력한 만큼 정당한 대가가 정직하게 주어지는 것이 네트워크 사업이다. 하지만 사업을 해나가는 과정에서 헤아릴 수 없을 만큼 많은 시련이 닥쳐온다. 그래서 네트워크는 결코 쉽지 않은 사업이며 그런 만큼 인정과 보상이 주어지는 것이다.

흔히 자존심을 이야기한다. 그러나 진정한 자존심은 자신이 내세울 수 있는 성질의 것이 아니라 타인으로부터 인정받고 존중받는 것이다. 그리고 그것은 정상의 자리에 설 때, 고스란히 보상받는 것이다.

WIT=whatever it takes, 내가 좋아하는 말 중의 하나이다.

그 무슨 대가를 치르더라도 꿈을 이루기 위해 부단히 노력하고 기다리는 것, 이것이 성공한 모든 사람들이 보여준 모습이며 네트워크에서 성공한 리더들이 보여주는 모습인 것이다.

나 또한 네트워크를 알 수 있는 행운을 나의 기회로 받아들였다. 검증된 리더와 검증된 방법, 검증된 회사를 올바르게 선택해 수많은 시련 속에서 끊임없이 나 자신을 비우고 스폰서와 시스템이 제시하는 대로 스스로를 변화시키기 위해 노력했다. 내가 이 사업을 결심했던 그 첫마음을 잊지 않고 내가 보았던 그 비전을 실현하기 위해 끊임없이 도전했고 그 어떤 대가를 치르더라도 포기하지 않고 기다려왔기 때문에 오늘 이 자리에 있을 수 있다고 믿는다.

이제 더 높은 곳을 향한 힘찬 비상을 다짐하면서 함께 해왔던 수많은 분들께 감사드리며 더욱더 많은 성공자들과 함께 풍요로운 삶, 아름다운 사회를 만드는 데 이바지할 수 있는 진정한 네트워크의 리더로 거듭나기 위해 끊임없이 노력할 것이다.

Top Leader 25

황 정 숙 | 앨트웰 로얄 패밀리 〔RF〕

95년 2월, 사업 시작.
現 〈다이렉트 셀링〉 편집위원.

66

비겁한 사람은
자신의 과실에 대해 변명을 하고
깨끗한 사람은
반드시 그것을 사람들에게 고백한다.

99

멜레 「격언」
앙트완느 G. C. 멜레(1607~1685);
프랑스의 작가, 모랄리스트

<h1 style="text-align:center">"브레이크 없는 자동차는
반드시 사고가 나기 마련이다."</h1>

나는 한국인의 '빨리빨리' 병 때문에 끈기 있게 버티지 못 하는 후배들에게 이렇게 얘기한다. 브레이크와 엑셀러레이터의 적절한 사용은 네트워크마케팅뿐만 아니라 인생에도 꼭 필요한 지혜이다.

인생의 행복이란 정의하는 사람마다 모두 다르겠지만 적어도 나는 '하고 싶은 일을 마음껏 하며 사는 것' 이라고 말하고 싶다.

나는 우리가 살아가는 이 세계의 중요한 요소로 자본, 과학 그리고 예술(정서)을 꼽는다. 자본과 과학은 있지만 예술 즉, 정서가 부족한 곳은 삭막하다. 과학과 예술은 있지만 자본이 없는 곳은 현실적인 어려움이 있다.

내가 경험했던 구(舊)소련이 바로 후자의 경우이다. 레닌그라드 거리마다 아로새겨져 있는 그 우수한 조각품들. 거리의 배고픈 바이올린 연주자들의 그 슬픈 연주들.

나는 10여 년 전 구(舊)소련을 여행하면서 자본 없는 예술과 과학이 인간을 얼마나 비참하게 만드는지 절실히 깨달을 수 있었다. 마르크스 표현대로 정말 하부구조(경제) 없는 상부구조(사회제도, 철학, 이념)는 허구인 것이다.

검은 돈과 밝은 돈

우리는 좋든 싫든 돈이 있어야 살아갈 수 있다. 혹자는 주체할 수 없을 정도의 천문학적인 재산으로 떵떵거리며 살기도 하지만 대부분은 돈에 쫓겨 허덕이다가 죽어간다. 땀흘려 번 돈은 떳떳한 돈이지만 뭔가 나쁜 짓으로 번 돈은 검은 돈이다.

어두운 곳에서 벌어지는 돈이 밝은 곳을 밝히기는 어렵다. 고리 사채놀이로 돈을 벌고 향락산업에 쏟아붓고 다시 그 향락산업은 우리의 건전한 아들, 딸들을 정신적, 육체적으로 피폐시킨다.

정말 땀흘려 번 돈은 쉽사리 못 쓴다.

평생 삯바느질로 번 수천 만 원을 대학장학금으로 기탁하는 할머니들의 기사가 신문에 가끔 실리곤 한다. 비록 그 분은 배운 것은 없어도 우리는 그 분을 존경하며 그 숭고한 뜻을 기린다. 그 돈은 밝은 돈이다.

우리 주변에는 검은 돈이 의외로 많다. 그리고 그 검은 돈은 다시 어두운 곳을 찾아 다니게 된다.

판매란 가치를 교환하는 것이다

이 세상에는 두 가지 가치가 존재한다. 그 하나는 보이는 가치로서 상품의 거래 등이고 또 하나는 보이지 않는 가치이다. 보이지 않는 가치에는 인격의 수준에 따라 지불 받는 것이 있고 혜택의 정도에 따라 지불 받는 것이 있다. 상대방에게 좋은 것을 주면 좋은 것이 돌아온다. 판매도 이처럼 생명 논리와 마찬가지다.

모든 생명체는 결국 먹으면 배설하는 것이 자연의 순리이다. 현대인의 질병들은 과식, 과음, 스트레스 등 자연의 순리를 거스른 데서 생긴 것이다.

판매원리도 결국 생명의 원리와 마찬가지다.

어떤 물건이든 생산되면 소비(판매)되어야 한다. 만일 생산만 되고 소비가 되지 않는다면 기업이나 국가는 생존할 수 없다. 우리나라도 유통시장의 개방으로 외국의 수많은 상품이 밀려들어오고 있지만 우리것은 제대로 팔지 못 한다. 그 이유는 무엇인가? 바로 우리 상품의 경쟁력이 떨어지기 때문이다.

자본주의가 가장 발달한 미국의 경우, 우리가 보기에는 쓰레기 같은 퇴폐문화조차 상품화해 엄청난 돈을 버는 반면, 러시아(구소련)의 경우, 세계 최고의 과학기술을 자랑하면서도 자본주의적 사고의 결여로 가난을 면치 못 하고 있다.

이 소중한 판매를 배우는 방법은 무엇인가? 가장 좋은 방법은 직접 나가 팔아보는 것이다. 실제로 해보는 것 외에는 별 방법이 없다.

실전에서 부딪치며 거절도 당해보는 것이 순간적인 성공보다 훨씬 소중한 경험이 된다. 성경에도 안락(宴樂)한 곳에 마음을 두지 말고 초상집에 마음을 두라고 했다.

누구든지 힘들고 어려운 일은 안 하려고 한다. 끊임없는 좌절을 통해 얻은 노하우만이 강력한 세일즈의 교관이라 할 수 있다.

고객은 이론을 싫어한다

많은 사업자들이 판매를 이론으로 접근하려고 한다. 판매능력이란 결국 현장에서 끊임없이 부딪치며 온몸으로 터득하는 동물적 감각이지 이론이 아니다.

지금 몇 시인지 묻는 고객에게 시계는 어떻게 만들어졌고 어떤 원리에 의해 움직이는지 장황하게 설명한다면 그 고객은 떠나고 만다.

판매는 이론(에토스)이 아닌 감동(파토스)을 파는 것이다.

장사꾼과 사업가의 차이

우리는 흔히 장사와 사업을 구분하는 데 많은 어려움을 겪는다. 장사란 아낙네가 동네시장에서 좌판을 벌여 콩나물이나 채소를 파는 것부터 대형 백화점에서 우아한 분위기를 연출하며 고가품을 파는 것까지 그 모습이 다양하다.

장사꾼은 단순히 물건을 팔아 이익을 내는 반면, 사업가는 규모와 별개로 사람을 다룬다는 데 그 차이가 있다.

사업에 대한 분명한 철학과 확신을 가지고 경영능력을 발휘, 사업을 영위해 나감으로써 결국 많은 소비자들에게 영향을 미친다면 그는 분명 사업가이다.

나는 사업 초기, 앨트웰 비즈니스의 주력 품목인 '누벨마리' 부터 팔았다. 그러나 점차 매출 규모가 커지고 주변에 사람들이 모이자 단순한 장사가 아닌 고객 감동과 사람 사업임을 절감했다.

나는 많은 후배 사업자들에게 사업은 멀리 보고 깊게 생각하면서 잘될 때는 더욱 기쁘게 하고 사업이 잘 안될 때도 용기를 잃지 말고 7전8기의 정신으로 도전하면 언젠가는 정상에 설 것이라고 말한다.

"세계가 무섭게 변해가고 있다"

우리 주변의 위선과 체면, 잘못된 가치관, 물질만능 풍조, 일에 대한 무감각 등에서 탈출할 때, 성공은 우리 앞에 다가온다.

이제는 제2, 제3의 전문직(Professional Job)이 요구되는 시대이다. 즉, 현대는 본업과 부업이 교차되는 시대이며 평생직장 개념이 무너지고 평생직업 개념이 도래한 시대이다.

1. 당신의 직업은 무엇입니까?

의외로 우리 주변에는 뚜렷한 직업 없이 대충 살아가는 사람들이 너무 많다. 또 직업이 확실한데도 프로의식이 부족한 사람도 많다. 시대에 따라 직종도 많이 바뀌고 게임 룰도 달라져 옛방식으로는 낙오할 수밖에 없다.

일본은 전진적이고 도전적인 칼의 문화인 반면, 한국은 선비문화이다. 부정적인 측면으로 보면, 구체적인 행동이 도외시된, 소위, 선비인 척하는 풍토가 뿌리 깊은 것이다.

우리 사회에서 이른바 잘 나간다는 '사(士)' 자 붙은 사람들도 그 중 많은 사람이 자신의 직업에 만족하지 못 한다. 이는 직업에 대한 자부심과 소명의식이 부족하기 때문이다.

"당신의 직업은 무엇입니까?"라고 묻는 이들에게 자신의 직업을 자랑스럽게 밝히려면 어떤 자세를 가져야 할까?

가수의 예를 들어보자. 노래를 잘 부르려면 먼저 기본적인 박자, 음정, 리듬을 잘 분석해 악보를 머리 속에 그리고 그 위에 자신의 상상력을 집어넣고 청중들의 분위기에 맞춰 표현해야 한다.

유명 성악가, 조 수미 씨는 고음과 저음의 뛰어난 처리 능력이 있다. 그녀의 노래는 시작부터 끝까지 긴장감을 잃지 않는다. 뛰어난 예술성을 지닌 그녀는 작품 내용을 완전히 이해한 후, 호소력 있게 전달해준다. 이처럼 자신의 일에 최선을 다하는 사람은 자랑스럽게 얘기할 수 있다.

어차피 하는 일이라면 처음부터 즐겁게 하라. 그래야 목표도 쉽게 달성된다.

초보 사업자들은 몇 차례의 시도와 좌절을 맛보면 쉽게 포기하고 자신의 적성과 능력에 맞지 않는다는 결론을 내린다. 이렇게 하나의 직업을 쉽게 생각하는 그들의 자세가 안타까워진다. 조 수미 씨의 경우, 현재 위치에 오르기 위해 얼마나 많은 노력을 했겠는가? 그녀는 지금도 처음 성악을 시작했을 때처럼 부단히 노력하고 있다.

자신이 먼저 목표를 향해 확신과 자신감을 갖고 뛰어야 남들을 감동시킬 수 있다. 이렇게 감동받은 고객이 최상의 고객이 된다. 바로 이들이 최상의 파트너가 되어 준다.

2. 다단계는 돈 버는 새로운 수단과 방법이다

내가 네트워크 사업을 시작한 1995년 2월, 내 행보를 곱게 보는 사람들은 많지 않았다. 그 때 내가 가장 참을 수 없었던 것은 평소 가까웠던 사람들의 부정적인 생각이었다. 평소 "나를 신뢰하고 믿고 있다"라고 생각했기에 아픔은 더 컸다.

잔디는 밟으면 밟을수록, 잘 자란다고 한다. 내 직업을 성찰할 수 있게 만들어준 이 아픔은 오히려 나를 더 강하게 만들어 주었다.

한국의 다단계사업 도입기였던 1995년 이후, 불과 몇 년 사이에 20여 명이 넘는 RF가 탄생했고 중소 백화점 매출액을 상회할 정도로 성장하고 있다.

이는 생명공학의 발달로 인간의 유전자 구조까지 밝혀지는 오늘날에도 사람과 사람이 만나 서로 감동과 체험을 전하는 우리 시스템이 아직까지 효율적임을 증명한 것이다.

어떤 문화가 인간 세세에 자리잡을 때는 반드시 반대 급부의 필요악이 생긴다. 세칭 피라미드의 성행이 그것이다. 아마도 이는 발전성이 매우 높은 다단계 문화가 초창기 겪는 홍역이다.

일부 잘못된 방식의 다단계 회사들은 대부분 1년을 못 버티고 망했다.

3. 앨트웰 방식은 성공한 다단계의 정형이다

앨트웰의 경우, 기능성 속옷으로 출발해 지금은 신체의 모든 제품을 취급하고 있다. 이는 다단계 시스템이 생활 깊숙이 전파되었음을 의미한다.

요즘은 기술과 노동의 성격이나 형태가 변해 남성보다 여성이 더 큰 능력을 발휘하는 일들이 생겨났다.

앨트웰 비즈니스는 남녀 구분이 무의미하다.

대부분의 앨트웰 사업자는 이전에 다른 일을 했고 각자 경험이 다르다. 그런데 앨트웰 이전의 경험과 지식이 오히려 자신을 옭아매는 밧줄이 되는 경우를 많이 본다. 즉, 고학력, 상류층 인사들이 흔히 범하는 실수는 스폰서의 복제를 거부하고 자신만의 방식을 추구, 선배들이 예전에 경험했던 시행착오를 반복한다는 사실이다.

지식은 시대와 상황에 따라 적절히 운용되어야 한다.

새로운 방식인 다단계 시스템을 거부하면서 어떻게 성공자가 되겠는가? 진정한 다단계 시스템을 이해하고 본인부터 감동을 체험해야만 진정한 고객을 확보할 수 있다.되는 것이다. 내부에 남아 있는 허례의식을 버리지 못 한다면, 미래는 달라질 것이 없다.

쓸데없는 쓰레기 같은 사고로 가득 차 있다면, 새롭고 창조적인 사고가 비집고 들어올 공간이 없다. 먼저 자신을 돌아보고 버려야 할 것을 판단해보고 무엇을 어떻게 할 것인지 생각해도 늦지 않다. 오죽하면 삼성 이 건희 회장이 "마누라와 자식만 빼고 다 바꿔라!"라고 했을까?

앨빈 토플러는 "앞으로의 세계는 지식과 정보가 생산의 가장 중요한 요소이다"라고 말했다. 바로 지식과 정보를 통해 비용절감과 사업 효율성을 극대화할 수 있기 때문이다. 이 지식과 정보가 다단계 사업의 하부구조인 것이다.

"사업을 위한 4가지 변화"

네덜란드인들은 "하나님은 천지를 창조하셨지만 네덜란드는 바로 우리가 만들었다."라고 자신있게 말한다. 국토의 1/3을 간척한 이런 개척정신과 지혜로 사업에 임한다면, 성공은 그리 어렵지 않다. 바로 본인부터 변화를 두려워 말아야 한다.

가슴에 불을 질러봐 / 잠자는 너를 깨워봐 / 마음을 여는 만큼 미래
도 열릴 거야. / 사랑해요, 앨트웰

더 높은 곳을 바라봐 / 푸른 하늘이 있잖아 / 자리를 박차고 날개를
펴는 거야 / 사랑해요, 앨트웰

만날수록 멋진 그대 / 나의 손을 꼭 잡아줘, 앨트웰. I LOVE YOU"
(〈앨트웰, I LOVE YOU〉에서)

1. 내적인 변화(청년처럼 열정을 갖자)

우리는 치열한 경쟁 속에서 부모님으로부터 태어난다.

우리가 태어나기 위해서는 정자와 난자의 만남이라는 치열한 경쟁
을 뚫어야 세상의 빛을 볼 수 있다.

이와 같이 축복 속에서 태어난 자기 존재를 보석처럼 사랑할 때, 자
신의 인생이 그 보석처럼 빛나며 내일의 꿈이 생기고 위대한 미래를
상상하게 된다.

이를 위해서는 자신에 대한 믿음이 가장 중요하다. 틀림없이 잘할
수 있다는 확신, 그런 믿음이 필요하다. 그런데 어른들은 빈곤, 사랑
의 상실, 노화, 환경과 건강 그리고 비판에 대해 두려워한다.

"이번 일도 성공하기 힘들 거야"라는 고정관념 때문에 불안에 떠는
것이 문제다.

그러나 젊은이들은 실패 경험이 별로 없기 때문에 용감하다.

아이들에게서 그 용감성과 삶의 순수성을 배워야 한다. 바로 그 젊
은이들의 모습이 우리 본래의 모습이었다. 〈앨트웰, I LOVE YOU〉
노래에서처럼 푸른 하늘을 향해 마음의 문을 열면 본래의 모습으로
돌아갈 수 있다.

일에 대한 선입견을 버리고 기본기만 확실히 익히면, 시대 변화나

소비자 변화에 대응할 수 있다.

일은 사람이 하는 것이고 그 일의 승패를 결정짓는 것도 사람이다. 늘 백지 상태에서 사물을 생각하고 자신의 고정된 주관을 버리고 객관적으로 사물을 보는 것이 중요하다.

있는 그대로 보고 그 사실에 그대로 대응하는 단순한 사고와 깨끗한 사고를 갖는 마음 즉, 젊은이의 정직한 마음이다.

"나는 62살이야."라는 젊은 늙은이가 있는가 하면, 60세가 넘어도 "나는 18살이야."라고 하는 젊은이가 있다(광고에 칠순 노인이 DDR 춤을 추지 않던가!).

청년정신은 세상의 모든 가능성을 갖게 해주는 열정의 원동력이다. 그리고 그 청년이 되기 위해서는 먼저 자신의 마음부터 열어야 한다.

2. 외적인 변화(일하는 모습)

외적인 모습을 변화시키는 것은 비즈니스에 있어 가장 기초적인 것이다.

평소 모습과는 매우 다른, 제대로 된 사업자의 모습을 갖춰야 주위 사람들이 관심과 신뢰를 가질 수 있다.

MLM 사업은 무점포 비즈니스이기 때문에 언제, 어디서, 어떻게 고객을 접하게 될지 모른다. 연구에 의하면, 사람을 만났을 때, 3초 안에 상대방의 인상이 정해진다고 한다. 즉, 바로 3초 안에 상대방에 대한 신뢰의 잣대가 결정되는 것이다.

다단계는 자본이 필요 없는 좋은 사업이기 때문에 사업자들은 항상 긴장을 늦추지 않고 24시간 준비하고 있어야 한다.

일부 사업자들은 외양을 중요시하지 않는데 항상 긴장하고 준비되어 있어야만 고객도 관심을 갖고 정중한 자세로 나온다. 자신의 내적인 모습과 아울러 그에 상응하는 외적인 모습도 필수이다.

3. 사업 전개 방식의 변화

사업자는 방법의 개발 능력이 있어야 한다. 내 인생도 중요하지만 남의 인생도 책임지려는 사업자의 모습은 얼마나 가치 있는가?

그러나 사업자의 사업 방식에 있어 단순히 도움만 주려는 사람들을 진심과 정성만으로 효율이 극대화된다고 할 수 있을까?

우리는 과거의 DOS 체계로부터 클릭 한 번으로 운영되는 윈도우 체계가 개발되었을 때, 과거에 그토록 컴퓨터 명령체계를 공부한 것이 전문 분야를 제외하고는 그 실효성을 잃었었다. 사업 전개 방식도 마찬가지다. 시대 변화에 적응하려는 자세와 노력이 필요하다. 변화에 발맞춰야만 살아 남을 수 있다.

클릭 한 번으로 인터넷이라는 정보의 바다를 유영하는 지금, DOS 체계와 마인드로는 사업 전개가 불가능하다.

우리 일상생활에서 컴퓨터가 일반화된 것이 바로 얼마 전이요, 윈도우 체계로 바뀐 것이 엊그제인데 벌써 그 이전의 것은 무용지물이 되는 격변기를 살고 있는 것이다.

이와 같이 우리는 정보 통신의 급변에 의해 어제의 지식이 오늘 활용될 수 있는지 장담할 수 없는 시대에 있고 다가오는 미래에 적극 대비하지 않고서는 사업자로서의 능력을 전개하기가 어렵다.

기존 사업 방식에 대해 끊임없이 질문하고 해답을 찾으려는 적극성이 필요하다.

4. 인식의 변화(보이지 않는 변화에 대한 정확한 인식의 필요)

1990년대 일어난 변화 중에는 정보 통신처럼 눈에 보이는 변화와 눈에 보이지 않는 변화들이 있다.

예를 들어, 네트워크마케팅, 다단계판매, MLM 등 여러 가지로 불리는 MLM 업계가 800억 달러의 매출을 달성한 것도 1990년대이다.

미국 직접판매협회(DSA)에 따르면, 2000년 기준으로 미국인 약 800만 명이 MLM 사업자라고 한다. 바로 네트워크마케팅도 인터넷처럼 21세기 경제를 이끌 최강의 추진제로 등장한 것이다.

이제 〈월스트리트 저널〉에서 〈뉴욕 타임스〉에 이르기까지 권위 있는 잡지들은 네트워크마케팅 업계를 새롭게 조명하고 있다.

IBM이나 MCI 같은 〈포춘〉지 선정 500대 기업도 이제 MLM 기업들을 통해 자사 제품을 판매 중이고 세계 최대 금융업체인 시티그룹은 프리메리카라는 네트워크 자회사를 통해 신탁상품이나 생명보험 상품을 판매하고 있다.

바로 지난 5년 간 수익 성장 측면에서 미국 증권거래소의 최고 상장기업은 프리페이드 리걸 서비스라는 MLM 기업이었다.

이처럼 우리는 정보 통신의 혁명기에 살고 있으면서 인식하지 못하는 가운데 MLM은 세계를 주도하는 하나의 방식으로 자리잡고 있는 것이다.

사람의 마음을 움직이는 방법

① 당신을 따르게 하라. 사람을 움직이는 기술은 상대가 당신과 당신의 생각을 좋아하고 당신의 생각을 따를 수 있도록 하는 것이다.
② 상대보다 내가 먼저 마음을 연다. 대문을 열어야 손님이 들어온다. 상대방의 생각을 빨리 알아내야 하는데 상대방은 자신의 모습을 쉽게 드러내지 않는다. 내가 먼저 나의 솔직한 생각과 모습을 보여줌으로써 상대는 나를 동정하고 공감대를 형성해 자신의 이야기 보따리를 풀게 되는 것이다.

③ 상대방을 먼저 배려한다. 상대방에게 관심을 갖고 적절한 화제
  를 나누며 배려해 주어야 한다.

④ 적을 만들지 말아야 한다.

⑤ 상대를 먼저 인정해주어야 한다.

⑥ 남의 말을 귀담아 듣는다. 상대방의 이야기를 잘 들어주어 80%
  는 듣고 20%는 자신의 생각을 말할 수 있도록 한다.

⑦ 사소한 일에도 칭찬해주고 개선된 모든 행동에 대해서도 칭찬
  해준다. 항상 긍정적으로 칭찬거리를 만들어 놓아야 한다.

⑧ 실수했을 때도 대수롭지 않은 것처럼 얘기해주며 상대방의 일
  이 매우 쉬운 것임을 일깨워 주어 자신감을 준다.

⑨ 시간, 일, 정력, 헌신적인 마음 등 상대가 필요로 하는 것을 주어
  야 한다.

네덜란드 하면 풍차와 치즈, 튤립이 만발한 아름다운 나라로 알려
져 있다.

이 모든 것이 아름답고 낭민적으로 보이지만 ⊐ 뒤에는 피나는 개
척정신이 숨어 있다. 사람들은 풍차를 이용해 물을 퍼내고 밀을 빻고
기름도 짰다. 자연풍을 역이용해 수천 개의 풍차를 만들어 공장을 만
든 것은 네덜란드인의 지혜요, 개척정신의 산물임을 우리는 잊어서
는 안 되겠다.